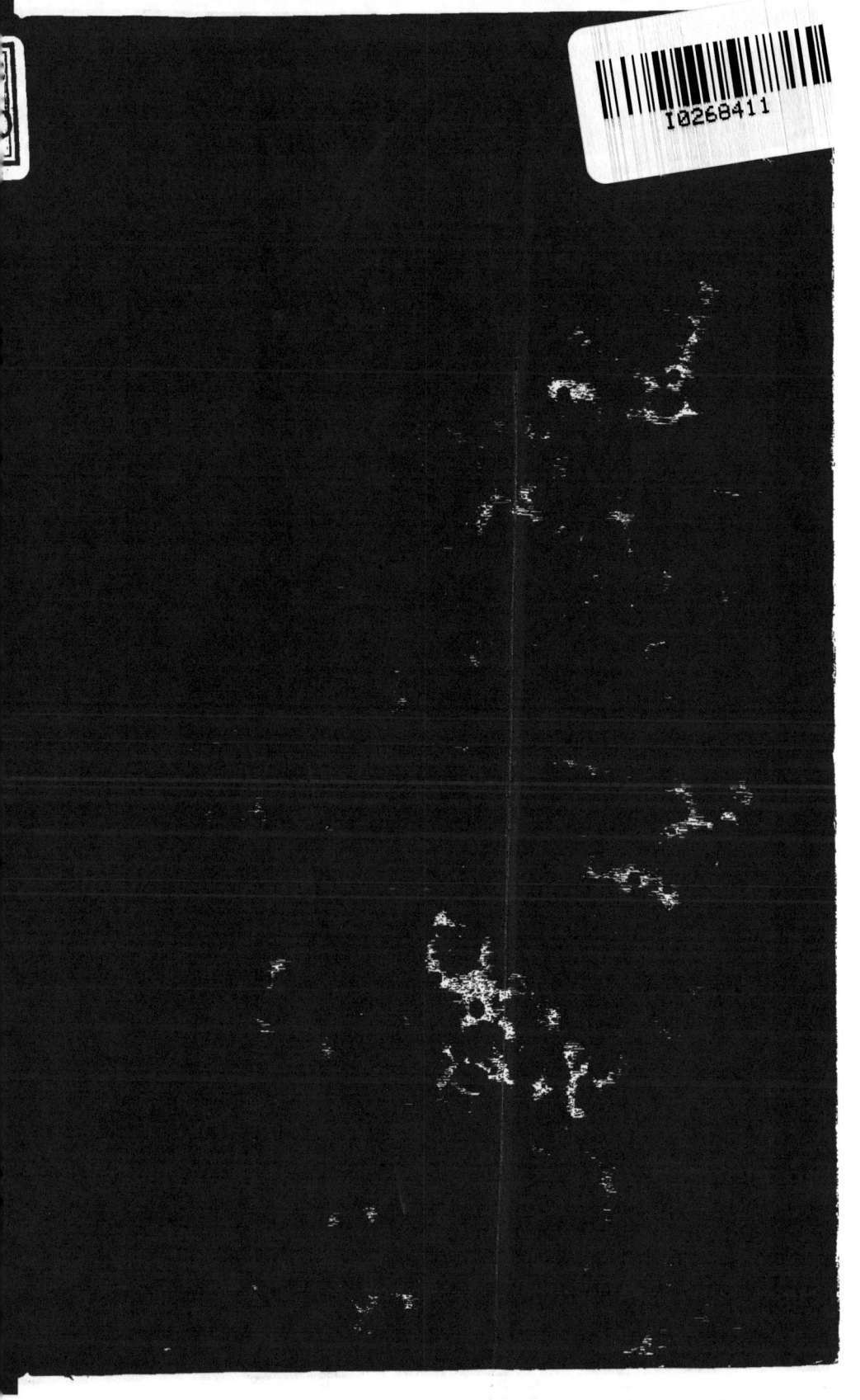

V
(a.)

31600

MÉTHODE
D'ÉQUITATION.

MÉTHODE
D'ÉQUITATION

BASÉE SUR DE NOUVEAUX PRINCIPES

augmentée

DE DOCUMENTS INÉDITS ;

DE RAPPORTS OFFICIELS EN FAVEUR DE L'APPLICATION
DE LA MÉTHODE AUX CHEVAUX DE TROUPES ;

D'UNE THÉORIE SUR LES MOYENS D'OBTENIR UNE BONNE POSITION
DU CAVALIER ;

DU COMPTE-RENDU DE LA MISSION DE L'AUTEUR A L'ÉCOLE ROYALE
DE CAVALERIE ;

D'UN DERNIER MOT DE POLÉMIQUE, ETC., ETC.

Par F. BAUCHER.

Septième Édition.

Une confidence n'a de mérite qu'autant
qu'elle est entière.
(*Passe-Temps équestres.*)

PARIS

CHEZ L'AUTEUR, RUE NEUVE-SAINT-NICOLAS, 20 *bis*,
Faubourg St-Martin.

ET CHEZ

LENEVEU, rue des Grands-Augustins, 18.   SCHWARTZ & GAGNOT, quai d. August., 9.
J. DUMAINE, Passage Dauphine.   LEGRAND, quai des Augustins, 59.
CHARPENTIER, Palais-Royal.   GARNIER frères, Palais-Royal.

Et chez les principaux Libraires de la France et de l'Étranger.

1846

Imprimerie de DELACOUR et MARCHAND Frères, rue de Sèvres, 94, à Vaugirard.
Maison à Paris, rue de Sèvres, 41.

A Monsieur le Lieutenant-Général
MARQUIS OUDINOT.

Général,

J'ai conscience que vingt ans d'études laborieuses m'ont mis à même de faire faire à l'équitation des progrès importants. L'espoir d'être un jour utile à mon pays en perfectionnant dans l'armée l'instruction des hommes et des chevaux, s'offrait à moi comme le stimulant le plus puissant qui pût encourager mes efforts.

Le premier, entre tous les officiers généraux, vous avez bien voulu vous occuper sérieusement de ma méthode. Monsieur le Maréchal Ministre de la guerre, en vous chargeant d'en vérifier l'efficacité, ne pourrait choisir un juge plus compétent, et j'ai le droit à être fier de l'approbation que vous m'avez accordée. Mais je sais, en outre, que vous employez votre puissante influence pour faire adopter dans l'armée une innovation que vous croyez utile. Vous suppléez ainsi à ce qui me manque à moi-même pour rehausser le mérite de mes travaux. Croyez, Général, à ma vive reconnaissance, et veuillez en accepter le témoignage dans la dédicace de ce livre. Je vous l'adresse, afin que si l'armée tire un jour quelque profit des principes développés dans le présent ouvrage, elle sache bien que c'est en partie à votre intervention éclairée qu'elle aura été redevable de leur application dans ses rangs.

Agréez, Général, l'assurance de ma haute considération.

Baucher.

Février 1843.

Au Même.

Général,

Lorsqu'au moment de la première apparition de ma méthode, vous voulûtes bien m'autoriser à vous en offrir la dédicace, je compris qu'à la responsabilité de ma tâche venait s'ajouter l'obligation de me rendre digne d'un si haut patronage. La protection dont vous m'avez honoré et le suffrage d'une notabilité équestre aussi généralement reconnue, ont aplani des obstacles que seul je n'aurais pu surmonter.

Grâce à votre appui, il m'a été permis d'atteindre le but principal de mon ambition, l'application de mes principes à la cavalerie française.

Une année s'est à peine écoulée, et déjà tous les officiers instructeurs de corps de troupes à cheval sont initiés à la nouvelle méthode; leurs rapports à M. le Maréchal Ministre de la guerre attestent qu'ils la considèrent comme un progrès important.

Les épreuves sérieuses qui ont eu lieu dans l'armée

ont obtenu un plein succès ; et si l'innovation à laquelle j'ai voué le travail de toute ma vie a pu franchir l'enceinte obscure d'un manège, c'est à vous principalement que j'en suis redevable.

MM. les généraux Guster et Carrelet ont droit également à ma gratitude : présidents des commissions instituées à Lunéville et à Paris, ils se sont livrés à l'examen des nouveaux principes avec un zèle et une impartialité qui ont été très-profitables aux intérêts de l'art.

Après avoir conquis le suffrage des juges éclairés et compétents, ma méthode d'équitation triomphera-t-elle complètement des entraves que la routine et l'envie lui opposent avec une incessante ardeur ? C'est là une question de temps, mais j'ai foi dans l'avenir.

Quoi qu'il arrive, d'ailleurs, je conserverai toujours un sentiment de profonde reconnaissance pour les encouragements et les témoignages de sympathie que j'ai reçus de l'armée.

Agréez, je vous prie, avec cette assurance, Général, l'expression de ma haute et respectueuse considération.

         Baucher.

Janvier 1844.

INTRODUCTION.

> La vérité a ses ennemis,
> l'erreur ses partisans.
> (*Passe-Temps équestres.*)

Si la Providence a donné à l'homme une intelligence supérieure, n'est-ce pas afin qu'il puisse s'en servir pour secourir et diriger les êtres moins privilégiés qui lui servent d'instruments et de serviteurs? Comment donc interpréter cette maxime de l'Ancien Testament qui nous dit : *Il faut employer le fouet avec le cheval, le frein avec l'âne, la verge avec l'ignorant?* Ces paroles renferment assurément un sens caché, impénétrable pour nous, car, s'il fallait les prendre à la lettre, elles sont trop indignes de la sagesse divine pour que nous ne fussions pas en droit de les considérer comme apocryphes. Le cheval, en effet, ne serait donc qu'une machine sans mémoire, sans discernement, sans instinct? Mais, en admettant qu'il en fût ainsi, et que l'animal ne possédât aucune faculté intellectuelle, resterait encore un mécanisme organisé dont les rouages, pour fonctionner avec ensemble et régularité, auraient besoin d'être parfaitement harmonisés entre eux. Or, je le demande, est-ce avec *le fouet* qu'on leur donnera cet accord indispensable à la justesse de leur jeu? Non, sans doute. Et si, dans ce cas, le cheval ou la machine ne satisfait pas à nos exigences, ce n'est pas lui qu'on devrait fouetter, mais bien le présomptueux qui veut diriger un mécanisme dont il ne connaît pas même les ressorts.

Et si maintenant nous rendons au cheval la part d'intelligence qui lui revient de droit; si nous reconnaissons que cet animal est capable d'appréciation, de discernement; qu'il possède la sensation, la mémoire et la comparaison, nous devons nécessairement en déduire qu'il est soumis à toutes les règles communes aux êtres sensibles et intelligents; ainsi donc, tout en s'efforçant d'éviter ce qui lui est pénible, on recherchera naturellement ce qui lui est agréable. Est-ce encore avec le fouet que vous parlerez alors à son intelligence; que vous lui ferez comprendre qu'il est de son intérêt de se livrer à votre direction, de substituer à des exercices faciles et journaliers des mouvements nouveaux et d'abord fatigants? Une telle conduite ne prouverait-elle pas évidemment que vous êtes vous-même inférieur en intelligence à l'animal? On le voit donc, le précepte du livre saint ne peut avoir le sens qu'on serait disposé à lui donner; car, machine, automate ou être intelligent, c'est par la science et le raisonnement, et non par le fouet, qu'on doit conduire et dresser un cheval. Ceci s'adresse principalement à ceux qui, d'après le principe ci-dessus ou tout autre aussi dénué de logique, se figurent qu'il suffit de payer cher et de frapper fort pour posséder de bons chevaux et savoir les guider. Que de temps au contraire, que d'études ne faut-il pas pour connaître à fond ce noble animal ! La vie entière n'y peut suffire pour celui qui pratique l'équitation avec conscience, avec discernement, avec amour enfin ; mais que de compensations ne puise-t-on pas dans le travail lui-même ! que de vives satisfactions, que d'instants délicieux pour l'écuyer ! quel noble interprète il rencontre dans cet intéressant ami de l'homme ! quelle intimité pleine de charme ! que de conversations vives, piquantes et instructives ! Demandez à tous ceux qui ont goûté de pareilles jouissances s'il est vrai que le cheval ne soit qu'une machine inintelligente.

Puissé-je vulgariser ces jouissances dans le monde équestre, en publiant aujourd'hui les nouveaux principes contenus dans ce livre ! Je sais bien que plusieurs de mes rivaux ont prétendu que ma méthode, fruit de vingt-cinq années de recherches consciencieuses, était connue en Allemagne, en Russie, en Italie, longtemps avant que je fusse au monde. Ces excellents patriotes, plutôt que de reconnaître qu'une réforme utile au pays est due à l'un de leurs concitoyens, préféreraient sans doute qu'elle fût sortie d'une source étrangère. *Il est juste de dénon-*

cer les plagiaires ; mais, avant de les flétrir, on devrait au moins s'assurer de leur mauvaise foi. Ici, loin de rechercher la vérité, mes adversaires n'ont apporté dans leurs attaques ni certitude ni bonne foi ; tout était pure invention de leur part. L'envie est si prompte à calomnier !

Si ma méthode était connue avant moi, pourquoi donc ne la pratiquait-on pas dans toute son étendue ? Il n'est pas d'écuyer qui ne préférât obtenir en un jour les résultats d'un mois, en un mois ceux d'une année ; il n'en est pas qui ne fût enchanté de pouvoir donner une éducation brillante à des sujets réputés indressables. Pourquoi donc continuent-ils de se traîner à la remorque d'une vieille routine impuissante ou du moins très-incomplète ? Pourquoi ? La réponse est bien facile : c'est que personne ne leur avait indiqué le moyen de faire mieux. Je défie tous les hommes compétents en équitation d'analyser la dixième partie des principes qui constituent mon système, ou d'en expliquer convenablement le plus simple détail, à moins qu'ils ne soient venus s'instruire à mon école. Je puis, au surplus, invoquer à l'appui de ce que j'avance le témoignage de MM. le comte de Brèves et le marquis de Miramont, que je m'honore d'avoir eus pour élèves. Après avoir étudié à fond mon système, ces messieurs sont allés parcourir l'Allemagne, la Hongrie, la Prusse, pour voir ce qui se pratique en équitation dans ces divers pays, et se mettre à même de publier leurs propres observations sur cet art. Qu'on leur demande si, parmi les nombreux écuyers qu'ils ont visités, ils en ont rencontré un seul dont les théories ou les moyens d'application eussent le moindre rapport avec ceux que je professe; ils répondront négativement comme ils l'ont déjà fait à moi-même et à tous ceux qui les ont questionnés à ce sujet.

N'est-il pas déplorable qu'après avoir dépensé sa vie et son intelligence à la recherche d'une vérité utile, il faille plus de temps pour déjouer les rivalités jalouses et faire prévaloir son autorité qu'il n'en a fallu peut-être pour la trouver? Je le sens, un défaut capital de ma nature est de ne savoir mettre aucun mystère dans l'exposé de mes principes. J'ignorais qu'il fallût écrire d'une manière plus ou moins obscure pour être apprécié et accepté comme maître. J'avais la bonhomie de ne pas omettre la moindre particularité dans l'explication de mon système. J'agissais ainsi, parce que je pensais que la pratique valait mieux que les théories, qu'un exposé complet est le meilleur moyen d'éviter les fausses interprétations, et de rendre à l'équitation l'unité nécessaire à son application : j'avais tort, à ce qu'il paraît, puisqu'à chacun de mes procédés on opposait de grands mots isolés de tel ou tel maître, devenu célèbre par cela seul qu'il était incompréhensible. Ainsi, lorsque j'ai parlé des attaques, et démontré leur utilité comme moyen d'éducation, on m'a répondu que M. de la Guérinière avait dit quelque chose du *pincer délicat de l'éperon*. Si je demandais alors comment doit se pratiquer ce pincer délicat, dans quel moment, dans quel but, quel doit être l'effet de la main pour le seconder, on restait muet comme M. de la Guérinière lui-même : on prétendait que chacun devait interpréter de son mieux un silence qu'il n'avait probablement pas gardé sans raison.

Quand j'ai indiqué les moyens de rendre élégante la position disgracieuse d'un cheval mal conformé, on a prétendu que c'était le principe professé par M. de Vaudeuil, qui ne disait autre chose à ses élèves que *du brillant! du brillant! du brillant!* Le mot n'était donc pas nouveau, puisque ce brave écuyer le répétait quand même.

Quand j'ai parlé des assouplissements, de leur utilité, des moyens de les mettre en pratique, pour accélérer de beaucoup l'éducation du cheval, on a trouvé que le mot était bien ancien, et que, dans tous les temps, on avait recommandé d'assouplir les chevaux. Oui, mais comment? Par des procédés aussi contraires à la nature du cheval qu'au sens commun le plus vulgaire, par des moyens entièrement opposés à ceux que j'indiquais moi-même. N'importe; le mot assouplissement est écrit en toutes lettres dans les auteurs : donc le mot n'est pas neuf. Ces mêmes auteurs ont dit aussi qu'il fallait mettre les chevaux dans la main, sans expliquer davantage dans quel but et par quels procédés; le ramener n'était donc pas non plus de moi, bien que j'aie suppléé à tout ce qui avait été omis.

Le rassembler n'était pas plus nouveau ; tous les ouvrages en ont parlé : « Rassemblez votre cheval, » dit-on à l'élève qui prend sa première leçon, faisant ainsi de la chose la plus importante et la plus efficace en équitation un mouvement machinal, sans but ni effet. Voilà cependant où conduisent les grands mots vides de sens que l'on accepte sans les comprendre. J'ai défini le rassembler, j'ai grandi l'équitation, on en doute encore !

Tous les auteurs aussi ont parlé du départ au galop ; mais quel est celui qui a donné sur ce sujet des principes rationnels ? Quant à l'influence de la conformation du cheval sur la disposition de ses forces ; quant à ce que je disais et répétais sur la nécessité de combattre les forces instinctives, de les annuler, de les livrer à la disposition du cavalier, pour qu'il pût les répartir à son gré, et suppléer aux effets des vices physiques de l'animal, comme il n'y avait pas, dans aucun ouvrage, de mots qui eussent rapport à ce travail, on ne me comprenait pas, ou on feignait de ne pas me comprendre, etc., etc. Il faut donc du mystère, des mots sonores, pour frapper l'imagination de certaines gens; plus on est obscur, plus on est profond, et ce qui n'est pas compris devient par cela même *phénoménal*. Dirai-je la véritable cause de cette mauvaise disposition d'esprit ? Oui; la science m'en fait une loi : c'est que l'on n'est pas fâché d'abriter sa propre ignorance derrière le vague qui laisse planer sur l'art des principes faux et incertains.

Des amateurs m'ont souvent demandé si, à l'exemple de quelques célébrités équestres, on pourrait, avec ma méthode, exécuter de prime abord, sur un cheval encore ignorant, quelques-unes des principales difficultés de l'équitation. Ma réponse a toujours été négative. Ces étonnants tours de force sont particuliers à l'homme qui les pratique; ils n'appartiennent à aucun système. Quels fruits en effet peuvent en recueillir l'art et la science? Quels principes peut-on établir sur des procédés aussi peu rationnels? comment les enseigner, lorsqu'ils dépendent uniquement de l'énergie physique du cavalier et de la violence de ses effets? A quoi cela peut-il lui servir à lui-même, sinon à éblouir quelques curieux peu capables de juger et d'apprécier la véritable science équestre? Le cheval que l'on soumet à une pareille violence cède d'abord à des brusqueries qui le surprennent; mais la réflexion vient ensuite, il combine ses résistances, et prévient bientôt, par des oppositions et des forces contraires, tous les mouvements pénibles auxquels l'avaient, dans le premier moment, assujetti de subits renversements d'encolure, de tête et de corps. On est alors surpris de voir ce cheval qui semblait dressé refuser d'exécuter, sous le même cavalier, les mouvements les plus simples et les plus faciles; c'est qu'une fois revenu à lui-même, l'animal acquiert bien vite la mesure de ce qu'il peut faire, prend l'initiative, et devient agresseur peut-être pour toujours. Si quelques amateurs s'étonnent de cette conséquence, c'est une preuve que leurs connaisances en équitation sont bien bornées. Quant aux écuyers vraiment capables, ils ne voient dans ce dévergondage de l'art qu'un blasphême équestre, un avenir sans résultats pour l'éducation du cheval, et des dangers réels pour son organisation (1).

Le cheval, quelque favorisé qu'il soit de la nature, a besoin d'un exercice préalable pour disposer ses forces à se prêter un mutuel secours; tout devient sans cela machinal et hasardeux, autant de sa part que de celle du cavalier.

Quel est le musicien qui pourrait tirer d'un instruments des accords mélodieux sans avoir jamais exercé ses doigts au mécanisme de cet instrument? On ne produirait, sans nul doute, en pareil cas, que des sons discordants et faux; le même résultat a lieu en équitation, lorsqu'on veut faire exécuter à un cheval des mouvements auxquels il n'a pas été préparé. S'il y a dans le cheval matière à produire un poëme, ce n'est pas l'improvisation, mais la ré-

(1) M'étant assuré que, parmi nos *célébrités équestres*, la véritable équitation était faussée ou méconnue, j'ai cru devoir protester en général et sans nommer personne contre l'erreur ou l'ignorance. M. d'Aure a répondu par un pamphlet. — L'indiscrétion n'est pas de mon côté.

flexion et le temps moral qui nous mettront à même d'accomplir dignement notre œuvre. Corneille, Racine, tous nos grands poëtes, n'écrivaient qu'après avoir mûrement étudié leur sujet; leurs chefs-d'œuvre ont passé à la postérité. Nous avons vu et entendu des improvisateurs; que reste-t-il de leurs productions? Elles sont aussitôt oubliées qu'écloses.

Les écuyers à grande réputation étaient loin de supposer qu'on pût trouver un jour des procédés plus simples et plus naturels que ceux qu'ils pratiquaient, et qu'on pût arriver à faire beaucoup mieux. Je dois cependant le dire à leur louange, s'ils sont restés stationnaires, ils ont montré, d'autre part, une sagesse qui, bien que routinière, avait le grand avantage de ne pas extrapasser les chevaux, et s'ils n'ont pas fait progresser l'art, ils ne l'ont pas du moins fait rétrograder. L'ouvrage que je livre aujourd'hui au public démontrera que, si ma méthode donne les moyens de faire vite, elle enseigne aussi à bien faire, puisque tout y est défini, gradué, raisonné; tout se suit et s'enchaîne dans mon système: chaque mouvement est la conséquence d'une position qui, elle-même, est produite par une force transmise. Ce n'est donc jamais le cheval qui est fautif, c'est le cavalier; et dès lors plus de cravache, plus de chambrière pour châtier ce qu'on appelle la désobéissance ou la méchanceté de l'animal. J'explique, je fais comprendre pourquoi, dans certain cas, il refuse d'obéir, et j'indique les moyens de le disposer à bien faire. Je soutiens que le cheval n'a jamais tort, et je le prouve. S'il a le libre emploi de ses forces, il sera maître de ses mouvements, et fera ce qu'il voudra en dépit du cavalier. A quoi pourront servir dans ce cas les effets de forces, les coups de cravache appliqués sans discernement? Changeront-ils la disposition des forces du cheval pour leur donner la justesse, la direction qui leur manque? Non, sans doute! Pourquoi dèslors punir l'animal pour des résistances qui sont la conséquence naturelle de la position dans laquelle on le laisse? Il faut donc l'en faire sortir d'abord, et cela devient facile au cavalier lorsqu'il a rendu le cheval assez souple pour être à même de dominer ses forces et de le placer toujours dans la position convenable.

C'est par vingt-quatre procédés nouveaux, concourant tous à la même fin, c'est-à-dire à ramener dans un équilibre parfait les constructions les plus défectueuses, que je suis arrivé à opérer dans l'équitation un changement qui rendra, je l'espère, les plus importants services à la cavalerie. Elle y trouvera économie de temps, amélioration des chevaux, émulation pour les cavaliers, progrès dans l'instruction, précision dans les manœuvres, etc.

Une clameur circonscrite, il est vrai, dans un cercle assez étroit, est cependant parvenue jusqu'à moi. Comment se fait-il, disaient certaines gens, qu'un professeur, un innovateur, qui a la prétention de faire école, viennent cependant se montrer en public? Ne serait-il pas plus convenable qu'à l'exemple de ses confrères, il s'en tînt à professer son art dans son manége? Les amateurs lui auraient tenu bon compte de ses efforts ; ils l'auraient entouré de plus de considération; car enfin son talent est de ceux qu'on va juger pour un franc, et cela frise de bien près le saltimbanque. Ce langage, s'il est spécieux, n'en est pas moins injuste. Il faut vivre avant tout, et faire honneur à ses affaires. Je ne sache pas que la considération s'attache à un homme qui, par une sotte vanité, laisse péricliter son établissement, et se trouve forcé par la suite de frustrer ses fournisseurs qui ont eu foi en sa parole. Or, je le demande : depuis l'installation en France des écoles d'équitation, en est-il beaucoup, même parmi celles qui étaient subventionnées par le gouvernement, qui aient pu atteindre une position financière satisfaisante? est-il un seul écuyer qui se soit assuré quelques ressources pour ses vieux jours?... C'est que, de tous les genres d'industrie, celui-ci est le plus ingrat. L'établissement et l'entretien d'un manége exigent des frais énormes : et comme le véritable goût de l'équitation est très-peu répandu, comme cet art est tombé dans le domaine du caprice ou de la vanité, il est tout-à-fait impossible de soutenir un établissement de ce genre, à moins de cumuler deux industries.

Voilà pour la question matérielle; celle d'art vient ensuite. Je devais faire connaître ma méthode, lui donner la publicité, le retentissement dont je la croyais digne, convaincre enfin les incrédules. J'avais, dans un ouvrage précédent, exposé mes principes, persuadé qu'ils allaient faire une révolution équestre. Six ans s'étaient écoulés sans que j'eusse reçu le moindre encouragement : les uns ne comprenaient pas, les autres ne voulaient pas comprendre. On eût préféré, sans doute, à des procédés efficaces, mais qui exigeaient une certaine étude, des mors capables d'arrêter un cheval sur place, des moyens mécaniques qu'il eût suffi d'acheter pour devenir un écuyer habile. Quoi qu'il en soit, quelques amateurs, MM. Gaussen, Villars, Gatayes, Rul, venaient seuls étudier mes principes, et mon but était manqué. Je voulais que ce qui restait enfermé en quatre murs se répandît dans toute la France, et que l'armée surtout fût amenée à connaître et à pratiquer mes principes. Je voulais forcer les étrangers à convenir de notre supériorité équestre, en leur montrant les ressources que nous savons tirer même des chevaux inférieurs. Voilà quels étaient mes rêves, mes espérances, et tout me fait présager qu'ils vont se réaliser bientôt. Ce résultat, s'il est atteint, sera certainement dû à la résolution que j'ai prise de prouver l'efficacité de ma méthode, en rendant le public juge de ses résultats. Lorsque ce grand appréciateur a vu les difficultés que j'avais surmontées, lorsqu'il a su que ces chevaux, qui paraissaient devant lui si nobles et si brillants, étaient des animaux que j'avais choisis exprès dans les conditions les plus défavorables, et payés de cinq à six cents francs, il a déclaré hautement que ma méthode devait avoir du bon. Mes adversaires ont bien été forcés dès lors de dire comme tout le monde ; ils ont eu beau prétendre que ces résultats tenaient plutôt à l'homme qu'à la méthode, le coup était porté, et les amateurs sont arrivés d'eux-mêmes pour s'initier à mes principes. D'adversaires qu'ils étaient, ils sont devenus mes chauds partisans, et l'ont proclamé ouvertement. C'est mon travail au Cirque qui seul leur avait dessillé les yeux. Il est probable que sans les exercices publics de mes chevaux, tels que Partisan, Neptune, Capitaine, Géricault, Buridan, Topaze, etc., je serais encore enfoui, inconnu et sans écho, au fond de l'un des manéges de la capitale. Mais, en vérité, je m'explique ici comme si j'avais besoin de me justifier de m'être montré en public. Quoique mon goût soit entièrement opposé au plaisir que peuvent éprouver certaines personnes à se donner en spectacle, je ne crois pas, en le faisant, manquer en rien à ma propre dignité : j'aime et j'honore toutes les professions respectables, celles surtout qui sont destinées à éclairer le public et à le distraire. Que m'importent les sots propos de quelques envieux ? Tout homme qui veut faire prévaloir un principe doit être prêt à tout braver, insolence, railleries, sarcasmes des uns, oubli, indifférence des autres. Il y a longtemps pour mon compte que j'y suis fait ; et je trouve dans l'approbation des gens sensés que j'affectionne une large compensation à tous ces inconvénients passagers. A ceux donc qui prétendent que je ravale mon titre d'écuyer en le mettant en scène, je réponds que Molière et Shakspeare avaient aussi la bassesse de jouer leurs pièces en public, et qu'en imitant dans ma sphère obscure, l'exemple de ces grands génies, je ne fais qu'obéir à leurs voix, qui nous crient sans cesse : « Élevez votre intelligence » sur la ruine des préjugés ! »

APPENDICE.

Depuis la première publication de ma méthode, des faits irrécusables ont attesté la vérité des principes qui y sont exposés. M. le Maréchal ministre de la guerre a chargé une commission, présidée par le lieutenant-général, marquis Oudinot, de reconnaître ses avantages (1). Cinquante chevaux de troupe ou d'officiers, qui n'avaient pas encore commencé leur instruction, ou qui étaient reconnus difficiles ou vicieux, ont été soumis aux expériences. L'épreuve a commencé le 21 mars (1842). Les exigences du service de la garnison de Paris ne permettant de mettre à la disposition de la commission qu'un petit nombre de cuirassiers, gardes municipaux et lanciers de première classe, presque tous les chevaux ont été confiés à des cavaliers peu intelligents ou dont l'instruction n'était pas très-avancée. Les cavaliers ont eux-mêmes exercé leurs chevaux. Le 9 avril, c'est-à-dire après quinze leçons, M. le Ma-

(1) La commission était composée du lieutenant-général Oudinot, du colonel Carrelet, commandant la garde municipale, du chef d'escadrons de Novital, commandant le manége de l'école de cavalerie, des capitaines instructeurs de Guès du 5me cuirassiers, et de Mesange du 3me lanciers.

réchal ministre de la guerre a voulu être témoin des résultats du système qu'il avait donné l'ordre d'expérimenter; Son Excellence était accompagnée des membres du comité de cavalerie et de plusieurs autres officiers généraux. Les cavaliers étant complétement armés et équipés et les chevaux chargés, on a exécuté individuellement et en troupe, à toutes les allures, des mouvements que, jusqu'à ce jour, on n'avait demandé aux chevaux qu'après cinq ou six mois d'exercice sous des cavaliers déjà instruits. Le Maréchal, ministre, a suivi toutes les expériences avec le plus grand intérêt, et avant de se retirer il a témoigné toute sa satisfaction et annoncé l'intention de faire faire une application générale dans l'armée.

Les rapports que je joins ci-après serviront de pièces authentiques pour convaincre l'incrédulité ou fermer la bouche à la malveillance; ils démontreront également aux cavaliers, que chacun d'eux peut, dans un très-court espace de temps, devenir le professeur de son cheval, atténuer ses défauts et tirer tout le parti possible de ses qualités. La position actuelle du cavalier m'ayant paru laisser beaucoup à désirer sous le rapport de la promptitude de l'instruction et surtout du développement de la compréhension équestre, je me suis décidé à présenter un nouveau mode d'exercice propre à former l'éducation du soldat.

DOCUMENTS OFFICIELS EN FAVEUR DE MA MÉTHODE.

Voici la reproduction littérale des rapports officiels dont j'ai parlé précédemment; j'ajouterai que soixante autres rapports favorables rédigés par des généraux, colonels, chefs d'escadrons, capitaines et lieutenants, ont été également adressés à M. le ministre de la guerre, depuis huit mois que l'on a commencé le essais de ma méthode dans une partie de la cavalerie. Ces autorités et ces faits ne sont-ils pas suffisants? Malgré le changement fondamental que ce nouveau mode d'équitation a apporté dans la cavalerie, malgré le supplément d'études qu'il exige, je n'ai trouvé que des dispositions empressées et bienveillantes dans l'armée. Le suffrage des militaires qui ont travaillé sérieusement ma méthode, m'a amplement dédommagé des jalousies et de la mauvaise foi que j'ai rencontrées ailleurs chez des écuyers et des cavaliers se posant en détracteurs de mes principes sans les connaître.

LETTRE DE M. CHAMPMONTANT, LIEUTENANT-COLONEL D'ÉTAT-MAJOR, SECRÉTAIRE DU COMITÉ DE LA CAVALERIE, A M. BAUCHER.

Paris, le 14 janvier 1842.

« Monsieur,

» M. le ministre de la guerre a renvoyé au comité de la cavalerie l'examen d'une proposition contenue dans la lettre que vous avez adressée à Son Excellence, et, dans sa séance de ce jour, le comité a décidé qu'avant de passer outre à sa délibération, il vous ferait connaître le désir qu'il éprouve de vous entendre et de recevoir de vous des explications qui lui semblent indispensables.

» M. le lieutenant-général président du comité me charge en conséquence d'avoir l'honneur de vous demander s'il peut vous convenir de vous rendre mercredi prochain, 19 de ce mois, à onze heures du matin, à la salle des séances, 61, rue de l'Université.

» Si ce jour ne vous était pas agréable, je vous prierais de vouloir bien en désigner un autre, et je prendrais de nouveau les ordres de M. le président.

» Veuillez recevoir, Monsieur, l'assurance de ma considération la plus distinguée.

» Le lieutenant-colonel d'état-major, secrétaire du comité de la cavalerie.

» CHAMPMONTANT. »

LETTRE DE M. LE LIEUTENANT-GÉNÉRAL MARQUIS OUDINOT,
A M. BAUCHER.

Paris, le 17 mars 1842.

« Monsieur,

» Par suite des propositions que vous avez faites à M. le Maréchal ministre de la guerre, Son Excellence a décidé qu'il serait fait à Paris une série d'expériences sur votre méthode pour dresser les chevaux de remonte et ceux qui sont reconnus difficiles. En conséquence, cent jeunes chevaux pris dans les régiments de cavalerie en garnison à Paris seront dressés d'après votre système. S'il existe dans ces deux corps quelques chevaux difficiles, ils seront également soumis à votre méthode. Les expériences auront lieu en présence d'une commission composée des capitaines instructeurs du 5me de cuirassiers et du 3me de lanciers. Le chef d'escadrons commandant le manége de l'école de cavalerie, auquel le ministre donne l'ordre de se rendre à Paris, fera partie aussi de cette commission, dont la présidence m'est confiée. Avant de donner des instructions au maréchal de camp commandant la brigade et aux colonels des deux régiments de cavalerie, j'ai besoin, Monsieur, de m'entendre avec vous. Je vous prie, en conséquence, de vouloir bien vous rendre demain, à neuf heures, chez moi, où ces messieurs seront réunis.

» Recevez, je vous prie, Monsieur, l'assurance de ma considération distinguée.

» Le lieutenant-général
» Marquis OUDINOT. »

RAPPORT SUR LES EXPÉRIENCES DE LA MÉTHODE DE M. BAUCHER, ET RÉSUMÉ DES OPÉRATIONS JOURNALIÈRES, PAR LE CHEF D'ESCADRONS DE NOVITAL, COMMANDANT A L'ÉCOLE ROYALE DE SAUMUR.

» Les capitaines instructeurs des 5e régiment de cuirassiers et 3me de lanciers, désignés par le ministre de la guerre pour faire partie de la commission, se sont réunis à moi, ainsi qu'à

M. Baucher, au quartier de Sens, le 21 mars dernier, et les expériences ont commencé.

» Pour édifier, pour construire, il faut des matériaux ; pour enseigner il faut des maîtres. Or, M. Baucher, chargé de démontrer sa méthode et voulant prouver ses bons résultats, ne pouvait tout d'abord procéder sur une grande échelle, et faire pratiquer lui-même son système à un trop grand nombre d'hommes et de chevaux. Il a donc dû se créer des interprètes, des coopérateurs. Il les a pris parmi les officiers et cavaliers des deux régiments.

» 21 mars. — Dans la première séance, la leçon a été donnée à deux sous-officiers du 5me cuirassiers, sur deux chevaux complétement neufs, l'un allemand, l'autre normand, et à un même nombre de sous-officiers et de chevaux du 3me lanciers ; ces derniers (de la remonte de Vincennes) possédaient une instruction plus avancée que les chevaux des cuirassiers, avaient même reçu la bride depuis quelques jours.

» Les officiers, sous-officiers et cavaliers, après une explication succincte, mais très-claire, très-nette et très-rationnelle de M. Baucher, sur le fond de sa méthode, sur les diverses causes des défenses du cheval et les moyens simples, mais efficaces de les combattre, ces officiers et sous-officiers, dis-je, après une démonstration de quelques instants, ont mis la main à l'œuvre et obtenu des résultats presque intantanés sur des natures brutes, sinon rebelles. Au bout d'une demi-heure, chaque cheval a compris les aides et s'est prêté, pour ainsi dire, de bonne grâce, à toutes les exigences du cavalier, premièrement dans la leçon à pied et en place, puis monté. Un cheval du 3me lanciers a cependant résisté à l'action latérale du mors, c'est-à-dire à la flexion de la mâchoire ; mais, comprenant bientôt l'inutilité de la résistance, il a cédé.

» Bon nombre d'officiers en dehors de la commission, mus par un noble zèle, assistaient à cette première séance, et les résultats obtenus si promptement ont prévenu chacun en faveur de la méthode.

» Dans la seconde séance on a procédé comme dans la première, mais sur quatre chevaux par régiment au lieu de deux. Les résultats ont été plus grands que ceux du matin, car deux chevaux nouvellement admis, l'un normand, du 5me cuirassiers, et l'autre navarin, du 3me lanciers, ont opposé une grande résistance à la première action du mors. Le navarin surtout a mis de l'opiniâtreté et de la méchanceté dans ses défenses, il en est venu au point de frapper le cavalier avec les pieds de devant. Enfin ils ont fini l'un et l'autre, après quelques minutes, par céder et se rendre d'une manière satisfaisante, sinon complète, à la main de M. Baucher, tandis que d'autres cavaliers, simples adeptes naturellement moins habiles, avaient échoué.

» 22 mars. — Les expériences de la seconde journée ont été à peu près les mêmes que celles de la veille. Les mêmes chevaux ont été mobilisés et se sont soumis sans la moindre résistance. Ils ont répondu aux jambes, d'une manière satisfaisante, dans la mobilisation de la croupe. Deux chevaux de plus par régiment ont été soumis aux épreuves et n'ont été nullement rebelles.

» 23 mars. — Dans la troisième journée on a opéré sur six chevaux de chaque régiment. Les progrès des hommes et des chevaux ont été sensibles, à l'exception du cheval navarin, cité plus haut, et qui, par recrudescence, a présenté des résistances et des défenses très-fortes en se cabrant et en luttant à outrance contre son cavalier ferme et solide, tandis que la veille il paraissait maîtrisé. Mais les jours suivants il a fini par être complétement soumis.

» 24 mars. — Les expériences de ce jour ont été faites sur dix chevaux de chaque régiment. Tous les cavaliers ont compris parfaitement toutes les flexions, le ramener, etc., etc. Les chevaux se sont montrés soumis, légers, maniables. Un gris, des lanciers, nouvellement admis, a opposé de vives résistances, prenant des positions de tête difficiles à combattre. Enfin, après un quart d'heure, il a été vaincu, et, vers la fin de la leçon, il se livrait facilement.

» 25 mars. — Mêmes opérations que la veille, obéissance plus passive chez tous les chevaux déjà mobilisés. Un cheval normand du 5me, âgé de sept ans, a été amené ce jour-là; ce cheval opposait, pour défenses, des ruades, des sauts réitérés, lorsque le cavalier l'enfourchait; après la mobilisation de pied ferme par M. Baucher, et un mouvement rétrograde longtemps continué, il s'est amendé, et à la fin de la leçon il était à moitié soumis.

» 25 mars. — Continuation des épreuves sur les mêmes chevaux, amélioration dans la souplesse, la régularité des flexions et des mouvements. Défenses moins grandes chez le cheval normand, qui la veille était intraitable.

» La séance terminée par des flexions d'ensemble, par le reculer et par quelques mouvements de pied ferme, aux indications de M. Baucher.

» 27 mars. — D'abord même travail que la veille ; ensuite, travail à volonté, au trot, les chevaux conduits avec le filet. Pas de résistance : légèreté évidente chez presque tous les chevaux ; mais obligation de revenir parfois, pour certains, à la mobilisation de pied ferme.

» Le *rueur*, cité plus haut, s'est moins défendu. La résistance morale surtout a cédé en partie.

» 28 mars. — Le travail a continué, comme les jours précédents, pour confirmer les chevaux qui se sont montrés plus souples généralement; quelques-uns, cependant, ont encore opposé de légères résistances, tels que *le gris*, des lanciers, dont il a été parlé.

» La reprise au trot, à volonté, les chevaux conduits avec le filet, a été satisfaisante.

» Mobilisation d'ensemble à la fin de la séance.

» La garde municipale, sur sa demande d'être associée aux expériences, a envoyé plusieurs officiers et sous-officiers avec leurs chevaux, présentant, pour la plupart, quelques difficultés sous le rapport du ramener; dès le premier jour il y a eu amélioration.

» 29 mars.— Même travail que le 28. Amélioration sensible dans les progrès des hommes et des chevaux.

» 30 mars. — Les chevaux, dans cette séance, se sont montrés généralement dociles, bien disposés et légers. Les flexions à pied et à cheval ont été très-bien faites. Dans les mouvements, on a remarqué encore quelques contractions d'encolure qui tenaient probablement au peu d'habitude des hommes dans la pratique de la méthode.

» Enfin, les chevaux ont été conduits avec la bride à toutes les allures et ont bien donné dans la main.

» Le galop a été commencé sur les grandes pistes, les chevaux se sont montrés légers et obéissants.

» Il y a eu grande amélioration chez le *rueur* qui, monté par un élève distingué de M. Baucher, a souffert, sans oser se défendre, les attaques de l'éperon.

» 31 mars. — Mêmes opérations que la veille, travail au trot et au galop alternativement. Grande amélioration en tout; les chevaux étaient presque dressés.

» 1er avril.—Le travail suspendu à cause du mauvais temps.

» 2 avril. — Le travail a été repris comme les jours précédents, mais les cavaliers ayant le sabre, ce dont les chevaux n'ont été nullement impressionés.

» 3 avril. — Les expériences de la journée ont laissé peu à désirer. Les chevaux légers, et parfaitement obéissants, ont exécuté les mouvements à toutes les allures et peuvent entrer dans les rangs de l'escadron (1).

(1) On avait dû d'abord procéder sur une grande échelle avec cent chevaux. Sur la proposition de M. Baucher, ce nombre a été réduit au quart, les résultats devant être les mêmes.

Voilà donc les résultats accomplis en *treize jours* et même moins pour certains chevaux. Les faits parlent, ils sont concluants. Obtenir en quelques jours ce que l'on gagnait en six mois, un an, est un avantage immense que la cavalerie se plaira à reconnaître. Faire de chaque cavalier, quel qu'il soit, l'instructeur de son cheval, en est un autre non moins grand. Propager le goût de l'équitation par l'attrait qu'elle a pour tous ceux qui la pratiquent, c'est encore un des bienfaits que doit répandre la méthode de M. Baucher.

» Chaque innovation a ses détracteurs, chaque perfectionnement a ses opposants. On sait déjà que le système en question soulève des jalousies, des susceptibilités, et opère une quasi-révolution dans le monde hippique. Pour démolir l'œuvre de l'habile écuyer, certains adversaires s'efforcent de lui donner le cachet d'une imitation des Pignatel, des Pluvinel, des Newcastle, des la Guérinière, des d'Auvergne, des Chabannes, etc., etc. Sans doute, ces hommes habiles ont prêché l'assouplissement et l'équilibre, mais ont-ils indiqué les moyens d'exécution, ont-ils enseigné une théorie aussi lucide, aussi nette, aussi bien raisonnée que celle de M. Baucher? Ont-ils tous, ainsi que lui, joint l'exemple au précepte? et leurs disciples d'aujourd'hui, choqués du progrès qui s'annonce, pourront-ils, en hardis concurrents, entrer dans l'arène et manier leurs chevaux comme le nouveau maître de l'équitation, en tirer un parti aussi étonnant, aussi prodigieux, quelle que soit d'ailleurs leur construction? Non ; je ne le pense pas. La méthode de M. Baucher doit faire école, parce qu'elle s'appuie sur des principes vrais, fixes, rationnels et motivés; tout en elle est mathématique et peut se rendre par des chiffres. A lui donc appartient la nouvelle époque qui commence, à lui la gloire d'avoir mis le cheval dans la dépendance complète de son cavalier, en paralysant toute résistance, toute volonté, et en remplaçant les forces instinctives par des forces transmises.

» Mais, pourrait-on objecter, cette espèce de captivité à laquelle la nouvelle méthode veut soumettre le cheval ne nuira-t-elle pas à sa conservation, ne sera-t-elle pas la source d'une ruine prématurée ! A cela il est facile de répondre par une comparaison qui nous semble concluante : lorsque tous les rouages d'une machine sont bien engrenés, que chacun fournit son contingent d'action, il y a harmonie, partant nécessité d'une force moindre. De même lorsque dans un corps organisé, on est parvenu à obtenir la souplesse, le liant dans toutes les parties, l'équilibre devient facile, il y a souplesse, légèreté et par conséquent diminution de fatigue.

» Loin de ruiner le cheval, la nouvelle méthode n'a-t-elle pas l'avantage d'être un puissant auxiliaire pour le développement des muscles, surtout dans un jeune sujet ?

» La vitesse, la franchise des allures, pourrait demander encore la cavalerie, ne souffriront-elles pas de l'emprisonnement dans lequel le nouveau système semble tenir le cheval ? Non, car l'animal jouit, même dans le *rassembler*, de toutes ses facultés locomotrices, il est parfaitement à son aise dans les aides et dans sa position d'équilibre, ce qui oblige tous les muscles à fournir leur quote-part dans l'action.

» Cette question nous amène à parler des bornes que l'auteur du système, toujours exact et rationnel dans ses idées comme dans son dire, prétend donner à l'équitation militaire. Ces bornes ne dépassent pas l'instruction élémentaire à laquelle le cheval de troupe doit être soumis, c'est-à-dire qu'elles ne vont que jusqu'au *ramener;* car, alors, le cheval est dans la main, il est en équilibre, conséquemment léger, obéissant; constamment à la disposition de son cavalier : que veut-on de plus, surtout à la guerre?

» Quant à l'équitation *savante*, à la haute école, là, il n'y a pas de limites; le plus habile va le plus loin. Le tact, l'intelligence, le raisonnement assurent le succès. C'est grâce à ces qualités éminentes, jointes à la persévérance et à l'étude, qu'a grandi le talent de l'habile écuyer qui nous occupe et qui a tant de droits à nos sympathies.

» Faire ici l'analyse complète de la méthode de M. Baucher serait peut-être chose opportune; mieux vaut cependant renvoyer à son ouvrage récemment publié, et que tout officier de cavalerie doit s'empresser de lire pour y puiser de saines et véritables doctrines sur l'équitation.

» Mais, si claire, si logique que soit la théorie de M. Baucher, elle n'en aura pas moins, comme je l'ai dit plus haut, ses détracteurs, ses adversaires; à ceux-là il faudra opposer les faits et l'évidence, qui parlent assez haut pour triompher des plus incrédules.

» Je me résume en disant que, si, comme j'aime à le croire, la nouvelle méthode est adoptée, la cavalerie sera dotée d'une ressource immense, basée sur des moyens prompts et infaillibles pour le dressage des jeunes chevaux et des chevaux difficiles.

» L'opinion de MM. les capitaines instructeurs des 5e cuirassiers et 3e lanciers se trouve comprise dans ce que je viens d'émettre; comme moi ils concluent à l'adoption de la méthode, et s'unissent à moi dans l'expression d'un sentiment de reconnaissance personnelle pour son auteur.

» Paris, le 4 avril 1842.

» Le chef d'escadrons, commandant le manége de
» l'école de cavalerie.

» De Novital. »

RAPPORT AU LIEUTENANT-GÉNÉRAL OUDINOT, PAR M. CARRELET, COLONEL DE LA GARDE MUNICIPALE DE PARIS.

Paris, le 6 avril 1842.

« Mon général,

» Vous avez eu la bonté de permettre à la garde municipale d'assister aux essais faits en votre présence par M. Baucher pour le dressage des jeunes chevaux. C'est un devoir pour moi, mon général, de vous adresser d'abord mes remercîments pour l'obligeance et la bienveillance que vous avez mises à accueillir ma demande.

» Conformément à votre autorisation, un lieutenant et un sous-officier de chacun de mes escadrons, sous les ordres d'un capitaine adjudant-major, ont assisté aux leçons données chaque matin au quartier de l'hôtel de Sens; moi-même j'y suis allé souvent pour étudier les nouveaux procédés mis en usage par M. Baucher.

» Permettez, mon général, que je vous fasse connaître le résultat des impressions que mes officiers et moi avons éprouvées en écoutant le développement des théories de M. Baucher, et en les voyant appliquer immédiatement.

» Le système général de M. Baucher pour le dressage des jeunes chevaux consiste :

» 1° Dans la domination des forces de l'encolure ;
» 2° Dans l'annulation de ses résistances.

» Ces idées-là existent de temps immémorial, et à cet égard tous les cavaliers sont d'accord; mais les moyens employés par M. Baucher sont tout à fait différents de ceux mis en usage jusqu'à ce jour, et les anciens principes sur l'équitation sont presque complétement changés par les adeptes de M. Baucher. C'est presque une révolution dans l'équitation ; mais, à mon avis, il faut toujours se rendre à l'évidence des faits ; toute opposition systématique n'aboutit qu'à retarder le moment de la vérité.

» En effet, suivant les anciens principes, on procédait au dressage des chevaux par des moyens successifs et très-longs. Par les procédés de M. Baucher, on amène tout à la fois, sellés et bridés, les chevaux sur le terrain où ils reçoivent simultanément la leçon avec le filet, la leçon avec la bride.

» Son système pour se rendre maître du cheval consiste d'abord à assouplir l'encolure, parce qu'elle est la base de toutes les défenses qui peuvent se présenter.

» Raconter ce dont nous avons été témoins depuis quinze jours serait d'un détail peu important pour vous, mon général, qui avez tout vu en artiste ; le raconter pour les autres n'est pas mon affaire. D'ailleurs, les écuyers auxquels on parlera des leçons de M. Baucher et de leurs résultats seront probablement, comme nous, un peu incrédules avant d'avoir vu ; mais quand le résultat est évident, il n'y a plus moyen de ne pas croire, il faut se rendre, quelque peine qu'on éprouve à sacrifier des habitudes de trente ans, habitudes invétérées et auxquelles on a cru comme à l'Évangile.

» Pour abréger cette narration dont vous n'avez certes pas besoin (car je ne connais pas de plus juste appréciateur des hommes et des choses que vous, mon général, qui vous occupez toujours si utilement des intérêts de l'armée), je vous dirai qu'officiers et sous-officiers de la garde municipale sont unanimes pour approuver les procédés de M. Baucher, appliqués au dressage des jeunes chevaux.

» Nous avons assisté à l'éducation de quarante chevaux de troupe, tous plus ou moins difficiles, et nous sommes convaincus que, par le système Baucher, ils ont été plus avancés en quinze jours qu'ils ne l'auraient été en six mois par les procédés que nous suivons habituellement.

» Je suis tellement convaincu de l'efficacité des moyens professés par M Baucher, que je vais soumettre à ces principes tous les chevaux de mes cinq escadrons.

» Cinq chevaux de la garde municipale, plus ou moins difficiles, ont été assouplis en huit ou dix leçons, et ramenés à la position normale, ils sont devenus calmes et obéissants.

» Je suis, avec respect,

» Mon général,

» Votre très-humble et très-obéissant serviteur,
» Le Colonel de la garde municipale,

» CARRELET. »

RAPPORT DE M. LE LIEUTENANT-GÉNÉRAL MARQUIS OUDINOT,
A S. EX. M. LE MARÉCHAL MINISTRE DE LA GUERRE.

Paris, le 7 avril 1842.

« Monsieur le maréchal,

» Conformément aux instructions contenues dans votre lettre du 11 mars dernier, il a été fait à Paris, sur la demande de M. Baucher, une série d'expériences destinées à constater si la méthode de cet écuyer, relative au dressage des chevaux, pouvait être appliquée avec avantage aux corps de troupes à cheval.

» Ces expériences ont commencé le 21 du mois dernier; j'ai l'honneur de vous transmettre, monsieur le maréchal, les rapports auxquels elles ont donné lieu de la part des capitaines-instructeurs du 5ᵉ de cuirassiers et du 3ᵉ de lanciers, et du chef d'escadrons commandant le manége de l'école de cavalerie. J'y joins, en outre, un rapport du colonel de la garde municipale, qui a désiré que son corps participât à ces expériences. Les membres de la commission chargés de constater les avantages et les inconvénients de la méthode de M. Baucher se plaisent à reconnaître que le système auquel cet écuyer a attaché son nom est destiné à abréger sensiblement l'instruction des jeunes chevaux, et à répandre le goût de l'équitation dans l'armée. Leur opinion ne se fonde pas seulement sur les résultats que présente la prompte instruction des chevaux dressés en leur présence d'après la nouvelle méthode; ils basent encore leur conviction sur l'étude raisonnée qu'ils ont faite de la méthode elle-même.

» Ces officiers ont compris, ainsi que moi, monsieur le maréchal, qu'il fallait étudier à fond le système nouveau avant d'avoir le droit d'émettre un avis consciencieux sur un sujet d'une telle importance; ils ont pensé que, pour apprécier progressivement et la base et les moyens d'enseignement que cherche à propager M. Baucher, il était nécessaire de devenir d'abord ses disciples. Aussi tous les membres de la commission montent-ils tous les jours à cheval avec lui dans son manége.

» *S'emparer des forces instinctives* du cheval, *les subordonner aux forces transmises* par le cavalier, *à l'aide d'assouplissements* qui détruisent les moyens de résistance et d'opposition; *combattre enfin la mauvaise répartition des forces* de l'animal *et la roideur produite par une mauvaise conformation,* tel est en substance un système auquel son auteur a consacré vingt années de méditation et de travail, un système dont les règles sont, pour ainsi dire, mathématiques, et qui est établi sur les lois naturelles. Les principes mis au jour par M. Baucher sont un grand et incontestable progrès. Cette conviction, monsieur le maréchal, s'affermit de plus en plus dans l'esprit des membres de la commission. A mesure qu'ils approfondissent la méthode, ils en apprécient mieux la supériorité, supériorité sanctionnée déjà par des faits concluants. Quinze jours ont suffi pour que le système appliqué à de jeunes chevaux complétement ignorants, ou réputés difficiles, et même vicieux, les mît à même de travailler avec régularité à toutes les allures, isolément et dans les rangs, les hommes entièrement armés et équipés, les chevaux chargés.

» MM. les membres du comité de cavalerie se sont transportés sur le terrain des exercices, et ont été témoins d'un résultat qui a dépassé leurs espérances et les miennes. Aujourd'hui, monsieur le Maréchal, on peut assurer que l'expérience est consommée. Elle l'est en ce sens du moins que la partie élémentaire de la méthode, c'est-à-dire celle qui consiste à demander aux jeunes chevaux l'obéissance indispensable pour le travail militaire peut recevoir une facile application dans les corps de cavalerie. Toutefois, monsieur le Maréchal, si cette méthode, à la portée des intelligences ordinaires, est de nature à avancer l'instruction des jeunes cavaliers et des chevaux neufs, si elle enseigne à tirer un grand parti des chevaux, parce que tout y est défini, gradué et raisonné, cependant ce n'est que par une étude approfondie et par une longue pratique que les instructeurs pourront parvenir à vaincre certaines difficultés considérées jusqu'à ce jour comme insurmontables. Pour que le système de M. Baucher produisît dans l'armée tous les avantages qu'on peut en attendre, il serait nécessaire qu'un certain nombre d'instructeurs, appelés à le propager ensuite, y fussent initiés d'une manière aussi complète que possible.

» J'ai en conséquence l'honneur de vous proposer de prescrire :

» 1° Qu'au retour à Saumur du commandant du manége de l'école, les jeunes chevaux soient dressés conformément à la nouvelle méthode, et que des observations soient faites sur les avantages ou les inconvénients qu'elle présente ;

» 2° Que dans le 5ᵐᵉ de cuirassiers et le 3ᵐᵉ de lanciers l'application de cette méthode se continue ;

» 3° Que les divers corps de cavalerie, dans un rayon de vingt-cinq lieues autour de Paris, détachent, pour deux mois environ, le capitaine instructeur et un officier, qui viendraient étudier le système de M. Baucher. Ces officiers devraient être sous les ordres du lieutenant-colonel d'un des deux régiments de cavalerie en garnison à Paris.

» Afin que le chef d'escadrons commandant le manége de l'école soit plus que personne familiarisé avec ce système, Votre Excellence trouvera sans doute convenable qu'il revienne, vers le 1ᵉʳ mai, passer à Paris le temps nécessaire pour le posséder entièrement.

» Enfin, à défaut de M. Baucher lui-même, il serait utile que son fils passât au camp de Lunéville les mois de juin, de juillet et d'août. Le commandement de ce camp m'ayant été confié, je pourrais alors faire appliquer sous mes yeux la nouvelle méthode d'équitation. Il serait facile également d'y appeler les capitaines instructeurs et un officier des régiments qui sont en garnison dans un rayon d'une vingtaine de lieues.

» Jusqu'à présent, monsieur le Maréchal, M. Baucher n'a voulu entendre parler d'aucune rétribution. Son ambition est d'être utile à l'armée, et de reculer les bornes d'un art pour lequel il est passionné. Si, comme je le crois fermement, sa méthode peut abréger l'instruction des troupes à cheval, une indemnité pécuniaire sera évidemment impuissante pour récompenser un tel service. Mais, malgré le désintéressement de M. Baucher, le département de la guerre ne doit pas disposer, comme aujourd'hui, de son temps sans qu'il reçoive en retour une rétribution. A vous seul, monsieur le Maréchal, il appartient de résoudre cette question. Le désintéressement de M. Baucher est tel que la solution ne saurait entraîner de difficultés.

» Mais avant de vous prononcer sur ces dispositions, il est indispensable, monsieur le Maréchal, que le système nouveau soit soumis à votre haute appréciation. Comme toutes les doctrines que l'on veut substituer aux idées généralement admises, il rencontrera de l'opposition et des résistances ; aussi doit-il être jugé directement par un ministre qui a déjà doté la France de grandes institutions, et qui seul est assez puissant pour le protéger contre les attaques de l'ignorance, de la routine ou même de l'envie.

» Votre Excellence m'a fait l'honneur de m'écrire, sous la date du 5 de ce mois, que son intention était d'assister elle-même, accompagnée des officiers généraux de cavalerie en ce moment à Paris, au travail que dirige M. Baucher. Je vous prie très-instamment, monsieur le Maréchal, de vouloir bien déterminer le plus tôt possible le jour où les expériences devront avoir lieu sous vos yeux.

» Je suis avec respect,

» Monsieur le Maréchal,

» De Votre Excellence,

» Le très-humble et très-obéissant serviteur,

» Le lieutenant-général,

» Marquis OUDINOT »

LETTRE DE S. EXC. LE MARÉCHAL SOULT, MINISTRE DE LA GUERRE, A
M. LE LIEUTENANT-GÉNÉRAL MARQUIS OUDINOT.

Paris, 5 avril 1843.

» Général, par la lettre que vous m'avez fait l'honneur de m'écrire le 2 de ce mois, vous m'informez que les expériences de la méthode Baucher, soumises à la commission que vous présidez, ont commencé le 21 mars dernier; qu'elles seront terminées du 8 au 10 du courant, et que déjà les expériences de cette méthode font présager des résultats favorables, surtout dans sa partie élémentaire; vous terminez en exprimant le désir que j'accorde quelques instants aux exercices qui ont lieu, et que je sois accompagné par les officiers-généraux de cavalerie présents à Paris, afin qu'ils soient ainsi à même de se former une opinion sur un mode d'instruction qui vous paraît avoir beaucoup d'avenir.

» J'ai lu avec satisfaction les détails que vous me donnez sur les premiers essais qui ont eu lieu en votre présence.

» Je m'empresse, d'ailleurs, de vous informer que je me rendrai avec plaisir au vœu que vous m'exprimez d'assister à l'une de vos plus prochaines expériences, accompagné de MM. les officiers-généraux de cavalerie; je vous préviendrai à l'avance du jour que j'aurai fixé.

» Le président du conseil,
» Ministre secrétaire d'Etat de la guerre,

» Maréchal duc DE DALMATIE. »

LETTRE DE M. LE LIEUTENANT GÉNÉRAL MARQUIS OUDINOT,
A M. BAUCHER.

Paris, le 21 mai 1842.

« M. le Maréchal ministre de la guerre me fait savoir, Monsieur, sous la date du 20 mai, qu'il a lu avec beaucoup d'intérêt le rapport que je lui ai transmis sur les expériences qui ont été faites à Paris, à l'effet de constater si votre méthode d'équitation devait être appliquée avec avantage aux corps des troupes à cheval.

» Le ministre me charge de vous exprimer tous ses remercîments pour le zèle et le désintéressement dont vous avez fait preuve jusqu'à présent dans l'intérêt de l'art et de l'armée. Toutefois Son Excellence ne peut et ne doit pas continuer de disposer de votre temps sans vous accorder en retour une juste indemnité. Elle aurait désiré que les crédits mis à sa disposition permissent d'organiser sur une échelle étendue la continuation des expériences de votre méthode; mais les règles qui régissent la spécialité de l'emploi de ces crédits ont apporté des obstacles à la réalisation de ses intentions.

» La commission que je préside a été d'avis qu'il y aurait lieu de vous allouer une indemnité de 5 francs par jour pour chaque officier qui monterait à votre manége, et elle a en même temps proposé à M. le Ministre de détacher à Paris pendant deux mois le capitaine instructeur et un officier des régiments placés dans un rayon de vingt-cinq lieues autour de la capitale. Cette disposition s'appliquerait naturellement aux régiments en garnison à Chartres, Beauvais, Provins, Versailles, Melun, Compiègne, Meaux, Saint-Germain et Fontainebleau. Les vingt officiers de ces dix régiments et les six officiers des trois régiments stationnés à Paris, montant chaque jour à votre manége, auraient occasionné une dépense journalière de 130 francs. La situation du budget et l'absence de tout crédit spécial pour une dépense de cette nature n'ont pas permis d'accueillir cette proposition comme elle était formulée, et M. le Maréchal ministre de la guerre a pensé qu'en se bornant à faire monter ces vingt-six officiers tous les deux jours, il atteindrait le double but de ne pas compromettre le succès des expériences, et de renfermer la dépense dans des limites étroites et nécessaires. Cette disposition sera de ma part l'objet d'une observation ; je préviens le ministre que j'ai autorisé les officiers à monter tous les jours, sauf à abréger le temps de leur séjour à Paris.

» J'ai demandé également que M. votre fils fût autorisé à se rendre à Lunéville, afin que je puisse, en qualité de commandant du camp, y faire faire sous mes yeux l'application de la méthode. J'ai exprimé en outre le désir que les capitaines instructeurs et un officier des régiments qui sont en garnison dans un rayon d'une vingtaine de lieues de cette place y fussent appelés pour être initiés à notre système. Ces propositions, qui ont pour but et qui auront pour résultat de mettre le plus grand nombre de régiments possible à même d'appliquer, s'il y a lieu, la méthode en cours d'essai, ont paru à M. le Ministre susceptibles d'être accueillies.

» Bien que je considère l'expérience qui a été faite sous ma direction comme concluante, surtout en ce qui concerne le dressage des jeunes chevaux, et bien que M. le Ministre apprécie aussi ces résultats, S. Exc. pense cependant, d'accord avec la commission, qu'il est nécessaire de continuer les essais. En effet, votre méthode, fût-elle même jugée définitivement par la commission, et dût-elle réaliser tous les avantages que vous en attendez, ne saurait s'imposer à l'opinion publique. Elle aura ses opposants dans l'armée comme dans la classe civile; c'est le sort de toute idée nouvelle. Il faut donc d'abord qu'elle se fasse connaître, qu'elle se propage, et qu'elle soit généralement adoptée avant que le département de la guerre consacre et légalise cette adoption.

» Je vous annonce donc, Monsieur, que, d'après ces considérations, M. le maréchal ministre de la guerre a arrêté les dispositions ci-après :

» 1° Les jeunes chevaux de l'école de cavalerie seront dressés d'après la méthode Baucher, sous la direction de M. le chef d'escadrons commandant le manége, qui recevra en temps opportun l'ordre de revenir à Paris, pour se familiariser de plus en plus avec ce système de dressage ;

» 2° L'application de la méthode sera continuée dans le 5me de cuirassiers, dans le 3me de lanciers, dans le 3me d'artillerie et dans la garde municipale. Elle sera introduite dans le 5me de dragons, nouvellement arrivé à Paris ;

» 3° les régiments de cavalerie et d'artillerie stationnés dans un rayon de vingt-cinq lieues autour de Paris détacheront pour deux mois le capitaine instructeur et un lieutenant, qui viendront étudier la méthode Baucher. Le lieutenant sera, autant que possible, choisi parmi ceux qui ont suivi le cours de l'école de cavalerie, soit comme officiers d'instruction, soit comme officiers élèves.

» Ces officiers seront placés sous les ordres et la direction de M. Grenier, chef d'escadrons au 9me cuirassiers.

» 4° M. Baucher fils se rendra au camp de Lunéville, il y séjournera pendant les mois de juin, juillet et août. Les capitaines instructeurs et un lieutenant des corps de troupes à cheval stationnés à Toul, Nancy, Haguenau, Épinal, Strasbourg, Schelestadt, Sarreguemines, Commercy, Colmar, Saint-Mihiel et Verdun, seront appelés à Lunéville pendant les mêmes mois pour y étudier le système Baucher. Ces officiers seront placés sous les ordres et la direction de M. Mermet, chef d'escadrons au 2me de cuirassiers ;

» 5° M. Baucher fils recevra une indemnité de 500 francs par mois, payables sur les frais et la remonte générale ;

» 6° Chacun des corps de troupes à cheval et des établissements de remonte recevra deux exemplaires de votre ouvrage intitulé : *Méthode d'équitation basée sur de nouveaux principes;*

» 7° Vous recevrez une indemnité de 5 fr. par jour pour chaque officier qui montera dans votre manége.

» Les dispositions que je viens de vous communiquer prouvent, Monsieur, que M. le ministre de la guerre veut que l'armée mette à profit les progrès que vous avez fait faire à l'équitation. Je m'applaudis d'être appelé à seconder les intentions de M. le maréchal, et vous me trouverez en toutes circonstances disposé à rendre justice à un talent que chaque jour j'apprécie davantage.

» Recevez, je vous prie, Monsieur, l'assurance de ma considération particulière et de mes sentiments distingués.

» Le lieutenant-général,
» Marquis OUDINOT. »

ÉQUITATION BAUCHER.

RAPPORT DU CHEF D'ESCADRONS GRENIER, CHARGÉ DU COMMANDEMENT DES OFFICIERS DÉTACHÉS A PARIS, PAR DÉCISION MINISTÉRIELLE DU 20 MAI 1842, POUR ÉTUDIER LA MÉTHODE D'ÉQUITATION DE M. BAUCHER.

Versailles, le 25 juillet 1842.

« Les officiers détachés à Paris, par décision ministérielle en date du 20 mai 1842, pour étudier la méthode d'équitation de M. Baucher, étaient au nombre de vingt-deux, le capitaine instructeur et un lieutenant par régiment. Ils ont travaillé tous les jours, depuis le 1er juin jusqu'au 15 juillet, en deux reprises, l'une de dix heures et demie à midi, l'autre de trois heures et demie à cinq heures. Il y a eu trente-neuf jours de travail.

M. Baucher donnait toujours la leçon lui-même, et en ma présence. Il a établi dans le travail une progression à l'aide de laquelle il a démontré sa méthode d'équitation, en expliquant successivement, d'une manière claire et précise, les principes sur lesquels elle est basée.

» Les explications orales étaient presque toujours données à chacun en particulier, et l'application sur le cheval immédiatement exigée. M. Baucher ne quittait l'officier auquel il s'adressait qu'après s'être assuré par des questions que son explication était comprise. Il sollicitait les observations de chacun, et donnait à chaque principe qu'il avait émis tous les développements qui lui étaient demandés.

» Cette manière de donner la leçon parut étrange dans le commencement; elle était nouvelle pour nous, qui jusqu'alors avions reçu et donné des leçons d'équitation dans les manéges par des explications faites à voix haute, et dont chaque écolier devait profiter suivant son intelligence. Ainsi non-seulement les principes d'équitation étaient nouveaux, mais la manière de procéder était nouvelle aussi.

» Les officiers appelés à Paris pour étudier la méthode d'équitation de M. Baucher n'étaient pas tous arrivés avec la croyance qu'on pût leur apprendre quelque chose. La moitié de ces officiers sont capitaines instructeurs, les autres sont des lieutenants appelés à le devenir. Aussi dans le commencement il y avait peu de confiance, de la part des officiers, dans leur nouveau professeur, quelquefois de l'opposition, mais toujours de la bonne volonté et du zèle.

» Peu à peu la confiance est venue, l'opposition a disparu, mais ce n'est qu'au bout du premier mois, après vingt-cinq leçons environ, que tous les officiers, sans exception, avaient compris la méthode et reconnu la supériorité des principes de M. Baucher sur ceux qui étaient connus de nous.

» Avant de partir, chaque officier m'a remis un rapport sur le travail pendant notre séjour à Paris, sur son opinion particulière, relativement à la méthode, sur l'application qu'on peut en faire dans la cavalerie. Tous reconnaissent avoir tiré un grand parti du travail pour le dressage de leurs chevaux et pour leur instruction propre en équitation. Tous approuvent la nouvelle méthode et désirent son application dans les régiments.

» En exprimant aujourd'hui mon opinion sur la méthode d'équitation de M. Baucher, je puis donc m'appuyer de celle de vingt-deux officiers de cavalerie qui, par leur position d'instructeurs, peuvent être considérés comme juges compétents.

» La méthode d'équitation de M. Baucher est positive et rationnelle, elle est facile à comprendre, surtout quand on l'étudie sous la direction de quelqu'un qui la connaît. Elle est attrayante pour le cavalier, donne le goût du cheval et de l'équitation; elle tend à développer les qualités du cheval, surtout celle de la légèreté, qu'on aime tant à trouver chez le cheval de selle. Mise en pratique dans les régiments de cavalerie, elle doit produire les meilleurs résultats, et faire faire à cette arme un immense progrès. Appliquée au dressage des jeunes chevaux, elle développe l'instinct du cheval, lui fait trouver aisance et agrément dans la domination du cavalier; elle le préserve de la ruine prématurée qu'entraîne souvent un dressage mal entendu; elle peut abréger le temps qu'on donne à l'éducation des chevaux; elle intéresse les cavaliers qui y sont employés. Ceux-ci, dès-lors, apportent dans ce travail un goût et un soin qui leur profitent comme instruction et préservent le cheval de tout mauvais traitement. Appliquée à l'instruction des officiers, des sous-officiers et du peloton modèle, elle donnera le goût de l'équitation, qui, on ne cesse de le répéter, se perd tous les jours dans la cavalerie. Connue des instructeurs, elle fera disparaître ce qu'il y a de monotone et d'aride dans cette partie du service.

» J'évite, dans ce rapport, d'entrer dans aucun détail sur les principes d'équitation de M. Baucher, qui sont parfaitement expliqués dans les ouvrages qu'il a écrits. Toute dissertation serait superflue; je crois peu à l'équitation écrite, c'est un art qu'on n'apprend que par la pratique et sous la direction d'un bon maître. Aussi je pense que c'est moins dans les écrits de M. Baucher qu'à son manége qu'il faudrait aller puiser ses principes. A leur arrivée à Paris, les officiers qui croyaient connaître la méthode de M. Baucher par ses ouvrages la jugeaient de manières différentes; après l'avoir entendu professer pendant un mois, ils la comprenaient de la même manière, et en reconnaissaient la bonté et la justesse. M. Baucher est certainement un praticien habile, mais il est surtout un professeur clair, précis et persuasif.

» Je crois que, pour répandre la nouvelle méthode d'équitation dans la cavalerie, pour qu'elle y fût comprise et qu'elle y portât le résultat qu'on peut en attendre, il faudrait que chaque régiment pût envoyer successivement des officiers au manége de M. Baucher, comme il a été fait pour ceux que j'ai eu l'honneur de commander.

» Je crois qu'il faudrait porter à deux mois, au moins, le temps consacré aux leçons, et que les officiers en reçussent une chaque jour, qu'un manége fût mis entièrement à leur disposition, afin qu'ils pussent, à différentes heures de la journée, appliquer ce qui leur est enseigné à la leçon donnée par le professeur.

» C'est surtout à l'école de cavalerie que la méthode de M. Baucher devrait être connue.

» Le chef d'escadrons du 9me cuirassiers.
» Chargé du commandement des officiers détachés à Paris pour étudier la méthode d'équitation de M. Baucher,

» A. GRENIER. »

RAPPORT DEMANDÉ PAR LE COLONEL, PRÉSIDENT DE LA COMMISSION, POUR ÉTUDIER LE DRESSAGE DES JEUNES CHEVAUX D'APRÈS LA MÉTHODE DE M. BAUCHER, ET RÉDIGÉ PAR M. DESONDES, LIEUTENANT AU 9me DE CUIRASSIERS (1).

Répondre aux questions suivantes : 1° l'âge et le signalement du cheval ; 2° s'il était complètement dressé ou si son instruction était incomplète ; 3° les résultats obtenus sur la soumission du cheval ; 4° les avantages obtenus par le cavalier sous le rapport de l'équitation ; 5° l'opinion de l'officier sur l'application de la méthode au dressage des jeunes chevaux dans les régiments ; 6° toutes les observations qu'il croit devoir faire dans l'intérêt général.

1° Age et signalement du cheval. — L'escobar, sept ans, 1 mètre 376^{mm} bai marron, miroité, en tête, bordé, *CQ*.

2° S'il était complètement dressé ou si son instruction était incomplète.

3° Les résultats obtenus sur la soumission du cheval.

« Ces dernières questions se touchent, et l'historique des progrès d'un cheval aussi mal doué que le mien pour le service de la selle me semble un argument puissant en faveur de la méthode qui a pu opérer un tel changement. Ce n'est pas à dire que mon cheval soit déjà parvenu à un degré complet d'instruction ; mais le point de départ et le point d'arrivée, telle est la question, je pense.

(1) Aujourd'hui capitaine instructeur au 8e régiment de hussards.

1° Degré d'instruction du cheval avant la méthode.

» Or, quel est le point de départ ? Un carrossier d'une charpente extrêmement forte, et très-vigoureusement musclé ; mais l'encolure massive, surchargée même, la tête très-forte et lourdement attachée, puissance très-grande dans le devant, le train de derrière moins fortement constitué ; des jarrets défectueux, prédominance des parties antérieures sur les parties postérieures. Aussi, avant d'être soumis à la méthode, mon cheval, s'appuyant sur le mors, m'opposait par ses contractions d'encolure des résistances qui paralysaient complétement tous les moyens que l'ancienne équitation pouvait me suggérer pour m'en rendre maître. Ce cheval m'ayant appartenu pendant les dix derniers mois d'un cours que je viens de suivre à Saumur, je dus y recevoir tous les conseils de mes professeurs, plus experts que moi en matière d'équitation.

» Mais je dois l'avouer, ni mors dur ni mors doux, ni douceur ni violence, rien ne pouvait y faire ; il m'arrivait chaque jour, travaillant dans le rang à l'école de peloton ou d'escadron, de passer du deuxième rang au premier, victime de l'extrême légèreté de ma main. Tout rendre, avoir constamment les rênes flottantes ; telle était la plus expresse recommandation qui m'avait été faite pour empêcher mon cheval d'aller trop vite. Le mal était donc incurable, car la légèreté de la main est un de ces remèdes que prescrit l'ancienne équitation, comme souverain pour toutes les maladies équestres ; et le remède avait échoué.

2° Degré d'instruction du cheval ayant été soumis à la méthode.

» Je n'essayerai pas de le dissimuler, lorsque M. Baucher commença à m'instruire dans sa méthode, peu de temps avant notre réunion à Paris, je me faisais un malin plaisir de lui amener un sujet que je croyais destiné à donner un démenti à la méthode. L'expérience m'a offert une leçon aussi profitable pour moi qu'elle l'a été pour mon cheval. Le lourd carrossier est devenu, par sa légèreté, un cheval de selle; il est plus que ramené, il est au rassembler presque complet. Déjà même j'obtiens sur lui les premiers commencements du piaffer. Si quelques contractions se manifestent encore au galop, elles sont toutes produites par ma faute, et ces fautes, inhérentes aux anciens principes d'équitation dont j'étais imbu, m'amènent naturellement à parler des progrès que j'ai pu faire moi-même en équitation avec les leçons de mon nouveau professeur.

3º Les avantages obtenus par le cavalier sous le rapport de l'équitation.

» J'ai perdu ce respect réglementaire mais exagéré que j'avais pour la sensibilité des flancs de mon cheval. Mes jambes, au lieu de *tomber naturellement de leur propre poids*, se sont (n'en déplaise à l'ordonnance) assez rapprochées des flancs du cheval pour essayer de prendre leur part dans l'action que je dois imprimer aux forces de l'animal.

» L'adhérence plus grande de mes cuisses et de mes jambes m'assure en même temps plus de solidité. Ainsi, je crois avoir gagné plus de moyens d'action et plus de moyens de tenue.

» Ces deux qualités doivent être recherchées par tout cavalier. Reste pour l'instructeur militaire une autre part plus grande, mais aussi plus difficile ; ce sont les conseils, les leçons qu'il doit donner aux hommes dont l'instruction lui est confiée. Quels progrès ai-je pu faire dans cette voie? Je dois l'avouer, les enseignements que j'avais reçus jusqu'à ce jour laissaient un tel vague dans mon esprit, que je ne donnais qu'à regret un conseil en équitation.

» Tel est le point où j'étais arrivé après deux cours faits à l'école de cavalerie, et faits, j'ose le dire, avec tout le zèle, sinon tout le succès possible. J'en appelle à tous les officiers de l'armée, qui comme moi sont enfants de cette école ; eux seuls, ce me semble, ont droit de juger les doctrines qui s'y professent. Et, qu'ils le disent avec moi (dût-on les traiter d'enfants ingrats), que leur reste-t-il des leçons qu'ils ont suivies ? Quel rôle peuvent-ils jouer comme instructeurs militaires en équitation ? Eh bien, aujourd'hui des données positives sont entre nos mains. J'ai reçu, ainsi que chacun des officiers qui ont suivi les leçons de M. Baucher, des principes dont l'exactitude rigoureuse, mathématique, ne doit plus laisser aucun doute dans l'intelligence la moins heureuse. Je dois toujours savoir maintenant où est le mal. La position du cheval me le démontre. Je dois toujours savoir avec quelles armes il faut combattre ce mal ; ces armes sont une autre position, donnée aux forces du cheval, qui permette, qui commande le mouvement.

» Je crois donc avoir répondu, mon colonel, à la question qui nous est posée sur les progrès personnels que nous avons pu faire en équitation. Je n'hésite pas à le dire, ma solidité est plus grande, mes moyens d'action plus puissants ; mes principes, comme instructeur, mieux arrêtés, plus clairs, doivent être plus convaincants pour les cavaliers que je serai appelé à instruire.

4º L'opinion de l'officier sur l'application de la méthode au dressage des jeunes chevaux dans les régiments.

» Ce n'est pas seulement à l'intelligence du cavalier que parlent les moyens fournis par la nouvelle méthode, mais bien encore celle du cheval lui-même ; n'est-ce pas dire par conséquent combien le dressage des chevaux devra, sous son influence, marcher plus rapidement, plus sûrement ?

» Je ne me donnerai pas la peine de relever les futiles objections qui ont pu être présentées à ce sujet. J'ai moi-même soumis à la méthode vingt-huit jeunes chevaux dans mon régiment; et malgré tout ce que pouvait avoir d'incomplet une instruction transmise par un officier qui n'avait que des notions encore trop élémentaires, j'ai obtenu les résultats les plus prompts et les plus satisfaisants. Mes cavaliers étaient loin d'être choisis, ayant été recrutés pour la plupart parmi les hommes démontés du régiment. Mais leur attention toujours fixée par cet échange de concessions qu'ils essayaient d'établir entre eux et leurs chevaux ; — mais ce maniement constant d'un cheval d'abord roide et stupide, qui se pétrissait sous leurs mains, prenait réellement une autre forme, et finissait par deviner toutes les intentions de son maître ; — cet exercice continuel de l'intelligence du cavalier qui la développe sans la fatiguer ; — tous ces bienfaits, en un mot, de la méthode Baucher, faisaient que l'éducation équestre de l'homme marchait de front avec celle de son cheval. J'ajouterai à ce propos que je comprends difficilement qu'une des plus fréquentes objections faites à l'application militaire du système Baucher ait été puisée dans l'inintelligence de nos hommes.

» Le jour où les instructeurs seront plus habiles, les hommes deviendront plus intelligents. J'ai hâte de franchir cette objection, car je craindrais d'être forcé d'avouer et de faire avouer à mes collègues en instruction que l'inintelligence équestre n'était pas seulement le partage des simples cavaliers. Mon amour-propre national ne s'humilie pas au point de croire qu'un cavalier français soit destiné à ne jamais aborder les plus petites difficultés de l'équitation dont le cavalier allemand atteint, dit-on, les sommités. Mais le temps nous manque, dira-t-on ! Il me semble que c'est surtout quand on est pressé qu'on doit prendre le chemin le plus court. Ce n'est pas à dire pour cela qu'on doive précipiter l'instruction du cheval, et c'est un des écueils que je redoute surtout pour chacun de nous autres ; gardons-nous bien de l'impatience de jouir trop vîte.

» Limitée par le temps, notre éducation, celle de nos chevaux a dû être improvisée par notre professeur ; il a dû même franchir rapidement les échelons intermédiaires pour nous faire passer successivement en revue toutes les difficultés de son équitation. Cette tâche, je la considérais comme impossible; aujourd'hui je vois qu'elle ne l'était pas, du moins pour lui. Mais rappelons-nous cette recommandation qu'il nous a si souvent, si expressément faite : « N'oubliez pas » que chaque jour doit amener un progrès, mais qu'il n'y » a que les progrès lents et positifs qui puissent assurer l'é- » ducation du cheval; méfiez-vous des improvisations qui » disparaissent aussi rapidement qu'elles sont nées. »

» Je crains donc, mon colonel, que ce terme de quarante-cinq jours, fixé pour le dressage du jeune cheval, ne soit considéré par beaucoup d'officiers, victimes d'un zèle mal entendu, que comme le plus grand avantage de la méthode. Ces fautes devront être commises souvent; mais à qui faudra-t-il s'en prendre? uniquement aux anciennes doctrines.

» Le dressage du cheval se résumait pour nous dans une série de mouvements répétés à satiété, jusqu'à ce que la routine, aidée de quelque peu d'usure, fît, à force de temps, un animal hébété et disgracieux qu'on appelait un cheval dressé, parce qu'il ne lui restait plus assez de vigueur pour se défendre.

» Tout-à-coup des moyens nouveaux et sûrs sont livrés entre nos mains. Quelques jours ont suffi pour nous faire obtenir de brillants résultats ; une première victoire nous fait tout oser, à nous si peu habitués à des victoires équestres. Oui, c'est l'impuissance de l'ancienne méthode qui nous livre sans défense contre les séductions d'un premier succès; pauvres hier, riches aujourd'hui, nous sommes des parvenus en équitation, nous croyant tout permis jusqu'à ce qu'un échec vienne nous apporter un salutaire avertissement.

» Je crois donc, mon colonel, qu'on ne saurait trop mettre chacun en garde contre le désir d'improviser, et que quelques conseils, relatifs à cette question de temps, auraient dû être ajoutés à la méthode provisoire (1). Des erreurs de principes s'y rencontrent, erreurs involontaires, sans doute, mais qu'il importe de ne pas consacrer par l'ordonnance. Par exemple, dans le reculer il est dit : *Si la croupe se déplace, on doit la ramener à l'aide de la jambe du côté où elle se jette, employant au besoin la rêne du filet ou de la bride du même côté.* Ce n'est pas avec la jambe qu'on doit combattre une résistance, mais bien avec le filet; notre professeur nous a assez répété ce principe.

» Le canevas qu'on nous présente me paraît bon, mais je regrette qu'on n'ait pas parlé des attaques. Sans les attaques, pas de ramener complet. Le cheval qui les a comprises est devenu à jamais la conquête du cavalier. Livrez-le ensuite à un cavalier maladroit, employez-le même à un service autre que celui de la selle; le jour où vous voudrez, vous le retrouverez tout prêt à vous répondre quand quelques attaques auront rappelé au foyer les forces qui s'étaient égarées sous une main inhabile. Est-il permis de dédaigner ou de craindre une arme aussi puissante, pour nos chevaux de troupes surtout, que les brusqueries de manœuvres peuvent faire sortir de la position du ramener, et qui n'y rentreront, je le répète, qu'au moyen des attaques.

» Je pense qu'il serait utile d'avoir dans chaque régiment

---

(1) Le travail fait à la hâte pour l'instruction spéciale des chevaux de troupes, et d'après le dernier ouvrage de M Baucher (*Méthode d'Équitation basée sur de nouveaux principes*), a été modifié dans quelques parties, d'abord par la commission de Lunéville et postérieurement par le comité de cavalerie.

un peloton modèle. Je sais qu'il existe déjà réglementairement, mais je voudrais que les cavaliers qui en feraient partie, instruits aussi complétement que possible dans la méthode, pussent exécuter avec leurs chevaux toutes les difficultés que M. Baucher nous a fait aborder en si peu de temps; on pourrait ainsi juger du degré d'instruction équestre auquel peut prétendre la troupe. Ce serait un moyen de conserver, de perpétuer les excellentes doctrines que nous venons de recevoir. Chaque cavalier serait jaloux d'en faire partie quand il aurait admiré les succès de ses camarades.

» Ainsi, abréger singulièrement la route, obtenir des résultats qui étaient interdits aux anciennes écoles, ce serait déjà assez de titres pour recommander la nouvelle méthode. Elle en a d'autres encore; on peut, au moyen de deux mots, résumer le parallèle qu'on serait tenté d'établir entre l'ancienne et la nouvelle équitation : dans les écoles françaises ou allemandes le cheval est assis, dans l'école Baucher il est équilibré.

» Dans les premières écoles, son éducation, péniblement acquise, a dû ruiner ses jarrets et ses hanches, et paralyser le jeu de ses épaules, condamnées à l'inaction. Il a payé cher une éducation incomplète. Chaque jour encore ces parties, que l'éducation a déjà altérées, doivent achever de s'user par cette répartition inégale; témoins les jarrets si accidentés de nos chevaux de manége, témoin l'usure de leurs boulets, tandis qu'au contraire les épaules, restées vierges, s'engourdissent de jour en jour; chaque pas fait par un cheval dans une position semblable est un acheminement vers une ruine prématurée.

» Dans l'école de M. Baucher, au contraire, non-seulement on n'altère pas la conformation organique, mais, pour surcroît d'avantages, en exerçant des parties faibles, on donne plus de souplesse et plus de ton à certains muscles, on répartit différemment les forces, de manière à alléger des parties peu puissantes, et à forcer d'autres plus fortes à partager avec les premières le rôle qu'elles leur imposaient tyranniquement. Ce ne serait donc pas assez que de dire que le cheval dressé par la méthode nouvelle n'a pas été altéré dans son organisme.

» On a mieux fait, on lui a donné une position et des aplombs que la nature lui avait refusés. Oui, j'ose l'avancer, l'art s'est mis à la place de la nature ; et ce n'est pas blasphémer que de dire que la nature a été vaincue dans cette lutte.

» Grâce aux bienfaits de la méthode Baucher, l'équitation deviendra désormais dans la cavalerie un plaisir plein de charmes, au lieu d'être considérée comme une ennuyeuse corvée. Les chevaux seront soignés par les cavaliers en raison des services agréables qu'ils leur rendront, la proportion effrayante des pertes diminuera ; enfin, tranchons le mot, la plus heureuse des innovations doit amener une bienfaisante révolution dans la cavalerie.

» Cependant, qu'il me soit permis de le dire ici : des études plus prolongées que celles que nous venons de faire pendant six semaines, peuvent seules donner des apôtres intelligents de la méthode Baucher.

» C'est avec un sentiment amer que j'ai vu cette limite de temps; d'autres plus heureux que nous viendront sans doute. Pendant longtemps encore la cavalerie est intéressée à réunir sous les leçons de notre professeur un certain nombre d'officiers. Mais alors un local plus vaste, des éléments plus complets qui permettent d'appliquer sur plusieurs chevaux au lieu d'un seul, feront que la tâche, entièrement accomplie, répandra dans la cavalerie des résultats inappréciables. Les esprits les plus rebelles, convaincus, comme nous le sommes aujourd'hui, diront avec nous :

» A Baucher la cavalerie reconnaissante !

» 15 juillet 1842.

» A. Desondes,

» Lieutenant au 9ᵉ cuirassiers. »

ECOLE ROYALE DE CAVALERIE.

SIXIÈME ET DERNIER RAPPORT SUR LES EXPÉRIENCES DE LA NOUVELLE
MÉTHODE D'ÉQUITATION DE M. BAUCHER.

« Les premiers essais sont terminés. Les mouvements principaux de l'école de peloton à cheval, la course des têtes, la charge, ont complété le travail. Ainsi, trente-cinq leçons ont suffi pour parfaire l'instruction des chevaux dociles ou rebelles qui m'ont été confiés. L'ébauche du cheval, c'est-à-dire le travail en bridon prescrit par l'ordonnance, réclamait à lui seul un laps de temps plus long, au bout duquel on osait à peine prendre la bride. Sous ce rapport, le nouveau système est d'une immense utilité pour la cavalerie.

» Mais la promptitude avec laquelle on peut mettre des chevaux neufs dans les rangs n'est pas le seul avantage que présente la nouvelle méthode; elle garantit, en outre, la conservation du cheval; elle développe ses facultés et ses moyens; ceux-ci grandissent par l'harmonie, par le rapport des forces entre elles, par leur usage rationnel et opportun. Ce n'est pas l'emploi immodéré de la force qui fait triompher d'un cheval rebelle, mais l'emploi bien combiné d'une force ordinaire. Le système Baucher doit être regardé comme éminemment conservateur, puisque le dressage bien gradué, bien combiné, ne peut avoir de fâcheuses influences sur le physique du cheval, et que, dans son emploi, ses forces étant à la disposition du cavalier, c'est celui-ci, dispensateur absolu de ces mêmes forces, qui devient responsable de la durée ou de la ruine prématurée.

La vitesse des allures a été mise en doute et contestée. En effet, si on voulait lancer à la charge le cheval complètement ramené, il perdrait sans doute de son impulsion. Quant aux allures ordinaires, au trot allongé même, le cheval acquiert par le *ramener* une nouvelle vigueur, et la citation de l'auteur de la méthode, relative à cette allure, se vérifie très-bien par l'expérience; elle prouve, en outre, que les allures ne pourront que gagner en régularité et en précision, condition première de la rectitude des manœuvres, des bonnes marches et de leur prolongation avec moins de fatigue.

» La docilité qu'acquiert le cheval soumis à la mobilisation est chose digne de remarque. Dès le premier jour, pas un seul des chevaux qui viennent d'être dressés par la nouvelle méthode n'a été impressionné, ni par le feu, ni par les armes ou autres bruits de guerre; le cheval est tout à son cavalier.

» Cependant l'application de la nouvelle méthode n'est pas sans difficultés, surtout pour ceux qui sont peu disposés au zèle, à la persévérance qu'elle réclame. Ces qualités sont une condition indispensable pour réussir. Si elles n'existent pas généralement, espérons qu'elles ne manqueront pas de se développer avec le goût que fera renaître l'introduction d'un progrès si utile à la cavalerie. Il ne faut qu'essayer du système pour s'y livrer avec ardeur; il est entraînant, il séduit et absorbe ceux qui le comprennent, qui en ont mûri la théorie si claire, si rationnelle; je dirai plus, grâce à cette théorie, l'équitation, considérée jusqu'à présent comme un art, devient une science exacte.

» Les expériences terminées aujourd'hui et qui font l'objet de ce rapport ne militent pas seules en faveur du système de

M. Baucher ; celles que l'on continue sur les autres catégories de chevaux témoignent aussi de ses avantages, et fourniront, sans aucun doute, des preuves plus frappantes encore par les difficultés plus grandes qui seront vaincues.

» Je me résume en disant que la nouvelle méthode doit être un grand bien, une amélioration incontestable pour la cavalerie. L'instruction élémentaire, applicable aux chevaux de troupe, sera facile et intelligible pour tous les cavaliers. Quant à l'équitation *savante*, dite haute école, elle sera du domaine des officiers et des sous-officiers hors du rang, et aura, comme partout, pour base l'intelligence, l'aptitude et le raisonnement, qualités indispensables pour en reculer les limites. L'école de cavalerie, terre classique de l'équitation, trouve déjà dans ce progrès un nouvel aliment à son zèle; jalouse des intérêts et de la prospérité de la cavalerie, instituée pour concourir à ses progrès, elle regarde généralement le système Baucher comme un bienfait et une nouvelle source de succès.

» Je fais donc des vœux pour l'adoption de la nouvelle méthode, et je désire ardemment sa prompte introduction dans la cavalerie.

Saumur, le 6 août 1842.

» Le chef d'escadrons commandant le manége de l'école de cavalerie,

» De Notival »

(Extrait du *Spectateur militaire*, 199ᵉ livraison).

ESSAI FAIT AU CAMP DE LUNÉVILLE DE LA NOUVELLE MÉTHODE D'ÉQUITATION SOUS LA DIRECTION DE M. BAUCHER FILS.

« *Il est des choses que tout le monde dit parce qu'elles ont été dites une fois.* Cette vérité, mise en évidence par Montesquieu, est particulièrement applicable à l'équitation en France. On répète sans cesse que le Français n'est pas cavalier : Ce reproche est loin d'être entièrement fondé. Notre pays produit peu de chevaux, et n'étant pas de bonne heure familiarisés avec eux, nous ne leur accordons pas toujours les soins assidus et affectueux qui assurent le bon entretien de ce précieux animal ; cela est incontestable, mais le Français est cavalier en ce sens qu'il est adroit, agile, et qu'il possède au plus haut degré la hardiesse et l'intelligence. Ainsi, sans parler de la chevalerie, qui fit faire parmi nous de grands progrès à l'équitation, il faut reconnaître qu'à toutes les époques ce sont plus particulièrement les écuyers français qui ont reculé les bornes de l'art : pour le prouver, il suffit de rappeler les noms de Pluvinel, de la Guérinière, de Dupaty de Clam, de Lubersac, de Bohan, de Chabannes, etc. Tous ces hommes, et beaucoup d'autres que l'on pourrait citer, ont justement acquis une grande célébrité. Cependant il n'en faut pas conclure qu'après eux l'équitation doive rester stationnaire. Elle est susceptible encore de grands et importants perfectionnements.

» Passionné pour une science qui, depuis son enfance, est de sa part l'objet d'études aussi fructueuses que persévérantes, M. Baucher, après avoir obtenu du cheval une soumission en quelque sorte magique, n'a pas voulu profiter seul de ses méditations ; il les a nettement formulées, et sa méthode écrite est aujourd'hui entre les mains de tous ceux qui s'occupent d'équitation.

» Lorsque tout indique qu'elle est appelée à faire une sorte de révolution, le ministre de la guerre ne pouvait pas la laisser grandir et se propager sans savoir quels avantages l'armée pouvait en retirer. Sur la proposition du comité de cavalerie, M. le maréchal duc de Dalmatie a décidé que l'application de cette méthode serait faite à Paris, à Saumur et à Lunéville, par des officiers instructeurs des différents corps des troupes à cheval ; et afin qu'une direction uniforme et méthodique fût donnée à ce travail, il a prescrit dans ces différentes localités que des commissions seraient formées sous la présidence du général Oudinot.

» Nous sommes parvenu à nous procurer un extrait du rapport qui a été adressé à cet officier général par la commission qui avait été spécialement chargée d'examiner à Lunéville la question dans tous ses détails. Ce rapport aura d'autant plus d'intérêt pour nos lecteurs, que la nouvelle méthode d'équitation est sujette à controverse, comme toutes les innovations. Les observations de la commission répondent à toutes les objections ; elles sont le résultat de l'expérience, car la méthode a été appliquée sur une grande échelle, pendant plus de trois mois, au camp de Lunéville.

» La division de dragons et les instructeurs des différents corps de troupes à cheval qui faisaient partie du camp devaient exécuter, d'après les principes de la nouvelle méthode, en présence de LL. AA. RR. les ducs d'Orléans et de Nemours, des exercices équestres qui auraient eu plusieurs milliers de spectateurs. L'événement funeste qui a enlevé à la France le Prince royal n'a pas permis que l'on donnât à ce travail l'éclat qui lui était destiné. Cependant M. le duc de Nemours, voulant juger par lui-même des résultats obtenus, a fait faire devant lui une partie des exercices. »

A M. LE LIEUTENANT GÉNÉRAL MARQUIS OUDINOT COMMANDANT LE CAMP DE LUNÉVILLE, ETC.

Rapport *de la Commission chargée de constater les résultats obtenus par l'application de la nouvelle méthode d'équitation de M. Baucher, et de réviser* l'instruction provisoire *pour dresser les jeunes chevaux.*

« Mon Général,

» La commission à laquelle vous avez confié le soin de constater les résultats obtenus par l'application de *la nouvelle méthode* d'équitation de M. Baucher, et de réviser l'*instruction provisoire* pour dresser les jeunes chevaux, rédigée à Paris et imprimée à Lunéville par vos ordres, a l'honneur de vous présenter son travail. Elle croit devoir y joindre une analyse succincte de cette méthode, et l'exposé des motifs qui l'ont engagée à apporter des modifications à la rédaction de l'*instruction provisoire.*

» Les principes de la nouvelle méthode d'équitation ont été appliqués avec le plus grand soin par les officiers instructeurs envoyés à Lunéville; ce travail a eu lieu sous la direction du lieutenant-colonel de Mermet, et en présence de M. Baucher fils, dont le dévouement et l'expérience ont aplani toutes les difficultés.

» Les épreuves sur les chevaux des officiers détachés à Lunéville, et sur les jeunes chevaux des régiments de dragons du camp, permettent à la commission de porter un jugement raisonné et définitif sur l'ensemble de la nouvelle méthode.

» Ce nouveau système a pour but de placer le cheval dans la dépendance absolue du cavalier, auquel il doit abandonner sans effort le libre emploi de ses forces. Pour arriver à ce résultat, il faut d'abord combattre les résistances qui tiennent presque toujours à des causes physiques, et placer ensuite le cheval dans les conditions les plus favorables aux mouvements qu'on veut lui faire exécuter; résultats qui s'obtiennent par :

» Les assouplissements, la mise en main, les effets d'ensemble ou emploi combiné des aides supérieures avec les aides inférieures.

» C'est en appliquant à propos ces trois moyens d'action que l'on parvient à remplacer les forces instinctives par des forces transmises, c'est-à-dire par substituer la volonté de l'homme à celle du cheval, ce qui constitue l'art de le dresser.

» La commission, en conservant le même nombre de leçons que l'*instruction provisoire*, a cru devoir en régler la composition ainsi qu'il suit :

PREMIÈRE LEÇON.
PREMIÈRE PARTIE.
Travail en place, le cavalier à pied.

Flexions de la mâchoire, à droite et à gauche, avec le mors de la bride.

Flexions perpendiculaires ou affaissement de l'encolure.

Flexions latérales de l'encolure avec les rênes du filet et celles de la bride.

Leçon du montoir. Travail en place, le cavalier à cheval.

Flexions latérales de l'encolure avec les rênes du filet et celles de la bride.

Flexions directes de la tête, ou ramener avec les rênes du filet et celles de la bride.

Flexions latérales de la croupe.

DEUXIÈME PARTIE.

Répétion des assouplissements ou flexions.

Marcher au pas sur des lignes droites.

Changement de main.

Premiers principes du reculer.

DEUXIÈME LEÇON.

PREMIÈRE PARTIE.

Continuation des assouplissements.

Rotation de la croupe autour des épaules. De l'emploi des forces du cheval par le cavalier.

Marcher au pas.

Marcher au trot.

Changement de direction dans la largeur.

    Dans la longueur.

    Dans la diagonale.

Marche circulaire.

Changement de main sur le cercle.

Flexions latérales des épaules.

DEUXIÈME PARTIE.

Répétition des assouplissements avec plus d'exigence dans le reculer.

Répétition des mouvements de la première partie en exigeant plus de précision et de régularité.

Voltes et demi-voltes au pas et au trot.

Rotation des épaules autour des hanches.

Changement de main diagonal sur deux pistes.

TROISIÈME LEÇON.

PREMIÈRE PARTIE.

Continuation des assouplissements.

Répétition des mouvements principaux de la deuxième leçon.

Changement de main diagonal sur deux pistes en partant de pied ferme, et arrêter.

Étant de pied ferme, partir au trot.
Marcher au trot, arrêter.
Passer du trot au grand trot, et du grand trot au trot.
Travail sur deux pistes au pas seulement, la tête au mur, la croupe au mur.
Travail au galop sur la ligne droite.
Changement de pied.

DEUXIÈME PARTIE.

Travail au galop en cercle.
Changement de main en dehors et en dedans du cercle.
Travail en reprise par des indications.
Habituer les chevaux à se séparer les uns des autres.
Saut du fossé.
Saut de la barrière.

QUATRIÈME LEÇON.

PREMIÈRE PARTIE.

Travail de la troisième leçon avec le sabre seulement.
Même travail avec toutes les armes.
Habituer les chevaux aux bruits de guerre.
Répéter les mêmes mouvements, les chevaux chargés et paquetés.

DEUXIÈME PARTIE.

Répétition du travail de la première partie avec les commandements militaires.
Réunion des jeunes chevaux en pelotons.

GRADATION DU TRAVAIL.

							Jours.	Leçons.
1re LEÇON.	1re	partie,	4 jours,	2 leçons par jour.	1/2 heure chacune		8	16
	2e	—	4	2	—	3/4 —		
2e LEÇON.	1re	—	8	2	—	3/4 —	15	30
	2e	—	7	2	—	3/4 —		
3e LEÇON.	1re	—	6	2	—	3/4 —	12	24
	2e	—	6	2	—	3/4 —		
4e LEÇON.	1re	—	10	1	—	2 heur. (y compris le repos). . .	20	20
	2e	—	10	1	—	2		
						Total.	55	90

. . . .
. . . .

» En comparant la nouvelle méthode d'équitation pour dresser les jeunes chevaux avec celle adoptée par l'ordonnance, on reconnaît immédiatement sa supériorité.

» Cette supériorité lui est acquise d'abord par les assouplissements, qui disposent le cheval à l'obéissance ; ensuite, par l'emploi raisonné de ses forces, qui rend tous les exercices équestres plus faciles.

» On arrive progressivement à ce résultat au moyen du travail individuel, qui permet au cavalier de placer son cheval dans les conditions les plus favorables aux mouvements qu'il exige de lui.

» L'ancienne méthode n'a peut-être pas assez insisté sur la nécessité d'équilibrer les forces du cheval ; elle exige de suite l'obéissance à des commandements instantanés qui empêchent le cavalier de se servir des aides à propos.

» Pour obvier à cet inconvénient, la nouvelle méthode procède en sens inverse; elle s'occupe d'abord de l'instruction du cheval de selle, abstraction faite de son emploi à la cavalerie ; et à l'aide de moyens parfaitement combinés, elle le dresse en trente-cinq jours.

» Lorsque cette instruction est terminée, elle aborde progressivement les difficultés du travail militaire, en se conformant aux principes de l'ordonnance.

» La nouvelle méthode défend l'usage du bridon dans le travail des jeunes chevaux ; elle économise ainsi un temps précieux, et détruit de mauvaises habitudes en ôtant aux chevaux la possibilité de prendre un point d'appui sur les rênes et de travailler *machinalement* sur les pistes avec l'encolure tendue et basse, défaut que le travail en bride ne corrigeait pas toujours.

» Elle prescrit au cavalier militaire d'employer tous les moyens qui dépendent de lui pour obtenir *la mise en main*, parce qu'elle empêche le cheval de se soustraire à l'obéissance.

» Ceux qui nient les avantages de cette position prétendent qu'elle s'oppose à la vitesse des allures. D,après ce raisonnement, l'équilibre des forces serait un obstacle à la progression, ce qui est inadmissible.

» La nouvelle méthode considère l'éperon comme un degré de plus dans les aides ; le cavalier doit en faire usage lorsque le cheval n'obéit pas à l'action des jambes. Dans certains cas, c'est un auxiliaire puissant pour arriver à la concentration des forces.

» La commission, après avoir pesé les avantages du nouveau système d'équitation, demeure convaincue qu'il est appelé à rendre les plus grands services à la cavalerie.

» Pour atteindre ce but, il est indispensable de faire une application judicieuse des principes, et de modifier quelques articles du règlement qui ne sont plus en rapport avec les changements apportés à l'instruction des jeunes chevaux.

» Ces améliorations dépendent de l'autorité supérieure. La commission ne peut se permettre de les indiquer toutes ; mais elle croit utile de signaler les principales.

» Les cavaliers employés aux jeunes chevaux seront obligés de monter à cheval deux fois par jour, et même trois, lorsqu'il y aura promenade des chevaux de quatre ans ; dans l'intérêt de l'instruction, il serait indispensable de les exempter *de tout service, ainsi que de corvées autres que celles relatives à leur peloton.*

» La commission pense que pour mettre en pratique avec succès la *nouvelle méthode d'équitation*, il est nécessaire de prescrire que les officiers et sous-officiers soient exercés d'abord à ce travail, afin de former le plus promptement possible un cadre d'instructeurs.

» Elle reconnaît également l'urgence de mettre les trois premières leçons à cheval de l'ordonnance en rapport complet avec le nouveau système d'équitation.

» La commission a remarqué que l'éperon se faisait souvent sentir avant l'action des jambes; elle pense qu'il faut diminuer la longueur de la branche, et la réduire à *trois centimètres*.

» L'élévation de la charge de devant (surtout celle de la cavalerie légère) est un obstacle à la position de la *mise en main* et à toute bonne exécution. Il serait important qu'on arrivât promptement à la solution de cette question.

» Conformément à vos intentions, mon général, la commission s'est affranchie de toute prévention; elle s'est fait un devoir d'exprimer sa pensée tout entière, résultat d'une conviction profonde, puisée dans l'étude de la *nouvelle méthode* et dans les expériences qui ont été faites sous ses yeux, et auxquelles elle a été appelée à prendre part.

» La sollicitude éclairée de M. le maréchal ministre de la guerre pour l'armée est un sûr garant que cette méthode trouvera en lui un puissant protecteur, et que toutes les troupes à cheval pourront bientôt mettre à profit les importants avantages que procure son application.

» *Les membres de la commission :*

» Les capitaines DE JUNIAC, DE CHOISEUL, GROS-JEAN ; le lieutenant-colonel MERMET ; le général GUSLER. »

L'extrait suivant d'un mémoire sur les travaux du camp de Lunéville, publié dans *le Spectateur militaire* de novembre, 1842, servira de complément à ce rapport.

« L'adoption de la nouvelle méthode d'équitation peut avoir une grande influence sur l'instruction de la cavalerie; il était donc important qu'elle fût soumise à l'appréciation sérieuse, au contrôle sévère de juges compétents et nombreux. Quarante capitaines et lieutenants instructeurs, tant de l'artillerie que de la cavalerie, furent appelés à étudier à Lunéville, concurremment avec les 4e, 6e, 9e et 11e régiments de dragons, le nouveau système d'équitation. Le lieutenant-colonel Mermet, auquel était adjoint M. Baucher fils, fut chargé de la direction de ce travail équestre; une commission présidée par le général Gusler surveillait les essais et en constatait chaque jour les résultats.

» Pour que ces résultats fussent concluants, il ne fallait pas se borner au travail de manége : les chevaux soumis à la méthode devaient exécuter aux allures vives les mouvements militaires les plus compliqués. Le lieutenant-général Oudinot pensa qu'il était utile d'offrir pour but à l'émulation des fêtes militaires que depuis quelques années il a fait revivre à Saumur, et auxquels les éléments divers réunis à Lunéville permettaient de donner un éclat particulier. Les exercices où se déploient au plus haut degré l'habileté dans la conduite du cheval et l'adresse dans le maniement des armes ne peuvent être plus heureusement appliqués que dans un camp; ils ne sont pas seulement profitables à l'instruction, ils favorisent aussi la santé des hommes. « Il conviendrait, dit Alibert, de
» ressusciter des institutions dont l'unique but était d'enno-
» blir et de rehausser le sentiment du courage. Les tournois
» fortifiaient le corps en donnant plus d'énergie à l'âme; rien

» n'était négligé pour encourager ces joûtes qui amusaient
» les spectateurs par des chocs habilement combinés et des
» rencontres savantes. »

« Les carrousels ont remplacé, dès le seizième siècle, les tournois trop souvent sanglants, et c'est avec raison que l'école de cavalerie eut, en 1828, l'idée de rétablir à Saumur, dans ce lieu célèbre par les tournois du roi René, nos anciens jeux militaires appropriés à l'emploi des armes actuelles.

» Dans toutes les réunions de cavalerie, les exercices du carrousel ont donc un but utile, et, en 1842, à Lunéville, ils avaient un intérêt spécial, car ils devaient faire ressortir, dans toute leur évidence, et en présence d'un public nombreux, les avantages ou les inconvénients d'une nouvelle méthode d'équitation.

» Pour que l'expérience fût complète, il fallait y soumettre des chevaux de toute nature et en nombre considérable. Le général Oudinot prescrivit donc que trois carrousels distincts auraient lieu. Le premier se composait de trente-deux officiers, le second d'un nombre égal de sous-officiers, le troisième de deux escadrons de troupes. Les cavaliers de l'un de ces escadrons étaient montés sur de jeunes chevaux français, anglais et allemands. Les chevaux de l'autre escadron étaient choisis parmi les mieux dressés. Cette composition des deux escadrons permettait d'établir une comparaison véritablement décisive.

» Nous ne rappellerons pas ici les figures du carrousel des officiers et des sous-officiers ; elles sont pour la plupart décrites dans le *Cours d'équitation militaire* qui doit en partie l'idée de ce travail à la Guérinière. « Le carrousel, d'après ce
» célèbre écuyer, est une fête militaire ou image de combat
» représentée par une troupe de cavaliers divisée en plusieurs
» quadrilles, destinés à faire des courses. Les exercices du
» carrousel se composent de différentes figures formant une
» espèce de ballet de chevaux exécuté au son des instruments
» et surtout des courses de la bague et des têtes. »

» Quant aux exercices du carrousel de la troupe, ils ne pouvaient être empruntés à aucune époque. Saumur seul avait, à l'inspection de 1841, exécuté un travail analogue avec un escadron. C'est donc à l'école de cavalerie, et particulièrement au capitaine Dubos, que nous sommes redevables de l'introduction d'exercices (1) qu'on ne peut trop propager, et sur lesquels le camp de Lunéville devait jeter un nouveau lustre.

» Un vaste terrain situé à l'entrée du parc, et servant d'esplanade au château de Lunéville, fut disposé avec autant de célérité que d'intelligence. La carrière, ornée de trophées et

---

(1) Ce travail a dû recevoir à Lunéville plus de développement qu'à Saumur, et les mouvements du carrousel de la troupe ont été réglés ainsi qu'il suit :

Entrée par quatre au pas.

Deuxième escadron, volte pour placer les deux têtes de colonne à la même hauteur.

Changement de direction dans la longueur de la carrière au trot.

Répéter le même mouvement.

Les escadrons étant sur les grands côtés, demi-tour à droite par quatre au trot.

Demi-tour à gauche par quatre au trot.

A droite par quatre au trot et se porter en avant, haut le sabre, les deux escadrons marchant l'un sur l'autre au milieu de la carrière.

Au milieu de la carrière à droite par quatre en portant le sabre à l'épaule.

Dans chaque rang de quatre, prenez vos distances au pas.

Dans chaque rang, ouvrez les files à droite au pas.

Changement de direction dans la longueur de la carrière au trot, chaque file passant dans les intervalles de celles qui viennent à sa rencontre.

Répéter le même mouvement.

Les escadrons étant sur les grands côtés toujours par quatre et à files ouvertes, exécuter un à-droite par cavaliers au galop et passer dans les intervalles de l'escadron opposé.

Arriver sur la nouvelle piste, terminer le doublé par un à-droite par cavalier toujours au galop. Répéter le même mouvement pour se remettre dans l'ordre naturel.

Serrer les files à gauche au pas.

de faisceaux d'armes, était entourée de gradins où six mille personnes pouvaient trouver place.

» Six semaines à peine s'étaient écoulées depuis que l'on avait commencé à appliquer au camp la nouvelle méthode d'équitation, et déjà, au milieu de juillet, officiers, sous-officiers et soldats étaient en mesure d'exécuter les divers carrousels. C'est le 20 du même mois qu'ils devaient avoir lieu en présence du Prince généralissime et du commandant supérieur de la cavalerie. Le suffrage des princes était l'objet de l'ambition de tous, lorsque le funeste événement qui a enlevé

Sur la droite en bataille au pas, les deux escadrons se faisant face.

Dans chaque division en cercle à droite, la première division de chaque escadron se met seule en mouvement ; à ce moment, lorsqu'elle a exécuté un demi-tour à droite, son deuxième rang s'arrête, et le premier rang de la seconde division se met en mouvement; lorsque celui-ci a exécuté un à droite, le second rang de la première division qui s'est arrêté et le second rang de la seconde division se mettent en mouvement. Ces quatre rangs, formant ainsi quatre rayons du même cercle, continuent leur conversion à pivot mouvant et au galop.

Les escadrons étant en bataille, se faisant face aux deux extrémités de la carrière, le quatrième peloton du premier escadron rompt par la gauche par un. Les huit premiers cavaliers s'établissent en cercle à droite au centre du terrain, les seize autres s'établissent en cercle à gauche, ayant au centre le premier cercle. Les trois premiers pelotons du même escadron rompent par deux et tracent un troisième cercle à main droite autour des deux autres ; le deuxième escadron rompt par deux et complète cette figure en traçant à main gauche un quatrième cercle. Au commandement au galop, les deux cercles extérieurs prennent le galop en faisant haut le sabre, le cercle de seize cavaliers prend le trot et celui du centre fait feu du pistolet.

Les deux escadrons, étant en colonne serrée à l'extrémité du terrain, sont attaqués par un escadron de dragons à pied qui envoie un peloton en tirailleurs.

Le premier escadron exécute une charge en fourrageurs et se rallie derrière le deuxième.

Le deuxième escadron exécute une charge en ligne.

Défiler au galop.

à la France S. A. R. le duc d'Orléans est venu répandre la consternation à Lunéville. Dès ce moment toute pensée de fête a dû disparaître.

» Cependant, quand il fut décidé que monseigneur le duc de Nemours irait passer en revue les troupes du corps d'opérations sur la Marne, le commandant du camp de Lunéville prescrivit qu'un nouvel escadron de troupes uniquement composé de jeunes chevaux français et étrangers, dont l'instruction n'était point encore commencée, serait exercé d'après la nouvelle méthode, pour être présenté à S. A. R.

» Après *vingt-six jours* de travail, ces jeunes chevaux étaient en état d'entrer dans le rang ; *huit journées* avaient en outre été employées à répéter les mouvements du carrousel. C'est à cette période de leur instruction qu'ils ont exécuté devant monseigneur le duc de Nemours, avec la plus grande régularité et une précision remarquable, des exercices militaires et équestres aussi compliqués que difficiles.

» Les officiers instructeurs qui avaient été exercés au carrousel ont également exécuté en présence de S. A. R. un travail de *haute école*, avec une précision qu'il eût été impossible d'obtenir sans l'application des nouveaux principes.

» Le Prince était entouré des officiers de huit régiments de cavalerie et d'une brigade d'infanterie ; mais le deuil de l'armée interdisait toute apparence de fête, et le carrousel, qui n'avait été réorganisé que dans l'intérêt de l'instruction, fut d'autant plus concluant en faveur de la méthode Baucher, que toute pompe et tout prestige avaient été écartés.

» Voilà des faits. Ne dispensent-ils point de tout commentaire ? Ne répondent-ils pas suffisamment aux opinions routinières, rebelles aux améliorations et ennemies du progrès ? »

LETTRE DE M. DE GOUY, COLONEL DU 1ᵉʳ DE HUSSARDS,
A M. BAUCHER.

Nancy, le 16 janvier 1843.

« Monsieur,

» En réponse à votre lettre, je m'empresse de vous donner connaissance de mon rapport adressé au ministre sur l'application de votre méthode au dressage des chevaux.

» Cette méthode continue à présenter les résultats les plus satisfaisants. Une classe de jeunes chevaux, commencée le 5 décembre, s'est trouvée au 30 du même mois, c'est-à-dire en vingt-trois leçons, qui n'ont jamais dépassé une heure de travail, tout-à-fait à même d'être admise à l'école d'escadron. Ces chevaux ont été soumis successivement aux différentes gradations prescrites sans opposer de véritables difficultés. Un seul de la remonte anglaise se refusait au reculer pendant les premières leçons. En peu de jours, la résistance a été vaincue avec un succès complet, et aujourd'hui cet exercice lui est aussi familier que l'action de se porter en avant.

» La promptitude de ce résultat, obtenu en si peu de leçons et à un degré complet d'obéissance, de légèreté et de souplesse, s'explique par l'instruction même des cavaliers, aujourd'hui entièrement familiarisés avec les diverses prescriptions de ce travail.

» Mes convictions, basées sur une étude impartiale et consciencieuse, ne sauraient être ébranlées par aucune des objections qui ont été soulevées par les adversaires de la méthode. C'est ainsi qu'on a prétendu que les chevaux, une fois passés à l'escadron et abandonnés au service habituel, n'étaient bientôt plus dans les mêmes conditions d'instruction. J'ai cherché dans l'expérience quelques preuves de cette assertion et j'ai prescrit d'exercer, six semaines après avoir été admis dans les rangs, de jeunes chevaux qui, pendant le travail d'hiver, ne font autre chose que des promenades journalières en bridon et conduits chaque jour par des cavaliers différents. Ils ont exécuté tout ce qui leur a été demandé en manége civil avec une régularité et une précision remarquables.

» On a écrit que les tortures permanentes avec lesquelles on brise le cheval sont au détriment de la force musculaire, et par cela même de la vitesse.

» Cette objection ne me semble pas plus fondée, et, à mon avis, jamais méthode plus progressive, plus douce, n'a été employée, puisqu'elle trouve une obéissance presque instantanée dans le jeune cheval, naturellement disposé aux défenses, soit par ignorance, soit par peur, soit par méchanceté.

» Loin que la force musculaire s'amoindrisse par les flexions réitérées, ne s'augmente-t-elle pas de tout l'avantage de l'exercice sur le repos, du travail sur la paresse? Le système musculaire ne se développe-t-il pas, physiologiquement parlant, en raison, en proportion de ces mêmes conditions? La gymnastique, cette *torture* permanente des muscles, n'a-t-elle pas pour résultat définitif l'adresse, la vigueur? La différence habituelle qui existe entre les forces du bras droit et du bras gauche a-t-elle une autre cause que la différence dans l'emploi journalier de l'un au préjudice de l'autre?

» Education prompte, facile, complète pour le cheval; utile pour le cavalier obligé à une justesse dans ses aides sans laquelle les résultats resteraient infructueux ; profitable au trésor, dont les sacrifices, plus ou moins heureusement employés dans l'achat des chevaux, se trouvent utilisés par une instruction mieux appropriée à toutes les conformations, et essentiellement conservatrice du cheval par ses principes. Ce sont là, selon moi, les avantages incontestables de la méthode de M. Baucher, dont je deviens plus partisan à mesure que l'expérience m'en fait apprécier l'utilité.

» Agréez, etc.

Signé : DE GOUY,

» Colonel du 1er de hussards. »

A la suite de ces documents émanés de nos autorités militaires, je crois devoir reproduire la lettre suivante adressée au colonel du 2e lanciers de l'armée belge, par M. Bruyneel, capitaine-instructeur au même corps, qui a passé deux mois à Paris pour étudier ma méhode.

Paris, 18 septembre 1842.

« Si je ne tenais pas autant, mon colonel, à vous donner des renseignements exacts sur la méthode d'un homme dont le mérite réel et reconnu occupe tous les hommes de l'art, je vous eusse écrit plus tôt ; mais mon enthousiasme eût faussé mon jugement, et j'aurais raisonné comme un esprit prévenu, tandis que je ne veux vous soumettre que de froides et justes observations. Il est presque impossible de se défendre de quelques penchants d'amitié pour un homme qui vous traite avec une bienveillance extraordinaire, et qui met à votre disposition toute la générosité de son talent ; ainsi vous pourrez supposer que je suis trop enchanté d'une méthode nouvelle ; mais les avis que je vais émettre appartiennent aussi à d'autres cavaliers plus distingués que moi ; c'est pourquoi je vous prie de faire la part qui revient au maître et à l'élève. Logé vis-à-vis du manége pour perdre le moins de temps possible, mon travail a lieu de six à neuf heures du matin et de une à quatre heures de relevée. Il faut bien rattraper par un peu plus de travail le temps que M. le ministre de la guerre a jugé convenable de retrancher de ma permission. Deux chevaux sont à ma disposition pour le dressage. Pour eux, je trouve une heure le matin et une heure l'après-dîner, et ce qui me reste de temps après est employé à monter des chevaux faits. M. Baucher appelle une bonne enveloppe cette façon qui consiste à serrer le cheval comme dans un étau, afin de maîtriser davantage sa volonté, d'acquérir plus de solidité, plus de moyens d'action et plus de moyens de tenue. D'après mes progrès, je juge l'excellence de ces principes, mais le travail extraordinaire auquel je suis soumis a presque cassé mes jambes, qui avaient encore bien besoin d'être dressées. Sous la direction d'un pareil maître, chaque pas amène un progrès, tant pour le cavalier que pour le cheval. Il serait impossible de posséder une manière plus claire, plus nette et plus précise, pour expliquer les moindres défenses du cheval et les moyens de les dominer. C'est l'art de l'écuyer dans toute sa perfection : il débute par convaincre l'intelligence ; après le précepte vient l'exemple, et il faut bien se rendre à l'évidence. Son système de dressage est aussi simple que rationnel ; il consiste à s'emparer des *forces instinctives* du cheval, à les subordonner aux *forces transmises* par le cavalier, à l'aide d'assouplissements qui détruisent les moyens de résistance et d'opposition, et à combattre enfin la roideur produite par la mauvaise conformation du cheval. Mais dans l'application de ce sytème, il faut considérer deux parties bien distinctes : la première consiste à annuler toutes les résistances du cheval par l'assouplissement successif et méthodique de la mâchoire, de l'encolure, des hanches et des reins.

A l'aide de ces assouplissements arrive bientôt la *mise en main*, sans laquelle il n'y a ni bonne position ni légèreté. Le cheval est alors disposé à supporter des effets d'ensemble; de légères oppositions de mains et de jambes mettent facilement en rapport les forces de l'avant-main et de l'arrière-main, et le cheval obéit à toutes les impulsions qu'on veut lui donner. Je crois que l'instruction du cheval de troupe doit s'arrêter à cette partie élémentaire de l'art, qui me paraît aussi facile dans l'exécution que prompte et admirable dans ses effets. On ne saurait nier les résultats, et si vous aviez vu, mon colonel, des chevaux d'une encolure contractée, le nez au vent, la tête dans une position horizontale, travailler après trois semaines d'exercices avec régularité à toutes les allures, la tête parfaitement ramenée et d'une extrême légèreté à la main, vous admireriez comme moi l'homme qui, à force d'étude et de patience, a atteint cette maturité de talent. M. Baucher a trop de réputation pour ne pas être en butte aux jalousies et à la malveillance. Un amateur, croyant prendre la méthode en défaut, lui amena un cheval dont la structure aurait découragé tout homme moins convaincu que M. Baucher. L'expérience n'a pas démenti la vérité des principes de ce dernier, car, en moins d'un mois, ce cheval, lourd carrossier, musclé comme un buffle, l'encolure massive, la tête forte et pesamment attachée, faible du derrière et d'une grande puissance dans le devant, est devenu cheval de selle ; il est ramené, on le rassemble, il piaffe. Voilà des faits qui sont concluants. Je ne vous parlerai donc pas de tous les chevaux de diverses conformations vicieuses soumis aux leçons; tous passent sous la direction du maître, entre les mains des élèves, et reçoivent la même instruction.

» La seconde partie de ce système comprend le rassembler. C'est la partie savante de l'équitation, qui livre à la disposition du cavalier toutes les forces du cheval concentrées sur un même point, le centre de gravité. La dimension de cette lettre ne me permet pas d'entrer dans de plus amples détails; mais quand on a vu des chevaux de M. Baucher, montés par lui-même, faire des changements de pied à chaque temps de galop, reculer au trot, reculer au galop, reculer avec temps d'arrêt à chaque foulée, piaffer régulièrement avec un temps d'arrêt immédiat sur trois jambes, la quatrième restant en l'air, exécuter des pirouettes ordinaires sur trois jambes, celle de devant du côté vers lequel on tourne restant en l'air pendant toute la durée du mouvement, etc., on reste étourdi, et l'on se demande s'il est possible de pousser l'équitation à un tel degré de perfection. Cet étonnement est le plus bel éloge que l'on puisse faire du célèbre écuyer, et si vous désirez bien le connaître, je vous prie de lire les saines et véritables doctrines publiées récemment dans un ouvrage que possède M. Renens. Après tout, ce système aura ses détracteurs; mais, à la longue, l'évidence triomphe toujours de l'envie et de l'incrédulité. D'après la méthode allemande, le cheval est constamment assis, et cette instruction fatigante ruine les hanches et les jarrets; M. Baucher, au contraire, équilibre les forces du cheval. Or, la plus forte objection qu'on lui ait faite jusqu'à ce jour, c'est le reproche de ruiner les chevaux. Je vous le demande, dans l'éducation des jeunes gens, lorsque la nature a développé les formes, n'emploie-t-on par la gymnastique pour équilibrer les forces et rendre vigoureux les muscles? Les résultats de ce rude exercice furent-ils jamais nuisibles? Ce travail est-il autre maintenant qu'un exercice gymnastique, et les chevaux de M. Baucher, sans la moindre tare, sans molettes, et soumis chaque jour à un travail des plus difficiles, ne parlent-ils pas plus haut qu'une ridicule objection.

» M. le duc de Nemours, ainsi que les officiers généraux et supérieurs, revenus du camp de Lunéville, ont été satisfaits des résultats obtenus, en deux mois de temps, sur les jeunes chevaux, par le fils de M. Baucher. Sa méthode, passée à l'état d'ordonnance, est livrée à l'impresssion. Ceci m'amène naturellement à vous faire observer, mon colonel, qu'on pourrait, si vous le jugez convenable, réserver quelques jeunes chevaux, pour les soumettre, lors de ma rentrée, à la méthode. Cette expérience se faisant sous vos yeux, il vous serait facile de juger de ses avantages et de ses inconvénients. J'ai vu les chevaux de remonte du 3e lanciers et du 5e dragons. Ces chevaux sont parvenus en six semaines de temps à une régularité d'exécution qui laisse peu à désirer. M. Baucher et sa méthode n'occupent pas seulement l'attention publique en France et en Belgique ; son dernier ouvrage est traduit en hollandais, par le major Van Merlen, et les chevaux y sont dressés d'après sa méthode. Plusieurs officiers russes et allemands, un colonel de la garde impériale russe et un écuyer du roi de Wurtemberg ont visité le manége et assisté aux leçons.

» Agréez, etc.

» A. BRUYNEEL. »

LA VÉRITÉ SUR MA MISSION A SAUMUR.

L'envie et la malveillance, auxquelles tous les moyens sont bons, ne se contentent pas de tronquer les écrits et les paroles ; elles s'efforcent encore de dénaturer les faits. Ainsi, les bruits les plus mensongers ont été répandus au sujet du cours que j'ai été officiellement chargé d'ouvrir l'année dernière à l'école de cavalerie. Ici encore, je ne me départirai pas de mon système de défense ; j'opposerai le calme et la modération aux attaques passionnées, et je ne répondrai que par l'exposé pur et simple de la vérité aux *inexactitudes* perfidemment calculées de la mauvaise foi.

Voici donc en réalité comment les choses se sont passées. D'après une décision de M. le ministre de la guerre, portant que les capitaines et officiers instructeurs de l'armée se rendraient à Saumur afin d'être initiés aux principes de ma méthode, j'ai commencé mon cours le 16 février 1843, avec l'assistance de mon fils. Mon auditoire se composait de quarante-trois capitaines instructeurs et de vingt-quatre officiers appartenant à l'école (1).

(1) Je crois devoir publier la liste de tous les militaires et écuyers

Je ne me dissimulais pas combien ma tâche était grave et épineuse en présence d'un pareil auditoire.

qui ont suivi mon cours à Saumur, afin que chacun puisse au besoin invoquer leur témoignage pour vérifier l'exactitude des faits énoncés dans ce chapitre.

ÉCOLE ROYALE DE CAVALERIE.

État nominal de MM. les Officiers de l'état-major de l'École.

MM.	MM.
Prevost, général commandant.	Oudet, capitaine écuyer militaire.
Fleury, colonel.	Briffant, lieutenant sous-écuyer militaire.
Deshayes, lieutenant-colonel.	
Morin, chef d'escadrons.	Jocard, id. id.
De Novital, chef d'escadrons commandant le manége.	Fourrier, lieuten. porte-étend.
	Dangeville, sous-lieutenant sous-écuyer militaire.
De Boulancy, capitaine instruct.	
Dubos, id.	MM. Rousselet, écuyers civils.
Courard, id.	De Saint-Ange.
Rame, id.	SOUS-MAITRES.
Monier, id.	
Michaux, id.	Martin, adjudant.
De Jourdan, id.	Ducas, maréchal-des-logis chef.
Gasser, capitaine major.	Guérin, maréchal-des-logis.
Schmit, id.	Dantras, id.
Rolland, id.	Constant, id.

Contrôle de MM. les Capitaines instructeurs et Lieutenants détachés à Saumur, pour y suivre le cours de la Méthode de M. Baucher.

MM.	MM.
Lami Sarrasin, 1er carabiniers.	Hoffmann, 6e cuirassiers.
Pradier, 2e id.	Lebon, 7e id.
D'Elbée, 2o id.	Amiot, 8e id.
Veiller, 3e id.	Geoffroy, 10e id.
Petit, 4e id.	Bournigal, 1er dragons.

Je sais que je m'adressais aux notabilités équestres de l'armée, que j'allais avoir momentanément pour élèves des professeurs distingués. Il s'agissait de les amener, par la force de la conviction, à modifier complétement des principes qui leur avaient été enseignés par des écuyers d'un incontestable talent, de les décider à abandonner une théorie qu'ils pratiquaient depuis longtemps, et dans l'application de laquelle ils avaient acquis une juste renommée. J'avoue que je n'osais me flatter de réussir complétement dans une entreprise si redoutable et si difficile.

Mais le dirai-je aussi ? d'un autre côté, la science

MM.		MM.	
Besson,	2ᵉ dragons.	Canivet de Rouge-Fosse,	2ᵉ hus.
Dolonde,	3ᵉ id.	De Gerbois,	4ᵉ id.
Juniac,	4ᵉ id.	Raymond,	5ᵉ id.
De Bremont-d'Ars.,	7ᵉ id.	Arquembourg,	6ᵉ id.
Bruno,	8ᵉ id.	Demolon,	4ᵉ artillerie.
Delespaul,	12ᵉ id.	Lemulier,	8ᵉ id.
Romain,	1ᵉʳ lanciers.	Saurimont,	9ᵉ id.
Lappe,	4ᵉ id.	Ducasse,	10ᵉ id.
Peyremond,	6ᵉ id.	Bocave,	12ᵉ id.
Bonnamy,	7ᵉ id.	Besançon,	13ᵉ id.
Vincent,	1ᵉʳ chasseurs.	Lafitte,	14ᵉ id.
Baudry de Balzac	2ᵉ id.	Hardel, sous-lieuten.	1ᵉʳ drag.
De Julliac,	4ᵉ id.	Torel, lieuten.	8ᵉ id.
Duvrac,	10ᵉ dragons.	Bureau, id.	6ᵉ hussards.
Darnige,	5ᵉ chasseurs.	Chapuis, id.	6ᵉ artillerie.
Schott,	6ᵉ id.	Enner, id.	2ᵉ id.
Legnale,	7ᵉ id.	De Wall.	
Guelle,	8ᵉ id.	Létuvé.	
De Lascourt,	9ᵉ id.	Eybut, lieutenant suédois.	
Chauvet,	10ᵉ id.		

même et l'habileté de mes auditeurs me semblaient devoir être pour moi des motifs d'espoir et de confiance. Je pensais que plus ils avaient approfondi l'étude de l'équitation, plus ils seraient aptes à juger une méthode toute de raisonnement, dont les principes s'enchaînent, se coordonnent d'une manière simple et logique, où tout est défini, motivé; dans laquelle la pratique vient constamment attester la vérité de la démonstration. J'ajouterai enfin que je comptais sur le désir sincère d'instruction, la profonde sagacité et les dispositions bienveillantes, que plus d'une fois déjà j'avais été à même de rencontrer chez les habiles praticiens de l'armée (1).

(1) Ma méthode, si aveuglément attaquée ailleurs, a trouvé parmi les militaires de savants apologistes. On a déjà pu voir, dans la première partie de cet ouvrage, les nombreux rapports où l'adhésion à mes principes est motivée avec une grande force de raisonnement. Quelques officiers ont également pris ma défense dans des recueils spéciaux; je citerai notamment M. Auguste Delard, capitaine au 2ᵉ de hussards, auteur de deux articles sur ma méthode, publiés par le *Spectateur militaire* (numéro du 15 avril et du 15 octobre 1843). Ce travail, extrêmement remarquable, décèle non-seulement un homme profondément versé dans la science équestre, mais encore un écrivain très-distingué. Il est impossible d'exposer les principes et même la partie métaphysique de la science avec plus de clarté, de justesse et d'élégance dans l'expression. Je choisis au hasard cette explication des effets de mon système des attaques :

« Nous avons montré ce flux de poids et de forces, jeté d'arrière
» en avant comme par un ressort caché ; nous avons décrit ce cou-
» rant électrique dont les étincelles, après avoir volé d'une vertèbre
» à l'autre jusqu'à l'extrémité de l'encolure, reviennent en suivant
» les rênes, et comme guidées par un fil conducteur, s'éteindre dans
» la main du cavalier ; nous avons indiqué enfin ce lien invisible
» qui semble attirer irrésistiblement les extrémités inférieures vers
» un centre commun. » Nous pourrions citer une foule d'autres pas-

Mon attente n'a pas été trompée.

La durée de mon cours avait été stristement fixée à deux mois, ce terme était bien court sans doute. L'intelligence de mes auditeurs, jointe à un redoublement de zèle de ma part a suppléé à ce qui pouvait nous manquer sous le rapport du temps. La nouvelle méthode a été développée dans son ensemble et dans ses détails ; la démonstration du mécanisme a marché parallèlement au raisonnement. J'ajouterai que mes leçons ont été parfaitement comprises, et je me fais un plaisir d'adresser ici mes sincères remercîments à MM. les officiers de tous grades qui ont suivi mon cours, pour le bienveillant accueil que j'ai reçu d'eux et la studieuse attention qu'ils m'ont prêtée.

Bien qu'en raison du peu de temps qui m'était assigné, j'aie dû m'occuper avant tout de l'instruction des hommes que je tenais à initier complétement à toutes les particularités de ma méthode, le dressage des chevaux n'en a pas moins fait de remarquables progrès.

Pour prouver la complète réussite de ma mission à Saumur, j'appuierai, suivant ma constante habitude, mes assertions par des faits authentiques. Les officiers présents à mon cours étaient, comme je l'ai déjà dit, au nombre de soixante-douze ; sur ce nom-

sages de l'article de M. Delard, dans lesquels le charme du style et la justesse de l'image viennent avec autant de bonheur au secours de la pensée.

bre SOIXANTE-NEUF ont rédigé des rapports favorables à la méthode ; il n'y a eu que *trois dissidents !*

On verra d'un autre côté, par les pièces jointes à ce chapitre, que le général Prevost, commandant l'école royale de cavalerie, et le chef d'escadrons de Novital, commandant le manége, ont attesté le succès de mon enseignement et les avantages résultant de l'application de mes principes.

Enfin, je puis m'appuyer encore d'un illustre et précieux suffrage, de celui de M. le maréchal Soult, ministre de la guerre qui, à mon retour de Saumur, a bien voulu m'exprimer, dans les termes les plus flatteurs, sa satisfaction de la manière dont ma mission avait été remplie.

Ce sont cependant ces heureux résultats, si authentiquement constatés, que mes adversaires *quand même* ont essayé de transformer en un échec complet pour le professeur et pour la méthode. Le public impartial pourra maintenant se prononcer en connaissance de cause.

J'avouerai toutefois, avec franchise, que certains faits, sur lesquels il me reste à m'expliquer, ont pu, grâce à des récits inexacts ou exagérés, jeter quelques doutes dans l'esprit des gens de bonne foi, et fournir des armes à mes ennemis. Je sais que j'aborde un terrain délicat, aussi me bornerai-je au rôle de simple narrateur.

M. le comte de Sparre, lieutenant-général et pair de France, avait été chargé par M. le maréchal, ministre de la guerre, des fonctions d'inspecteur du cours que je devais faire à l'école royale de cavalerie. Aussitôt que cette nouvelle me fut connue, je me rendis chez le général, pensant qu'il pouvait avoir quelques renseignements à me demander ou quelques instructions à me communiquer. L'entrevue se borna cependant à l'annonce qu'il me fit de son prochain départ pour Saumur. Je me mis moi-même en route le lendemain avec mon fils, et j'arrivai à ma destination le 11 février. Le général Prevost, chez lequel je me présentai, me communiqua à titre d'instruction quant à la manière dont je devais concevoir et diriger mon cours, une sorte de manuel basé sur mon système pour l'instruction des jeunes chevaux de troupes, manuel dans lequel ne se trouvait qu'une petite portion de ma méthode, et encore était-elle dénaturée.

Ma surprise fut grande, je l'avoue; je ne pouvais concevoir que M. le général de Sparre eût pris une décision aussi grave à mon égard, sans en conférer préalablement avec moi ou tout au moins sans m'en prévenir. Comme je n'avais rien demandé, pécuniairement parlant, pour transmettre le fruit de mes découvertes, que ma mission était toute de dévouement à l'instruction de la cavalerie française et au progrès de l'art, je croyais être en droit de m'attendre à être traité avec quelque considération. J'avais ouï vaguement parler, avant mon départ de Paris, d'une machination ourdie par mes irréconciliables adversaires (1), pour me mettre dans l'impossibilité de me faire entendre de l'armée, pour tracer autour de mon enseignement un cercle de Popilius, pour morceler enfin mes principes de manière à les réduire à rien. Un pareil complot était de nature à exciter en moi un mouvement de fierté plutôt que tout autre sentiment; en effet, mes ennemis eux-mêmes étaient donc bien convaincus, dans leur for intérieur, de l'excellence de ces principes, puisqu'ils ne trouvaient pas d'autres moyens de conjurer leur adoptian, qu'en cherchant à les étouffer et à empêcher qu'ils ne fussent complétement développés? Le dirai-je enfin, je ne pouvais croire au succès de si misérables manœuvres. Pourtant le projet de manuel qui m'était présenté semblait démentir mes prévisions.

Comme d'ailleurs ma méthode est une et ne saurait se tronquer à volonté; comme je voyais qu'il me serait impossible d'accomplir le bien que j'avais

(1) Il faut ranger dans cette catégorie la plupart de mes confrères, les écuyers professeurs; j'en excepterai toutefois à Paris MM. Jules Pellier et de Fitte, qui ont cru devoir approfondir consciencieusement ma méthode, et cette étude les a conduits à en adopter les principes. Il existe également dans les départements des écuyers dévoués à la science qui sont venus s'initier à ma méthode et qui la pratiquent aujourd'hui : ce sont MM. Laurençot, à Orléans et Tours; Laurens, à Marseille; Foucault frères, à Nantes; Le Sire, à Lille; Rancy, à Saint-Étienne; Anger, au Hâvre.

M. de Fitte, dans une brochure tout-à-fait remarquable, publiée récemment, a répondu d'une manière lucide et convaincante à mes détracteurs. Son savant écrit est demeuré sans réponse; le mensonge et la calomnie sont plus faciles que le raisonnement.

espéré, j'annonçai au général Prevost mon intention de repartir immédiatement pour Paris. M. le commandant de l'école, dont je ne puis assez reconnaître la droiture et la bienveillance, me pria d'attendre la réponse à une lettre qu'il adressait à l'instant même au lieutenant général de Sparre. D'après son désir, je consentis à différer mon départ.

Quatre jours s'étaient à peine écoulés, lorsque je reçus une lettre m'annonçant l'arrivée de M. le. comte de Sparre et contenant une invitation de passer chez lui. Notre entrevue dura deux heures. C'est ici surtout que je me renfermerai dans une narration pure et simple et dans la reproduction *textuelle* des paroles de mon interlocuteur. J'en appelle au besoin à son témoignage pour confirmer leur exactitude.

Le général débuta par me dire :

« *Nous voulons bien de votre méthode, mais nous*
» *ne voulons pas d'équitation.* »

A cela je ne pus m'empêcher de répondre : « Il
» faudrait, avant d'aller plus loin, général, nous
» entendre sur la valeur des mots, ou bien attendre
» l'apparition d'un nouveau dictionnaire. »

Le général m'objecta ensuite que, puisqu'on s'était servi jusqu'à ce jour de la jambe droite pour tourner à droite, il ne voyait pas qu'il pût être utile d'en changer. J'exposai toutes les raisons qui m'avaient engagé à modifier ce principe, sans pouvoir parvenir à ébranler des convictions arrêtées. Cependant le général finit par me proposer l'arrangement suivant :

« *Faites une chose, me dit-il, et nous serons d'ac-*
« *cord ; ne parlez pas des jambes dans votre cours.* »

J'avoue que je ne crus pas devoir répondre.

Revenant au sujet général de la discussion, j'exposai que mes principes s'enchaînant intimement, il m'était impossible de les diviser ou d'en sacrifier une partie ; que je devais m'adresser à des officiers instructeurs, et par conséquent leur présenter un corps complet de doctrines, attendu que la science du professeur doit toujours s'étendre au-delà de la partie qu'il est chargé d'enseigner. Depuis quand en effet un professeur de sixième n'est-il tenu de connaître que la sixième ?

Cette discussion se serait prolongée indéfiniment sans que rien de bien utile en sortît pour l'armée (sous le rapport équestre) ; je la terminai en disant qu'il fallait toute ma méthode ou rien, que je ne consentirais pour rien au monde à en retrancher un mot, et que si toute latitude ne m'était pas laissée, je croirais devoir repartir immédiatement pour Paris. Voyant que ma résolution était bien arrêtée, le lieutenant général leva son *interdiction* et donna au commandant de l'école l'ordre de me laisser faire comme je l'entendais.

M. le comte de Sparre resta deux jours seulement à Saumur, et pendant ce temps, il passa, en différentes fois, à peu près quatre heures au manége. Il revint sur la fin du cours ; cette dernière *inspection* se borna à deux visites d'une heure chacune environ. D'un autre côté, j'affirme que le général n'a pas cru devoir interroger *un seul* des soixante-douze officiers qui suivaient mes leçons. Je tiens à constater ces faits qui me paraissent importants parce qu'ils prouvent évidemment, ce me semble, que le général de Sparre n'a pas jugé ma méthode sur les résultats de mon cours à Saumur. Ce n'est pas en effet dans l'espace de quelques heures et en s'abstenant de consulter les hommes compétents qui avaient assisté à mes enseignements que son opinion a pu se former. Faut-il croire que cette opinion était prononcée et fixée à l'avance?

Il me reste à citer la lettre que je reçus bientôt après de M. le comte de Sparre.

La voici textuellement :

« Saumur, le 25 mars 1843.

» MONSIEUR,

» Par une dépêche en date du 23 de ce mois, M. le maréchal ministre de la guerre, en me faisant connaître qu'il a fixé pour le 1ᵉʳ d'avril le départ des capitaines instructeurs envoyés à Saumur, pour y recevoir de vous et de M. votre fils l'enseignement de votre méthode pour le dressage des chevaux, me charge de vous faire savoir que, d'après les rapports de M. le général Prevost sur le zèle et l'assiduité que vous avez apportés dans la mission dont vous étiez chargé, il ne peut que vous témoigner, ainsi qu'à M. votre fils, sa satisfaction particulière, et il me prescrit de vous l'exprimer de sa part. Je m'acquitte, avec plaisir, de l'ordre que je reçois, puisque j'ai pu apprécier toute la peine et tous les soins que vous avez mis à remplir cette mission. *Je dois cependant ajouter, Monsieur, avec toute la franchise qui me caractérise, que je regrette vivement de n'avoir pas été prévenu que, dans l'enseignement que vous étiez appelé à donner pour le dressage des jeunes chevaux, vous aviez cru devoir donner, développer et faire exécuter toute votre méthode d'équitation; j'aurais pu, si je l'avais su, en instruire M. le maréchal ministre de la guerre, et prendre ses ordres pour savoir si le développement et l'enseignement de cette méthode entière était dans ses intentions.* Dans les instructions que j'ai reçues de son Excellence, il n'a jamais été question que du dresage des chevaux de troupe ; ce qui constitue la haute école était en dehors, comme j'ai été à même de vous le répéter dans la conversation que j'ai eue avec vous lors de mon premier voyage à Saumur. J'ai été chargé seulement de la haute surveillance de l'instruction que vous deviez donner pour le dressage des jeunes chevaux, mais nullement de ce qui a rapport à la haute école. *Je ne suis pas suffisamment instruit de votre méthode d'équitation, pour être à même de me prononcer et de donner un avis raisonné sur son plus ou moins d'efficacité, et ce ne peut être légèrement qu'il est possible d'émettre une opinion sur une question aussi grave, aussi délicate, et qui ne peut être traitée que par des spécialités. Je n'en reconnais pas moins,* Monsieur, *que les résultats obtenus par vous pour le dressege des jeunes chevaux, à Saumur, ont été en général satisfaisants,* et je me plais à vous le dire en vous assurant, Monsieur, de ma parfaite considération.

» Le lieutenant général, pair de France,

» Comte DE SPARRE. »

A propos du passage de cette lettre où M. le comte de Sparre dit qu'il avait supposé que je bornerais mes leçons à ce qui concerne la partie du dressage des jeunes chevaux, je ne reviendrai pas sur mes précédentes observations relativement à l'impossibilité logique de morceler une méthode et un exposé de principes. Je m'en rapporte sur ce point à tous les hommes de cheval.

J'ajouterai qu'en admettant une semblable hypothèse, ma mission à Saumur devenait inexplicable. De deux choses l'une, en effet, ou ma méthode était jugée bonne, ou elle était considérée comme mauvaise. Dans le premier cas, on ne devait pas empêcher qu'elle fût complétement développée; dans le second, la partie d'un tout vicieux ne pouvait être elle-même que vicieuse, il y avait lieu de la repousser. D'ailleurs, lorsqu'à Lunéville et à Paris les officiers instructeurs de la moitié des corps de troupes à cheval avaient étudié la nouvelle méthode dans ses détails et dans son ensemble, était-ce bien la peine de convoquer à Saumur les autres instructeurs pour ne leur donner qu'un enseignement scindé, pour ne les initier qu'à des principes secondaires et accessoires (1).

(1) Les vingt-six officiers envoyés à Paris, au mois de mai 1842, par décision ministérielle, pour suivre mon cours, adressèrent à M. le colonel Carrelet (actuellement général), alors président de la commission, des rapports unanimement favorables, dans lesquels ils concluaient à l'adoption de mes principes dans l'armée. Je conserve précieusement un témoignage de leur satisfaction personnelle qu'ils m'ont offert dans cette circonstance; c'est une très-belle chaîne sur les anneaux de laquelle sont inscrits les noms suivants :

Mais voici quelque chose de plus extraordinaire encore : M. le général de Sparre, après avoir consenti à ce que mon système fût professé intégralement,—après avoir confessé dans sa lettre citée plus haut, que le point de savoir si M. le ministre de la guerre avait entendu ou non que mes principes fussent développés dans leur entier, était resté douteux même à ses yeux,—après s'être reconnu enfin trop insuffisamment instruit de ma méthode d'équitation pour être à même de se prononcer sur son plus ou moins d'efficacité; le général, dis-je, prit brusquement sur lui de trancher la question. Le lendemain de mon départ de Saumur, il fit afficher un ordre du jour portant défense de pratiquer ma

---

MM. Grenier, chef d'escadrons au 9ᵉ cuirassiers; Dupont, capitaine instructeur au 5ᵉ dragons; Duhesme, capitaine aux chasseurs d'Afrique, officier d'ordonnance du roi; Parmentier, capitaine adjudant-major de la garde municipale; Delard, capitaine instructeur au 9ᵉ cuirassiers (actuellement capitaine commandant au 2ᵉ hussards); Thermin, capitaine instructeur au 3ᵉ hussards; Mezange, capitaine instructeur au 3ᵉ lanciers; Cordier, capitaine instructeur au 7ᵉ hussards; Dechaintre, capitaine instructeur au 2ᵉ lanciers; Groulard, capitaine instructeur au 7ᵉ lanciers; De Villers, capitaine instructeur au 9ᵉ hussards; Salvador, lieutenant d'artillerie; Dupuy, id.; Chapotin, capitaine, id.; Joly, lieutenant de la garde municipale; Imbrico, id.; Xaintrailles, id.; Caccia, lieutenant au 9ᵉ hussards; Maubranches, lieutenant au 7ᵉ lanciers; Franck, lieutenant au 5ᵉ dragons; Berger, lieutenant au 7ᵉ hussards; Maillé, lieutenant au 3ᵉ chasseurs; Isard, lieutenant au 3ᵉ hussards; Valette, lieutenant au 3ᵉ lanciers; Labreuille, lieutenant au 2ᵉ lanciers; Desondes, lieutenant au 9ᵉ cuirassiers (actuellement capitaine instructeur au 8ᵉ hussards).

méthode, à l'exception des principes concernant l'éducation des jeunes chevaux (1).

C'est sur cet ordre, si étrangement survenu et nullement motivé, que mes ennemis se sont appuyés pour répandre partout le bruit que j'avais complétement échoué à Saumur.

La question cependant, comme on a pu le voir, se résume de la manière suivante : j'ai obtenu en faveur de ma méthode des résultats réels et positifs; j'ai obtenu, en outre, l'approbation hautement formulée de M. le général commandant l'école, de M. le commandant du manége, de MM. les écuyers, de soixante-neuf officiers instructeurs, sur soixante-douze appelés à suivre mes cours; — d'autre part, ma méthode a eu contre elle l'opposition sourde et partielle et le mauvais vouloir, après coup, de M. le général de Sparre.

Maintenant de quel côté la balance doit-elle réellement pencher?

Ce n'est pas à moi qu'il appartient de le proclamer. J'ai exposé simplement et fidèlement les faits de la cause; — le public et l'armée prononceront.

---

(1) Comme tout devient ensuite un effet de tact et que tout est soumis au sentiment, qui est-ce qui sera chargé de cette inspection? M. le général de Sparre, sans doute.

DOCUMENTS OFFICIELS

AU SUJET DE MA MISSION A SAUMUR.

ÉCOLE ROYALE DE CAVALERIE.

1.

Opinion du maréchal de camp commandant l'école royale de cavalerie, sur le dressage des jeunes chevaux d'après le système de M. Baucher.

« J'ai suivi et pratiqué, avec autant d'exactitude que d'intérêt, le système de M. Baucher, depuis un mois qu'il a commencé à donner ses leçons à l'école royale de cavalerie. Cette méthode rend le dressage du cheval facile, prompt et certain, elle donne au cavalier l'intelligence de l'action équestre, lui fait acquérir du tact et de la puissance, lui fait aimer l'équitation, parce qu'on exécute avec goût ce qu'on fait avec intelligence et facilité.

» M. Baucher développe son système avec talent et enseigne ses principes avec lucidité ; la progression qu'il suit est admirable et ne peut manquer d'amener à des résultats satisfaisants et à des succès avantageux pour la cavalerie. Depuis qu'il est à Saumur, M. Baucher s'est entièrement dévoué à la tâche qu'il a entreprise ; il est impossible d'y mettre plus de soin, il travaille au moins huit heures par jour au manége avec son fils, jeune écuyer très-distingué; aussi méritent-ils, l'un et l'autre, la bienveillance de M. le maréchal ministre de la guerre, si juste appréciateur de la capacité et du talent.

» Quand j'en aurai appris d'avantage, je pourrai m'étendre plus au long sur ce sujet; mais, dès à présent, je demeure convaincu que le système de dressage des jeunes chevaux par la méthode de M. Baucher est un grand progrès pour la cavalerie, et qu'il sera très-avantageux de l'appliquer dans les corps.

» Saumur, le 17 mars 1843.

» *Signé* le général Prevost. »

II.

Rapport sur les nouveaux essais de la méthode Baucher, transmis par M. le maréchal de camp commandant l'école de cavalerie à S. Exc. M. le maréchal ministre de la guerre.

« Les travaux ont commencé le 16 février et ont continué, sans interruption, jusqu'à ce jour.

» Les officiers de l'état-major de l'école, y compris le maréchal de camp, un lieutenant de chasseurs norwégiens, quarante-quatre capitaines instructeurs des divers corps de troupes à cheval et deux lieutenants, ont suivi exactement ces travaux.

» Les officiers ont été divisés en quatre reprises ou séries. Chacune, jusqu'à présent, a travaillé, tous les jours, pendant une heure et demie. Une reprise supplémentaire a été formée des maîtres et sous-maîtres de manége, auxquels M. Baucher a consacré, par obligeance, une heure par jour, en dehors des autres reprises.

» Chaque cavalier a reçu l'état destiné à inscrire et à constater les progrès journaliers de son cheval, jusqu'à la fin des opérations. Ces états seront joints au dernier rapport.

» A l'exception de trois, tous les chevaux des instructeurs des régiments avaient été montés, et ils n'ont pas offert, pour cela, plus de difficultés, quant à l'application du système; ils demandent seulement plus de soins pour combattre les vieilles habitudes et les mauvaises impressions. Le jeune cheval est préférable; il n'a rien à oublier, il n'a qu'à apprendre. Bien commencé, bien dirigé, il accomplit rapidement son instruction avec la nouvelle méthode. Chez le sujet médiocre surtout, cette méthode opère une véritable métamorphose.

» Les officiers de l'école ont eu en partage des chevaux d'arme neufs, mais en partie médiocres. Les avantages du nouveau système d'équitation ressortent principalement sur ces chevaux, qui déjà ont acquis beaucoup de légèreté, d'ensemble, et pourraient, au besoin, entrer dans le rang.

» Ne pouvant donner ici tous les détails des travaux, je me bornerai à dire, d'abord, que la leçon a été donnée constamment par M. Baucher, aidé de son fils, pour les démonstrations. Chaque cavalier, indépendamment des notions générales, reçoit des développements particuliers sur chaque action ou mouvement, sur chaque combinaison d'aides. Ces définitions, données avec une persévérance et une clarté remarquables, ne peuvent laisser aucun doute sur l'application dont la facilité tient subséquemment aux dispositions des cavaliers. Ces dispositions, quelque minimes qu'elles soient, exactes et sagement combinées, doivent néanmoins assurer un résultat avec la progression rationnelle que suit M. Baucher. Cette admirable progression ferait toute la force, toute l'efficacité du système, en serait la plus ferme base, s'il ne s'appuyait déjà sur des principes vrais, positifs et tout-à-fait mathématiques.

» Dans tout ce qui s'est fait depuis le premier jour, je n'ai à citer que des progrès. Tous les chevaux indistinctement ont gagné; après vingt-trois leçons (je parle surtout des chevaux neufs), ils sont dociles, soumis, supportent les attaques, vont régulièrement aux trois allures ordinaires et allongées, exécutent des pas de côté avec aisance, enfin accomplissent tous les mouvements avec souplesse et légèreté, une fois que l'accord des aides existe, et que la position est bien donnée. Quelques-uns, sans doute, sont en arrière des autres ; mais, les progrès du cheval tiennent aux dispositions du cavalier. Le nombre, dans chaque reprise, doit aussi être pris en considération.

» On pourrait s'étonner que, sur la totalité, il n'y ait pas eu quelques chevaux rebelles, difficiles dans toute l'acception du mot. Je répondrai qu'il y a une seule exception notable, c'est le cheval de M. Hennet, lieutenant au 2ᵉ régiment d'artillerie. Il a été commencé avec les autres, mais, comme il présentait trop de difficulté au milieu d'une reprise nombreuse, et que M. Baucher ne pouvait s'occuper exclusivement de lui, il l'a pris à part et le fait exercer, chaque matin, par M. Hennet. Ce cheval, fort, vigoureux, résistait depuis au moins deux ans et à tel point que son cavalier ne pouvait, pour ainsi dire, en tirer aucun parti. Les défenses morales étant venues compliquer la difficulté, sous la main habile de M. Baucher, elles ont déjà disparu, en grande partie, et bientôt, sans doute, on pourra offrir ce cheval comme résultat, comme preuve frappante de l'efficacité du système.

»Si quelques chevaux sont stationnaires dans leurs progrès, cela tient encore, il faut le dire, à l'accélération que M. Baucher est obligé de mettre dans la gradation du travail. Des intérêts majeurs l'appellent à Paris pour le 1er avril; or, comme il sent la nécessité d'initier lui-même les instructeurs à toute sa méthode, de leur en inculquer toutes les nuances, afin qu'ils puissent en déduire plus tard, avec facilité tout ce qui sera applicable à l'équitation militaire, il est nécessairement obligé de hâter son enseignement. Cette hâte ne peut avoir de fâcheuse influence sur les résultats, attendu que si l'éducation des chevaux est un peu moins complète, celle des cavaliers ne devra rien laisser à désirer.

» On s'est déjà récrié sur les changements que l'introduction de la méthode apporterait à l'ordonnance en modifiant ses principes consacrés depuis longtemps. J'avoue franchement que je ne puis concevoir cette crainte, exprimée par ceux qui sont intéressés à la prospérité de la cavalerie. Pourquoi donc en effet ne pas changer un principe alors qu'il doit en résulter un bien? Or, ce bien est incontestable aujourd'hui. Si nous n'allons pas au-devant du progrès, ne le refusons pas, du moins, quand il nous est offert; discutons, examinons, expérimentons par tous les moyens possibles; mais une fois que les faits ont parlé, que les avantages sont reconnus, démontrés, n'hésitons pas; adoptons avec empressement, en mettant de côté toute prévention; ne nous laissons pas retenir par un faux amour-propre; ne voyons que l'intérêt de la cavalerie. La méthode Baucher est un germe qui doit y fructifier. Le temps, qui sanctionne tout, lèvera les doutes encore existants aujourd'hui, et amènera une profonde conviction chez les hommes les plus opposés à une innovation dont l'immense utilité ne saurait être raisonnablement contestée. Adversaire

des plus prononcés de l'œuvre nouvelle, il n'y a pas encore un an, j'ai bientôt reconnu mon erreur. L'étude, le raisonnement, la pratique, sont venus me convaincre et ont fait de moi un partisan ardent, bien que sans fanatisme, ne voyant que le vrai, ne voulant que le bien et le progrès.

» Bon nombre d'officiers, prévenus comme je l'étais, changent déjà de langage à mesure qu'ils pénètrent plus avant dans ce qui n'était pour eux que mystère ; sans aucun doute, avant de quitter Saumur, ils rendront tous une éclatante justice au talent si digne de M. Baucher, et deviendront les plus fervents apôtres de son système. Malheureusement, il ne leur reste que peu de temps pour compléter leurs travaux. C'est fâcheux, sans doute, lorsqu'il y a tant de choses à faire, tant de difficultés à vaincre encore. Le zèle, l'activité, il faut l'espérer, suppléeront au temps. Tout annonce que je n'aurai à constater, dans mon dernier rapport, que de nouveaux progrès et de nouveaux succès, et que je pourrai répéter, avec conviction et certitude, que, pour l'instruction et la durée des chevaux, pour la propagation de la science équestre, la cavalerie trouvera d'immenses avantages dans l'adoption de la nouvelle méthode.

» Saumur, le 16 mars 1843.

» Le chef d'escadrons, commandant le Manége royal de l'École de Cavalerie.

» DE NOVITAL. »

III.

Rapport sur les derniers essais de la Méthode Baucher, transmis par le maréchal de camp commandant l'École de cavalerie, à S. Ex. M. le maréchal ministre de la guerre.

« Les expériences qui viennent de finir ont duré trente-six jours. C'est dans ce laps de temps, que M. Baucher a dû développer toute sa méthode et la transmettre à soixante-douze cavaliers de tout grade. Cette mission si difficile a été remplie avec un talent remarquable, un zèle infatigable, et surtout un grand tact. Les résultats ont répondu à ce qu'on devait attendre. La preuve doit être consignée dans les rapports journaliers de tous les cavaliers. Ces rapports seront concluants, si chacun s'est rendu justice, et si, comme je n'en doute pas, il a jugé d'après l'évidence et avec impartialité. Faire la part du temps était la première obligation pour être juste, et personne n'y aura manqué. En consacrant cinq semaines à un travail qui demandait trois mois, on a dû évidemment tronquer la progression, et si, malgré cela, on a obtenu des résultats, ils doivent être considérés comme très-satisfaisants, quelque minimes qu'ils soient. Je crois avoir été bon observateur, n'ayant pas d'autre rôle à remplir, et j'ose avancer que chaque cheval a gagné, dans ce court espace de temps, en raison du talent et des dispositions de son cavalier.

» Il est fâcheux que, dans une question aussi grave et qui intéresse à un si haut degré l'avenir de la cavalerie, M. le maréchal n'ait pu affranchir M. Baucher des engagements qui l'appelaient à Paris. Ces expériences, qui ont paru incomplètes à plusieurs, auraient été parfaitement décisives, en y consacrant plus de temps. Un nouveau retard ne serait pas ainsi apporté à la propagation de la méthode, que tout homme de cheval, s'il n'est mû par la mauvaise foi, l'envie ou l'ignorance, doit reconnaître comme supérieure à tous les vieux systèmes. Les étrangers, plus avides que nous du progrès, s'empressent de la réclamer, et il est à craindre qu'ils n'obtiennent avant nous des succès dont nous devrions jouir les premiers.

» Tous les essais faits depuis un an, et les rapports qui ont unanimement fait ressortir les avantages de l'application de la méthode à la cavalerie sont restés sans effet; cependant, plusieurs hommes compétents les ont appuyés de leur haute opinion, et, malgré cela, nous paraissons être plus loin que jamais de la solution.

» Il est certain que pour apprécier toutes les choses nouvelles, il faut les étudier longtemps et les pratiquer avec persévérance. C'est ce que n'ont pas fait, je crois, beaucoup de détracteurs du nouveau système, ce qui ne les a pas empêchés de se prononcer ; ils ont ainsi contribué à faire retarder, malheureusement, l'introduction d'un progrès qui fructifierait déjà dans les corps, si tout le monde avait voulu s'éclairer.

» J'ai déjà dit que la nouvelle méthode serait consacrée par le temps et deviendrait une nécessité. Je le répète encore, en ajoutant qu'elle s'imposera d'elle-même. Ce sera la meilleure preuve de son efficacité.

» Un des points principaux de la controverse qui s'est établie sur le système et qui le tient en litige, a été et est encore la limite à donner à ce qui peut être appliqué dans les régiments, c'est-à-dire au dressage des jeunes chevaux, car c'est là que l'on paraît vouloir s'arrêter, par respect pour l'ordonnance considérée comme l'arche sainte.

»On voudrait une instruction séparée, spéciale pour les chevaux neufs ; c'est fort bien. Mais alors, pourra-t-on me dire ce qu'on entend par dressage. Les moyens employés pour instruire un cheval, pour le façonner, diffèrent-ils essentiellement de ceux dont on doit faire usage plus tard, pour le conduire, le déterminer, le dominer ? Il y a, nous le savons, pour l'éducation du jeune cheval, des moyens progressifs qui peuvent constituer une première période; mais, du reste, n'est-ce pas toujours par les mêmes actions, variant d'intensité, si l'on veut, que l'on manie, que l'on équite le vieux comme le jeune cheval? N'y a-t-il pas une liaison intime entre les diverses phases de son emploi? On n'apprend pas à un enfant le français ou l'anglais, pour lui parler, plus tard, grec ou allemand. On ne dresse pas un cheval d'une manière, pour le conduire ensuite d'une autre ; et pourtant on veut faire une distinction entre le *dressage* et l'*équitation*. Qu'est-ce donc que monter un cheval, dans quelque but que ce soit, si ce n'est faire de l'équitation ? A la promenade, en route, à la chasse, à la guerre, au manége, partout on fait de l'équitation. J'avoue, dans ma simplicité, que je ne puis comprendre une telle anomalie. Quand un cheval de troupe entre à l'escadron, il doit savoir tout ce qu'on lui demandera. Or, peut-il y avoir une différence entre le fond des principes pour l'éducation et ceux de la conduite dans l'escadron? Évidemment, non. Il doit y avoir, au contraire, une parfaite unité.

»Tout se tient, tout s'enchaîne dans la méthode de M. Baucher. Produire une lacune dans son admirable progression, c'est la détruire, c'est annuler le progrès, c'est perdre le fruit de son travail. Elle n'est pas sans difficultés, et pour arriver à bien, il faut du raisonnement, du soin, de la persévérance. Mais aussi, lorsque le cavalier, saisissant bien toutes les combinaisons, arrive au bout sans faillir, quels dédommagements ne trouve-t-il pas dans son ouvrage? quelles jouissances ne s'est-il pas préparé pour l'avenir? quels avantages ne lui promet pas le cheval *dans la main*, c'est-à-dire, léger, maniable, soumis à toutes ses volontés, qui lui sont communiquées par les plus légères actions, par la position préalable? Ajoutons que, sous le point de vue économique, le nouveau système tend évidemment à assurer la conservation du cheval. En effet, comment ne se conserverait-il pas, étant parfaitement équilibré, libre dans tous ses mouvements, jouissant, au gré du cavalier, de toutes ses facultés locomotrices, ne se trouvant pas emprisonné dans les aides, ni constamment harcelé de l'éperon, comme ont voulu le faire croire certains détracteurs du système, qui ne se sont probablement pas donné la peine d'en essayer, avant de se prononcer. Consciencieux et éclairés, ils eussent été convaincus.

» Si je soutiens qu'on ne peut établir de différence, quant aux principes, entre *le dressage* et *l'équitation*, je suis de l'avis qu'il faut bien fixer le cercle dans lequel on doit se renfermer pour le genre d'équitation ou d'exercice qui convient à tel ou tel service. Ainsi, il ne faut pas vouloir, comme on le répète souvent, faire de la *haute école* dans le rang. Tout ce qui a trait à la régularité des manœuvres, à la force, à l'action de la cavalerie, doit être l'objet de tous les soins, la préoccupation constante de tout officier des troupes à cheval. Mais, est-ce une limite pour le progrès? est-ce une raison pour arrêter l'élan de l'équitation, pour empêcher le goût du cheval de se propager jusques dans les derniers rangs? Non, sans doute, et il y a lieu d'être étonné qu'aujourd'hui on ne comprenne pas mieux l'impulsion que peut donner l'adoption du nouveau système. Qui peut plus, peut moins, dit un vieil adage. Qu'on laisse donc leur libre essor aux cavaliers, qu'on leur donne tous les moyens de développer leurs facultés équestres, en glissant davantage sur les minuties du métier, et chacun arrivera aux limites que la nature, aidée de la pratique, lui permet d'atteindre. Nous avons besoin, nous autres Français, d'être un peu plus *cavaliers;* la méthode Baucher nous en offre le moyen. Mais il ne faut pas vouloir la scinder pour arriver à ce résultat ; il ne faut pas déranger l'enchaînement de ses principes, qui, en établissant l'horizontalité des forces, donnent incontestablement, à cette équitation, d'une application générale, la supériorité sur toute autre. En effet, quoi de plus rationnel et de plus simple que de placer une machine dans une position d'équilibre qui lui permet de fonctionner librement avec la seule force nécessaire à l'impulsion ? C'est à ce point que l'on arrive avec le nouveau système. Contrairement à tous les anciens errements, il donne la possibilité d'agir directement sur l'arrière-main, de la maîtriser, au moyen des attaques. Jusqu'à présent, toute l'équitation, pour la majeure partie des cavaliers, était dans la main; celle-ci était chargée, pour ainsi dire, de résoudre toutes les questions, de vaincre toutes les difficultés; les jambes n'étaient qu'un accessoire. Dès-lors, que de mouvements irréguliers, brusques et forcés, par la lutte qui s'établissait entre la main du cavalier, la tension de l'encolure, l'action constante des jarrets. Les rôles sont changés. Aujourd'hui, au moyen des jambes, l'arrière-main est toute au cavalier; si elles sont insuffisantes, l'éperon est là pour ramener les jarrets, annuler leur détente, avec la même facilité, la même promptitude, que la main place la tête. Les jambes et l'éperon sont, aux jarrets, ce que la main est à la bouche. Ces deux moyens, parfaitement coordonnés, concentrent les forces, fixent l'équilibre, la position, assurent enfin au cavalier sa puissance dominatrice ; alors il obtient graduellement, avec *un fil*, ou, si l'on veut, avec le poids des rênes et une simple pression de jambes, ce qui avait exigé, d'abord, une force égale à cent livres. Qu'on vienne, après cela, prôner les précédents systèmes d'équitation et les comparer au nouveau ! Ne pas lui donner la priorité sous tous les points de vue, c'est nier la lumière.

»Je ne saurais terminer ce rapport sans exprimer le désir de voir introduire, à l'école de cavalerie, le nouveau système dans toute son étendue. C'est un bienfait dont elle doit bientôt jouir; c'est dans son sein que doivent fructifier toutes les bonnes doctrines, que l'équitation doit grandir. On ne lui refusera, je l'espère, aucun élément de progrès. Forte de ses institutions, l'École a soutenu longtemps sa haute et juste renommée; elle a doté la cavalerie d'une instruction solide et profonde. Mais le temps a marché, et nous sommes restés stationnaires; l'Évangile était là, il devait être respecté! En répétant longtemps la même chose, alors qu'on pourrait faire mieux, on touche à la routine; évitons ce fléau, et ne manquons pas de nous rajeunir, puisque l'occasion se présente. La méthode Baucher doit être pour l'École *une fontaine de Jouvence*, où les vieilles traditions viendront se régénérer. Qu'on nous permette donc de reculer, aussi loin que possible, les limites de l'équitation; qu'on laisse tout son essor au progrès, et l'École ne mentira pas à sa réputation; elle ne descendra pas du rang qu'elle occupe; elle conservera sa priorité pour tout ce qui est du ressort de la science équestre.

» Saumur, le 16 avril 1843.

» Le chef d'escadrons commandant le manége de l'école de cavalerie,

» De Novital. »

MA MÉTHODE A L'ÉTRANGER.

Tandis qu'ici ma méthode suscite des dénigrements systématiques, elle est étudiée, discutée et impartialement jugée à l'étranger. Mes écrits ont été réimprimés en Belgique et traduits en hollandais ainsi qu'en allemand. Il y a même eu plusieurs traductions différentes dans cette dernière langue; une notamment par M. Ritgen, lieutenant au 4e régiment de houlans prussiens, et l'autre par M. de Willisen, lieutenant-colonel au 7e de cuirassiers prussiens.

Je crois devoir reproduire une lettre qui m'a été adressée l'année dernière par le frère de M. de Willisen, commandant des gendarmes d'élite, aide-de-camp de Sa Majesté le roi de Prusse, ainsi que l'avant-propos de la nouvelle traduction prussienne. Ces documents ont déjà paru dans le *Journal des Haras* (livraison de septembre 1843). Je me fais également un plaisir de citer les réflexions suivantes, dont ce journal faisait précéder cette communication.

» Parmi les critiques dont la méthode d'équitation de M. Baucher a été l'objet, le reproche de n'être pas nouvelle n'a pas manqué d'être mis en avant par ceux mêmes qui ne croyaient pas devoir lui en adresser d'autres. Ainsi, nous avons entendu les uns citer nos anciens écuyers, et prétendre que M. Baucher n'était qu'un plagiaire adroit, qu'un mosaïste habile, qu'un compilateur patient et ingénieux, qui avait su réunir en corps de doctrines tous les éléments épars de l'ancienne équitation italienne, française et allemande, et s'approprier ainsi, comme sa propre invention, ce qui n'était que le résultat de ses lectures. D'autres prétendaient que, de temps immémorial, la nouvelle méthode de M. Baucher, en ce qui concerne principalement le dressage des chevaux au moyen des assouplissements, etc., était mise en pratique dans tous les manéges de l'Allemagne et notamment en Prusse, à Berlin. C'était avec une telle assurance que ces derniers s'exprimaient ; ils disaient si positivement qu'ils avaient vu, de leurs yeux vu, (plusieurs même avaient fréquenté ces manéges comme élèves) qu'il était difficile de ne pas croire à ce qu'ils avançaient avec tant d'assurance. Nous-mêmes, nous l'avouerons, nous avions cru trouver dans nos souvenirs quelques raisons pour appuyer, sinon toutes ces assertions, du moins une partie, et nous étions très-porté à nous persuader que la plupart des doctrines de M. Baucher, concernant le dressage des chevaux, étaient en usage depuis fort longtemps dans les manéges de Prusse.

» Nous ne nous érigeons point en défenseur du système de M. Baucher, nous ne venons pas non plus nous présenter pour combattre ses doctrines en équitation ; mais nous devons continuer à mettre les faits sous les yeux de nos lecteurs ; et si nous avons accueilli les critiques, nous devons aussi donner place aux éloges.

» En réponse aux personnes qui prétendent que la méthode Baucher est connue et pratiquée en Allemagne depuis des siècles, nous ne croyons pouvoir mieux faire que de publier l'avant-propos de la première édition d'une traduction du traité de cet habile écuyer, faite par un officier supérieur de cavalerie prussienne, M. de Willisen ; elles y trouveront des preuves incontestables que rien de semblable n'était connu et pratiqué en Prusse avant la publication de cet ouvrage.

» Une lettre de M. de Willisen, frère du précédent et major-commandant des gendarmes d'élite, aide-de-camp de Sa Majesté le roi de Prusse, sera aussi une autre preuve non moins convaincante du cas qu'on fait à Berlin des principes de M. Baucher et de ses ouvrages.

» C'est avec plaisir que nous enregistrons ces faits ; car si nous attendons que l'expérience et le temps aient consacré la bonté du système et l'utilité de la généralisation de son application dans la cavalerie pour le louer sans restriction et l'appuyer de toutes nos forces, nous n'avons pas attendu jusqu'à ce jour pour apprécier les connaissances, les travaux et les efforts de son auteur dans une carrière, qui, quoi qu'il arrive, aura, été parcourue avec honneur et gloire, et non sans utilité pour l'art, par M. Baucher. »

LETTRE DE M. LE MAJOR DE WILLISEN, COMMANDANT DES GEN-
DARMES D'ÉLITE, AIDE DE CAMP DE SA MAJESTÉ LE ROI DE
PRUSSE, A M. BAUCHER.

« Monsieur,

» Après avoir lu, dans le *Journal des Haras*, que vous aviez été chargé par M. le ministre de la guerre de faire des essais de votre méthode sur des chevaux de troupes, je me suis procuré votre livre ; je l'ai étudié, j'ai mis à exécution votre méthode sur mes propres chevaux et sur ceux des gendarmes d'élite, dont j'ai l'honneur d'être commandant. Les résultats ont été parfaits ; j'ai obtenu tout ce que je désirais ; les allures des chevaux se sont développées d'une manière étonnante.

» Votre méthode, jugée par tant d'officiers intelligents et introduite en conséquence dans l'armée française, n'a plus besoin d'éloges.

» La gloire de votre nom est désormais assurée dans les annales de l'équitation, et quiconque veut reconnaître la vérité de vos principes et l'efficacité de votre méthode ne fera que s'ennoblir sans rien ajouter à votre gloire : il témoignera seulement de son tact et de son jugement, qui lui auront fait comprendre ce que vous avez eu la sagacité de démontrer.

» Je ne peux que former les vœux les plus vifs pour que votre méthode soit *entièrement* et *immédiatement* introduite dans notre armée, si la cavalerie veut maintenir sa réputation justement acquise; car elle existe sous l'empire de conditions difficiles à remplir, vu le mode de recrutement en usage, suivant lequel les cavaliers ne restent que trois ans au service.

» Pour rendre plus facile la réalisation de ce vœu, mon frère, commandant du 7ᵉ régiment de cuirassiers, a traduit votre ouvrage remarquable, et m'a chargé de vous faire parvenir cette traduction, avec les assurances de sa haute considération.

» M. Seydler (1) m'envoie la dernière édition de votre ouvrage, et je regrette infiniment que nous ne l'ayons pas eue plus tôt; mais j'espère qu'une *seconde édition de la traduction*, qui sera bientôt demandée, donnera les rapports qui sont très-intéressants, ainsi que les nouveaux chapitres, dont celui sur l'instruction du cavalier est de la *dernière importance, et fera une tout aussi grande révolution dans cet art, que votre ouvrage l'a fait dans l'art de dresser le cheval.*

» J'ai eu l'honneur de remettre au roi la lettre et le livre que vous y aviez joints. Sa Majesté en a pris connaissance avec le plus grand empressement, et vous donnera sûrement une marque de sa royale satisfaction.

» Agréez, Monsieur, l'assurance de mon respect et de mon admiration,

» *Signé* DE WILLISEN,

» *Major et aide-de-camp du Roi.*

» Berlin, 1ᵉʳ mai 1843. »

---

(1) Écuyer prussien de mérite, qui est venu passer deux mois au manége de M. Baucher pour étudier sa méthode.

AVANT-PROPOS DE LA TRADUCTION EN ALLEMAND DE LA MÉTHODE DE M. BAUCHER, PAR M. DE WILLISEN, LIEUTENANT-COLONEL DU 7ᵉ CUIRASSIERS (PRUSSE).

« Après que les résultats les plus positifs m'eurent donné la preuve la plus convaincante que, de toutes les méthodes qui existent, celle de M. Baucher est la meilleure, je pensai qu'il était utile de la traduire. Cette traduction me sembla dans le principe plus facile que je ne l'ai trouvée par la suite; il m'était surtout impossible de rendre partout en allemand, comme je le souhaitais, les expressions techniques françaises, avec leur clarté et leur concision, pour les mots, *attaques, acculement, assouplissement, ramener, rassembler*, etc. Je ne trouvais dans la langue allemande que des expressions incomplètes; c'est pourquoi j'ai mis en français tous les mots auxquels je n'ai pu trouver un équivalent clair en allemand.

» On peut avec beaucoup de succès, d'après d'autres principes, dresser des chevaux; on en a dressé avant M. Baucher, mais pas un ouvrage n'a donné tant de lumières sur l'éducation des chevaux; aucune autre méthode n'a enseigné des moyens aussi sûrs et aussi simples, ni présenté aussi positivement un pareil résultat. Celui qui veut monter à cheval avec sûreté et agrément doit être complétement maître d'un cheval, obéissant et juste. Pour obtenir ce résultat, M. Baucher donne le plus sûr moyen et indique la route la plus courte.

» La connaissance exacte des obstacles que présente le cheval pour l'amener à obéir aisément; la manière simple, facile à comprendre et à exécuter, pour faire disparaître ces obstacles, distinguent cette méthode de toutes celles qui l'ont précédée et la rendent du plus haut intérêt pour tous les cavaliers.

» Les relations intimes qui s'établissent entre le cavalier et le cheval donnent au premier une telle sûreté pour la main et les aides, au cheval tant de souplesse et d'obéissance, que jamais, jusqu'à ce jour, on n'avait obtenu un résultat semblable.

» Jusqu'à présent il n'avait été donné à aucun écuyer de trouver, même approximativement, des moyens et une route aussi clairs et aussi sûrs que ceux qui sont contenus dans cet ouvrage pour dresser un cheval. L'essai en donnera la preuve la plus convaincante lorsque l'on appliquera les principes qu'il renferme; mais on ne pourra considérer comme essai que celui qui sera fait en suivant rigoureusement les prescriptions de la méthode. Il n'y a aucune méthode, et cela est prouvé, qui puisse mettre les chevaux aussi sûrement dans la main et dans les jambes du cavalier; aucune autre ne réussit à développer autant d'adresse et d'assurance chez le cheval et chez le cavalier; le cheval se sent à son aise, le cavalier en est le maître absolu, et tous les deux s'en trouvent bien.

» M. Baucher est véritablement le premier qui ait prescrit un système d'équitation naturel et suivi; il est arrivé, par des moyens simples et sûrs, à un but inconnu jusqu'à présent; quiconque voudrait nier la première de ces vérités ne pourrait nier la seconde.

» Cette nouvelle méthode est d'autant plus importante pour l'instruction de la cavalerie, qu'en l'appliquant, il est non-seulement très-facile de rendre complétement souple et obéissant tout cheval quelque peu propre qu'il soit au service, mais que l'on parvient encore aisément à rendre chaque allure aussi étendue et aussi durable que la construction et les forces de l'animal le permettent : ce résultat ne s'obtient que lorsque le cheval est complétement dans la dépendance du cavalier et dans un état d'assouplissement parfait.

» La méthode ne se borne pas à indiquer les moyens dont on doit se servir pour obtenir la régularité de position et de mouvement, aussi bien à une parade qu'à un exercice, elle donne en outre les moyens à employer pour se préparer à tous les mouvements rapides et serrés des évolutions militaires sur un champ de bataille.

» La nouvelle méthode enseigne encore, ce qui est fort important, les moyens les plus certains pour arriver à ce que le cavalier soit parfaitement d'accord avec son cheval, que tous deux puissent se comprendre et se fier mutuellement l'un à l'autre avec assurance, de façon à ce que le cheval obéisse aussi ponctuellement que le cavalier le guide avec sagesse et habileté. Au lieu d'être obligé de dresser péniblement les chevaux, chacun d'après notre système particulier, nous n'aurons plus, grâce à cette méthode, à nous occuper que d'un seul cheval, car elle a reconnu que les mêmes moyens sont applicables à tous les chevaux. Je n'ai pas besoin d'énumérer les avantages que peut en tirer l'instruction du cavalier, car, grâce à elle, il échappera au martyre qu'il éprouve lorsque les leçons lui sont données sur des chevaux maladroits et mal dressés. Les cavaliers seront plus tôt maîtres de ces chevaux mis, et acquerront en six semaines une position qui arrivera d'elle-même, et leur tact se développera beaucoup plus promptement.

» Enfin, les hommes apprennent très-vite à mettre en pratique les moyens qui s'appliquent de pied ferme, et il en résulte pour eux un grand avantage : c'est que leur coup d'œil se forme pour reconnaître le moment où l'encolure devient flexible et la mâchoire sans contraction ; d'un autre côté, leur main, sur laquelle ils peuvent fixer toute leur attention, acquiert plus de sentiment qu'elle n'aurait pu en obtenir dans un espace de temps plus long, si l'application avait eu lieu à cheval.

» Jusqu'à présent les hommes d'un grand talent étaient seuls capables de dresser des chevaux ; maintenant, en mettant en pratique cette nouvelle méthode, qui a clairement démontré les moyens de dressage, tout cavalier peut, dans un espace de temps très-court, acquérir les connaissances nécessaires pour rendre un cheval propre au service.

» Je désire vivement que cet exposé sincère de mon opinion fixe l'attention sur ce livre, et je le recommande particulièrement à l'examen approfondi et sérieux de mes jeunes camarades.

» Quant au temps fixé par M. Baucher pour obtenir un dressage complet, je pense que ce résultat ne peut avoir lieu aussi promptement qu'il le dit, qu'en sa présence. Son habileté, son jugement, son tact, doivent sûrement, dans le temps prescrit, donner les résultats qu'il annonce; mais celui qui commence à apprendre cette méthode et qui est obligé de travailler d'après le livre, doit marcher lentement et mettre beaucoup de prudence dans l'application de principes qui lui sont inconnus. Il doit d'abord tâcher de perfectionner les notions qui lui sont familières, et chercher sans relâche à parfaire sa position, son assiette, son tact, l'obéissance et les allures de son cheval; il fera ainsi de grands progrès dans le dressage, et c'est alors qu'il pourra essayer d'appliquer la nouvelle méthode.

» Le lieutenant colonel du 7ᵉ cuirassiers,
» DE WILLISEN. »

Plusieurs essais d'application de ma méthode ont été faits dans la cavalerie étrangère, notamment en Prusse. Sa Majesté le roi de Prusse a daigné m'adresser, comme preuve de sa haute satisfaction, une magnifique tabatière d'or d'un admirable travail. J'ai lieu, assurément, de m'énorgueillir d'avoir obtenu le suffrage d'un monarque aussi éclairé.

L'aide de camp de Sa Majesté le roi de Prusse, M. de Willisen, auteur de la lettre dont j'ai parlé plus haut, est venu dans ces derniers temps à Paris, tout exprès pour étudier et pratiquer mes principes sous ma direction. Il serait bien que les gouvernements étrangers qui désirent faire l'essai de ma méthode suivissent cet exemple et envoyassent à Paris des hommes de cheval habiles et instruits (1). Quelques mois d'enseignement et surtout de pratique, suffiraient pour les mettre à même d'approfondir mes théories dans leur entier, pour en suivre exactement la progression et en comprendre l'esprit. Il est, en effet, presque impossible d'écrire dans un ouvrage la manière d'obtenir nombre d'effets de mécanisme ; de simples conseils éclaircissent souvent des choses qui paraissent douteuses, et même celles qu'on pourrait être tenté de considérer comme offrant des difficultés insurmontables. De quelque part qu'ils viennent, les véritables amis de la science et du progrès équestre seront toujours bien accueillis par moi, et je m'estimerai heureux de pouvoir leur communiquer le fruit de mes travaux et de mes découvertes.

(1) Inutile d'ajouter que ces envoyés devraient apporter en France le désir sincère de s'instruire, qu'ils devraient être disposés à ne juger que d'après leurs propres impressions et leur propre expérience, au lieu de se laisser circonvenir par mes détracteurs désintéressés. C'est ainsi que l'année dernière un capitaine hollandais, M. Van Capellan, envoyé par le ministre de la guerre des Pays-Bas pour étudier ma méthode, s'est contenté de *causer une heure à peu près avec moi*. Puis il s'est rendu à Saumur, et sur la simple nouvelle de l'ordre donné par M. le général de Sparre, M. Van Capellan est reparti pour la Hollande. Voilà comment il a *accompli sa mission*.

DÉCISION MINISTÉRIELLE.

Mes lecteurs savent sans doute que, par arrêté du comité supérieur de cavalerie, en date du mois de juillet 1845, il a été décidé que ma méthode cesserait d'être appliquée dans l'armée. Après le résultat des expériences et des nombreux essais qui ont été faits pendant trois ans ; après les témoignages d'approbation que j'ai reçus de la part des officiers les plus compétents, j'avoue que j'étais loin de m'attendre à une semblable détermination.

Je crois pouvoir affirmer que, dans le public, tous

ceux qui s'occupent avec confiance et bonne foi de la question équestre, ont partagé à ce sujet ma profonde surprise.

En effet, ma méthode, partout où elle a été essayée, ayant obtenu, ainsi que le prouvent les documents ci-dessus mentionnés, un chiffre d'adhésions immensément supérieur à celui des discidents, on devait, ce me semble, considérer son triomphe comme assuré, d'autant mieux que nous vivons aujourd'hui sous un régime où la majorité fait loi.

Il m'a été dit que M. le ministre, en notifiant aux chefs de corps la décision du comité de cavalerie, leur a enjoint de continuer à faire usage des flexions d'encolure seulement, pour soumettre les jeunes chevaux difficiles. Je ne me plaindrai pas de ce qu'il y a de peu équitable à s'approprier ainsi, sans mon aveu, et sans m'en témoigner le moindre gré, une partie du fruit de mes travaux; mais je dois faire observer que cette réserve dans la décision du comité supérieur prouve combien ceux qui ont jugé mes principes en dernier ressort, les connaissent peu. Les flexions d'encolure pratiquées sur un cheval sans y joindre l'assouplissement de l'arrière-main, ne sont propres qu'à augmenter les moyens de résistance de l'animal, et à rendre la main du cavalier aussi impuissante que ses jambes. Il vaut infiniment mieux repousser le système tout entier; et je dois protester d'avance contre des résultats dont ma méthode, ainsi tronquée, ne doit pas subir la responsabilité.

Quant à la mesure en elle-même du comité supérieur de cavalerie, comme un jugement dans une affaire qui m'intéresse si directement pourrait paraître suspect, je crois devoir m'en référer à celui d'un tiers. Un publiciste distingué, dont la compétence dans les questions d'équitation militaire est parfaitement établie d'ailleurs, M. Clément Thomas, a publié au mois de septembre dernier, dans le *National*, une série d'articles à l'occasion de la décision qui a frappé si inopinément ma méthode. Ces articles ont été plus tard réunis en une brochure; c'est le document le plus concluant et le plus véridique qui ait été écrit sur mon système d'équitation.

Au lieu de mon appréciation personnelle, je mettrai donc sous les yeux du lecteur impartial toute la partie de cette brochure, relative à l'arrêté du comité supérieur de cavalerie.

« Afin, dit l'auteur, de bien nous éclairer sur la portée de la détermination qu'il a jugé convenable de prendre, il est bon de connaître, avec le personnel de ce comité, l'aptitude de chaque membre et le rôle qu'il a joué dans cette circonstance.

» Le comité de cavalerie appelé à prononcer sur la nouvelle méthode d'équitation se composait de MM. les lieutenants généraux Dejean, de Sparre, de Lavœstine, Desmichel, Oudinot, Wathiez et Denniée, intendant général. Les trois premiers de ces sept officiers généraux n'ont jamais étudié personnellement la méthode; mais, après avoir vu le résultat des premières expériences, ils l'avaient d'abord approuvé. Le général Desmichel, quand on lui parla de cette innovation, répondit qu'on avait fait sans elle les campagnes d'Italie et d'Allemagne, gagné les batailles d'Austerlitz et de Wagram, et qu'il ne voyait pas l'utilité de rien changer. Ce brave général, du reste, n'était pas le seul de cette opinion : nous pourrions citer quelques colonels qui la partageaient avec lui. On sait la part qu'a prise à tout ceci le général Oudinot. Le général Wathiez, après avoir suivi attentivement les expériences faites dans plusieurs corps de cavalerie et particulièrement dans la garde municipale, a toujours soutenu ce système, dont l'efficacité n'offrait pour lui aucun doute. Enfin, l'intendant général Denniée, ayant aussi à émettre son avis, ne voulut pas le faire sans connaissance de cause : il assista souvent aux leçons du manége, fit dresser un cheval sous ses yeux, et, convaincu par ce qu'il vit, approuva la nouvelle méthode.

» Ainsi donc, quelque anormale que fut cette réunion, le nouveau système y réunissait pourtant, dans le principe, une grande majorité; et, en supposant, ce qui n'était pas probable, que le général Desmichel persistât dans son opiniâtreté de vieux soldat, il y aurait eu encore cinq voix contre deux pour accorder à la cavalerie une réforme qu'elle réclamait presque à l'unanimité. Mais elle avait compté sans l'un de ses officiers généraux, le plus jeune, le plus incompétent, peut-être, et à ce qu'il paraît, cependant, le plus puissant de tous, par le seul fait de sa naissance : nous voulons parler de M. le duc de Nemours.

» M. le duc de Nemours s'était montré très-indifférent, dès le principe, au nouveau système d'équitation. Lorsque le duc d'Orléans, son frère, suivait avec intérêt et persévérance les expériences diverses qui se faisaient à Paris, le duc de Nemours, obligé de l'accompagner dans ses investigations, s'y faisait remarquer par une nonchalance, un dédain, un ennui qu'il ne cherchait pas même à dissimuler. Son opinion, peu importante à cette époque, a dû avoir ensuite plus de poids; et l'on peut dire que c'est lui, lui seul qui a privé l'armée d'une innovation aussi utile que profitable. C'est à son influence, sans doute, qu'est dû le changement de dispositions de MM. Dejean, de Sparre et de Lavœstine, et c'est à son influence aussi qu'a été obligé de céder le ministre de la guerre lui-même.

» L'opposition du duc de Nemours était-elle au moins fondée sur quelque chose pour qu'il pût se prononcer souverainement dans une question aussi grave? Comme habileté équestre, on sait ce que sont les princes; leur vie est trop précieuse pour qu'on la confie à des chevaux un tant soit peu difficiles : on cherche à les poser majestueusement en selle, et voilà tout. Quant au duc de Nemours personnellement, il n'a jamais étudié la nouvelle méthode, et ce qu'il en a vu n'aurait dû que le prévenir favorablement. Il a été témoin, à Paris, du résultat des premières expériences; il a assisté, à Lunéville, à un carrousel exécuté par de jeunes chevaux dressés en vingt-six jours d'après les nouveaux principes; il a pu consulter tous les officiers qui les ont étudiés, et dont nous avons cité les témoignages. Les moyens de s'éclairer ne lui manquaient donc pas. Il a préféré s'en rapporter à son propre jugement. Il en est qui disent que son opinion, en ceci, n'est que la conséquence d'une aberration d'esprit; d'autres prétendent qu'elle est le résultat des intrigues de certains adversaires de la nouvelle méthode, qui ont trouvé accès auprès du prince (1). Peu importe, quant à

---

(1) M. le vicomte d'Aure, ancien professeur d'équitation du duc de Nemours.

nous, le motif qui l'a guidé, mais il n'en est pas moins déplorable de voir les intérêts les plus graves de l'armée livrés à de pareilles influences.

» Mais quelles raisons donne au moins M. le duc pour justifier son opposition? une seule : — Je ne veux pas, dit-il, d'un système qui prend sur l'impulsion des chevaux.

» Que dire de ce : *Je ne veux pas*? Outre que cette objection est étrangement formulée, elle n'a pas le moindre fondement. Qu'entendez-vous donc par impulsion? Est-ce cet élan déréglé d'un coursier emporté, furieux, que rien n'arrête plus que la muraille ou le rocher contre lequel il vient se briser? Est-ce cette vitesse factice et dangereuse des chevaux de course, que l'on n'obtient qu'aux dépens de leur organisation, en les jetant sur leurs épaules, en les soutenant avec peine du bridon, et qui occasionne tous les jours les accidents funestes que nous avons à déplorer? Est-ce enfin cet emportement outré, cette course à fond de train d'un escadron mal conduit, que le décousu, le désordre de sa manœuvre livre bientôt à la merci de l'ennemi? Si c'est là ce que vous voulez poser en principe équestre, dites-le. Mais non, vous n'oseriez l'avancer, car l'impulsion, pour être efficace, a besoin surtout d'être ici maîtrisée. Soutenir le contraire serait absurde, et c'est cependant sur cette absurdité que vous vous appuyez pour étouffer une découverte utile à l'instruction de notre armée. Nous ne pouvons pas reprocher au ministre de la guerre de n'avoir pas su apprécier cette innovation, puisqu'il a cherché à la faire prévaloir; mais ce dont on a le droit de lui demander compte, c'est de n'avoir pas usé de l'autorité suprême que lui donne son rang pour annuler la décision du comité de cavalerie, et déjouer les intrigues de l'ignorance et de la passion.

»Mis en demeure de s'expliquer sur les motifs qui l'avaient déterminé à faire cesser dans la cavalerie l'application du nouveau système d'équitation, voici les objections étranges que le ministre de la guerre, ou plutôt la majorité du comité supérieur qui a fait signer au maréchal cette pièce, a émises dans une lettre adressée à M. Baucher, le 9 juillet dernier :

« Et d'abord, j'ai constaté que votre système de dressage
» était inséparable de votre méthode d'équitation ; que le
» département de la guerre n'avait point à apprécier les
» avantages ou les inconvénients de cette méthode appli-
» quée aux services civils, et que j'avais à résoudre une
» seule question, celle de savoir si elle offrait des avantages
» militaires ; en d'autres termes, si votre système de dres-
» sage et une partie de vos principes d'équitation pouvaient
» être substitués avec avantage au mode déterminé par
» l'ordonnance du 6 décembre 1829 sur l'exercice et les
» évolutions de la cavalerie.
» Un examen attentif de cette question m'a démontré :
» Que les principes que vous avez posés ne pourraient
» être suffisamment bien enseignés aux militaires qui res-
» tent trop peu de temps sous le drapeau pour devenir des
» écuyers capables de les comprendre et de les appliquer
» sans danger pour eux et pour leurs montures ;
» Que d'ailleurs votre méthode, plus ou moins efficace
» pour des chevaux de manége, rendrait les chevaux de
» troupe trop fins et trop susceptibles pour pouvoir suppor-
» ter la pression et la gêne du rang;
» Qu'enfin l'excès de finesse pouvait être nuisible au che-
» val de rang, et que demander à ce cheval une instruction
» plus étendue que celle de l'ordonnance de 1829, plus de
» susceptibilité que n'en comporte le genre de service qu'il
» est appelé à rendre, était incompatible avec les exigences
» des manœuvres et des évolutions. »

« Nous gagerions volontiers que l'auteur de cette lettre assez incompréhensible est un commis de bureau, encore moins fort en équitation qu'en style, et qui n'a jamais monté à cheval. Que signifie en effet cette découverte d'un système de dressage chez un écuyer, inséparable de sa méthode déquitation ? Est-ce que par hasard on aurait la prétention de vouloir dresser un cheval à l'aide de certains procédés, pour le monter et le conduire ensuite en employant des procédés contraires ? Comment peut-on dire que la nouvelle méthode si simple, si clairement définie, serait au-dessus de l'intelligence des cavaliers, lorsque les expériences ont démontré que non-seulement le commun des soldats comprenaient promptement les nouveaux principes, mais qu'avec leur aide, ils obtenaient de leurs chevaux en vingt ou trente jours ce qui exigeait antérieurement six mois de travail ?

» Quant à cette assertion que l'emploi du nouveau système rend les chevaux trop fins, où donc la puisez-vous ? Tous les rapports vous disent au contraire que cette méthode amène rapidement ces animaux à un calme, à une obéissance telle, qu'ils supportent sans s'émouvoir et le choc des armes, et les détonations de la mousqueterie. On n'a jamais prétendu, d'ailleurs, qu'il fallût dans tous les cas pousser l'application des nouveaux principes jusqu'à leurs dernières conséquences et faire de chaque cheval d'escadron un cheval fini pour le manége. Vouloir faire de la haute école dans le rang, serait évidemment absurde et dangereux ; et c'est pour cela qu'on a fixé les différents degrés d'instruction auxquels devaient être poussés les chevaux de troupe et les chevaux d'officiers, chacun suivant les exigences du service qu'ils sont appelés à rendre. Voilà cependant les merveilleuses considérations sur lesquelles prétend s'appuyer le comité supérieur, ou, pour mieux dire, M. le duc de Nemours, pour se mettre en opposition avec l'immense majorité des officiers de cavalerie !

» Résumons les faits :

» Il surgit un nouveau système d'équitation applicable à l'armée, et le ministre prend des mesures pour l'apprécier. Un lieutenant-général très-capable, (1) désigné le premier pour l'étudier, voit, interroge, pratique. Il approuve.

» Une commission compétente, chargée de faire une expérience sur un certain nombre de chevaux, suit attentivement cette épreuve, l'étudie, la discute. Elle approuve.

» Vingt-six officiers instructeurs sont appelés à Paris pour être initiés au nouveau système. Après six semaines d'expériences, ils l'approuvent.

» Quarante autres officiers instructeurs, plus les états-majors de quatre régiments de dragons se livrent, à Lunéville, aux mêmes investigations. Ils approuvent.

» Soixante et douze officiers, également instructeurs, travaillent pendant deux mois à Saumur avec le propagateur de la nouvelle méthode. Ils l'approuvent.

» Enfin, elle est appliquée dans les régiments ; et, après deux ans d'essais, quatre-vingt-trois colonels ou capitaines, sur cent deux, approuvent.

» D'autre part, qui voyons-nous d'un avis contraire ? Une vingtaine de colonels ou capitaines plus ou moins éclairés sur la question.

» Quatre officiers généraux, dans le comité supérieur, dont trois n'ont pas étudié ce qu'ils condamnent, et dont le quatrième veut arrêter le progrès des sciences militaires au point où elles étaient il y a trente ans.

» Puis, en dernier lieu, S. A. R. M. le duc de Nemours.

(1) Le général Oudinot.

» C'est cependant cette dernière opinion qui a prévalu dans le comité de cavalerie, à la majorité d'une voix sur sept votants. Le public appréciera une pareille détermination.

» Nous avons traité longuement cette question parce qu'elle touche, selon nous, à deux considérations de la plus haute importance : à l'intérêt général d'abord, puis à la justice, à la morale publique.

» L'intérêt général a été sacrifié à une influence qui devrait être sans autorité dans un gouvernement représentatif. Quant à la justice, on l'a méconnue à l'égard d'un homme qui, après avoir consacré sa vie à la recherche d'un progrès utile, avait démontré à tous les esprits impartiaux la réalité, l'efficacité de ses découvertes. S'il eût été placé dans une condition élevée, la renommée n'aurait pas eu assez de voix pour célébrer son mérite; mais son rang était obscur, et on l'a dédaigné. Ses envieux le croyant à terre ont voulu le présenter comme un imposteur; ils ont eu l'audace de dire et d'imprimer que son système, condamné déjà par tous les juges compétents, venait d'être enfin rejeté de l'armée comme absurde et mensonger. C'est pour cela que nous avons pris sa défense. Il ne sera pas dit que dans un pays d'égalité, de libre discussion comme la France, le talent, quel qu'il soit, ne devra se produire que patroné par le crédit et la fortune, ou que l'envie pourra impunément chercher à l'étouffer.

» On a manqué aussi aux convenances, dont ne devrait jamais s'écarter une administration éclairée, en donnant à presque tous les officiers de cavalerie, et particulièrement à ceux que l'on avait consultés, un démenti blessant pour leur juste susceptibilité. »

1.

NOUVEAUX MOYENS D'OBTENIR UNE BONNE POSITION DU CAVALIER (1).

> La nature a ses lois, les principes leurs règles, et l'homme ses préjugés.
>
> (*Passe-Temps équestres.*)

On trouvera sans doute étonnant que, dans les premières éditions, promptement épuisées, de cet ouvrage ayant pour objet l'éducation du cheval, je n'aie pas commencé par parler de la position du cavalier. En effet, cette partie si importante de l'équitation a toujours été la base des écrits classiques.

---

(1) Ces préceptes sont consacrés plus spécialement aux cavaliers militaires, mais avec quelques légères modifications, faciles à saisir, ils peuvent également s'appliquer à l'équitation civile.

Ce n'est pas sans motifs cependant que j'ai différé jusqu'à présent de traiter cette question. Si je n'avais rien eu de nouveau à dire, j'aurais pu, ainsi que cela se pratique, consulter les vieux auteurs, et à l'aide de quelques transpositions de phrases, de quelques changements de mots, lancer dans le monde équestre une inutilité de plus. Mais j'avais d'autres idées ; je voulais une *refonte à neuf*. Mon système pour arriver à donner une bonne position au cavalier étant aussi une innovation, j'ai craint que tant de choses nouvelles à la fois effrayassent les amateurs, même les mieux intentionnés, et qu'elles donnassent prise à mes adversaires. On n'aurait pas manqué de proclamer que mes moyens d'influence sur le cheval étaient impraticables, ou qu'ils ne pouvaient être appliqués qu'avec le secours d'une position plus impraticable encore. Or, j'ai prouvé le contraire : d'après mon système, des chevaux ont été dressés par la troupe, quelle que fût la position des hommes à cheval. Pour donner plus de force à cette méthode, pour la rendre plus facilement compréhensible, j'ai dû l'isoler d'abord de tous autres accessoires, et garder le silence sur les nouveaux principes qui ont rapport à la position du cavalier. Je me réservais de ne mettre ces derniers au jour qu'après la réussite incontestable des essais officiels. Au moyen de ces principes, ajoutés à ceux que j'ai publiés sur l'art de dresser les chevaux, j'abrége également le travail de l'homme, j'établis un système précis et complet sur ces deux parties importantes, mais jusqu'à ce jour confuses, de l'équitation.

En suivant mes nouvelles indications, relativement à la position de l'homme à cheval, on arrivera promptement à un résultat certain; elles sont aussi faciles à comprendre qu'à démontrer : deux phrases suffisent pour tout expliquer au cavalier. Il est de la plus grande importance, pour l'intelligence et les progrés de l'élève, que l'instructeur soit court, clair et persuasif; celui-ci doit donc éviter d'étourdir ses recrues par des développements théoriques trop prolongés. Quelques mots, expliqués avec à-propos, favoriseront et dirigeront beaucoup plus vite la compréhension. L'observation silencieuse est souvent un des caractères distinctifs du bon professeur. Après qu'on s'est assuré que le principe posé a été bien compris, il faut laisser l'élève studieux exercer lui-même son mécanisme; c'est ainsi seulement qu'on parviendra à trouver les effets de tact, qui ne s'obtiennent que par la pratique. Tout ce qui tient au sentiment s'acquiert, mais ne se démontre pas.

POSITION DU CAVALIER.

Le cavalier donnera toute l'extension possible au buste, de manière à ce que chaque partie repose sur celle qui lui est inférieurement adhérente, afin d'augmenter la puissance des fesses sur la selle ; les bras tomberont sans force sur les côtés ; les cuisses et les jambes devront trouver par leur force interne, autant de points de contact que possible avec la selle et les flancs du cheval ; les pieds suivront naturellement le mouvement des jambes.

On comprend par ces quelques lignes combien est simple la position du cavalier.

Les moyens que j'indique pour obtenir en peu de temps une bonne position, lèvent toutes les difficultés que présentait la route tracée par nos devanciers. L'élève ne comprenait presque rien au long catéchisme récité à haute voix par l'instructeur, depuis la première phrase jusqu'à la dernière ; en conséquence, il ne pouvait pas l'exécuter. Ici, c'est par un seul mot que nous rendons toutes ces phrases, après avoir cependant procédé à l'aide d'un travail d'assouplissement. Ce travail rendra le cavalier adroit et par suite intelligent ; un mois ne sera pas écoulé sans que le conscrit le plus lourd et le plus maladroit ne soit en état d'être fort bien placé.

LEÇON PRÉPARATOIRE.

(La leçon sera d'une heure ; il y aura deux leçons par jour pendant un mois.)

Le cheval est amené sur le terrain, sellé et bridé ; l'instructeur ne prendra pas moins de deux élèves ; l'un tiendra le cheval par la bride, tout en observant le travail de l'autre, afin de l'exécuter à son tour. L'élève s'approchera de l'épaule du cheval et se disposera à y monter ; à cet effet, il prendra et séparera avec la main droite une poignée de crins, il la passera dans la main gauche, le plus près possible de leurs racines, sans qu'ils soient tortillés dans la main ; il saisira le pommeau de la selle avec la main droite, les quatre doigts en dedans, le pouce en dehors ; puis, après avoir ployé légèrement les jarrets, il s'enlèvera sur les poignets. Une fois la ceinture à la hauteur du garrot, il passera la jambe droite par-dessus la croupe sans la toucher et se mettra légèrement en selle. Ce mouvement de voltige étant d'une très-grande utilité pour l'agilité du cavalier, on le lui fera recommencer huit ou dix fois, avant de le laisser asseoir sur la selle. Bientôt la répétition de ce travail lui donnera la mesure de ce qu'il peut faire au moyen de la force bien entendue de ses bras et de ses reins.

TRAVAIL EN SELLE.

(Ce travail doit se faire en place ; on choisira de préférence un cheval vieux et froid. Les rênes nouées tomberont sur le col.)

Une fois l'élève à cheval, l'instructeur examinera sa position naturelle, afin d'exercer plus fréquemment les parties qui ont de la tendance à l'affaissement ou à la roideur. C'est par le buste que l'instructeur commencera la leçon. Il fera servir à redresser le haut du corps les flexions des reins qui portent la ceinture en avant; on tiendra pendant quelque temps dans cette position le cavalier dont les reins sont mous, sans avoir égard à la roideur qu'elle entraînera les premières fois. C'est par la force que l'élève arrivera à être liant, et non par l'abandon tant et si inutilement recommandé. Un mouvement obtenu d'abord par de grands efforts n'en nécessitera plus au bout de quelque temps, parce qu'il y aura adresse, et que, dans ce cas, l'adresse n'est que le résultat des forces combinées et employées à propos. Ce que l'on fait primitivement avec dix kilogrammes de forces se réduit ensuite à sept, à cinq, à deux. L'adresse sera la force réduite à deux kilogrammes. Si l'on commençait par une force moindre, on n'arriverait pas à ce résultat. On renouvellera donc souvent les flexions de reins en laissant parfois l'élève retomber dans son affaissement naturel, afin de lui faire bien saisir l'emploi de force qui donnera promptement une bonne position au buste. Le corps étant bien placé, l'instructeur passera 1° à la leçon du bras, laquelle consiste à le mouvoir dans tous les sens, d'abord ployé et ensuite tendu ; 2° à la leçon de la tête ; celle-ci devra tourner à droite et à gauche sans que ses mouvements réagissent sur les épaules.

Dès que la leçon du buste, des bras et de la tête donnera un résultat satisfaisant, ce qui doit arriver au bout de quatre jours (huit leçons), on passera à celle des jambes.

L'élève éloignera autant que possible des quartiers de la selle l'une des deux cuisses ; il la rapprochera ensuite avec un mouvement de rotation de dehors en dedans, afin de la rendre adhérente à la selle par le plus de points de contact possible. L'instructeur veillera à ce que la cuisse ne retombe pas lourdement; elle doit reprendre sa position par un mouvement lentement progressif et sans secousses. Il devra, en outre, pendant la première leçon, prendre la jambe de l'élève et la diriger pour bien faire comprendre la manière d'opérer ce déplacement. Il lui évitera ainsi de la fatigue et obtiendra de plus prompts résultats.

Ce genre d'exercice, très-fatiguant dans le principe, nécessite de fréquents repos, il y aurait inconvénient à prolonger la durée du travail au-delà des forces de l'élève. Les mouvements d'adduction (qui rendent la cuisse adhérente à la selle) et ceux d'abduction (qui l'éloigne) devenant plus faciles, les cuisses auront acquis un liant qui permettra de les fixer à la selle dans une bonne position. On passera alors à la flexion des jambes.

FLEXION DES JAMBES.

L'instructeur veillera à ce que les genoux conservent toujours leur adhérence parfaite avec la selle. Les jambes se mobiliseront comme le pendule d'une horloge, c'est-à-dire que l'élève les remontera jusqu'à toucher le trousquin de la selle avec les talons. Ces flexions répétées rendront les jambes promptement souples, liantes et indépendantes des cuisses. On continuera les flexions de jambes et de cuisses pendant quatre jours (huit leçons). Pour rendre chacun de ces mouvements plus correct et plus facile, on y consacrera huit jours (ou quatorze leçons). Les quatorze jours (trente leçons) qui resteront pour compléter le mois continueront à être employés au travail d'assouplissement en place; seulement, pour que l'élève apprenne à combiner la force de ses bras et celle de ses reins, on lui fera tenir progressivement des poids de cinq à vingt kilogrammes à bras tendu. On commencera cet exercice par la position la moins fatiguante, le bras ployé, la main près de l'épaule, et on poussera cette flexion à la plus grande extension du bras. Le buste ne devra pas se ressentir de ce travail et restera maintenu dans la même position.

DES GENOUX.

La force de pression des genoux se jugera, et même s'obtiendra à l'aide du moyen que je vais indiquer. Ce moyen, qui de prime abord semblera peut-être futile, amènera cependant de très-grands résultats. L'instructeur prendra un morceau de cuir de l'épaisseur de cinq millimètres et long de cinquante centimètres; il placera une des extrémités de ce cuir entre le genou et le quartier de la selle. L'élève fera usage de la force de ses genoux pour ne pas le laisser glisser, tandis que l'instructeur le tirera lentement et progressivement de son côté. Ce procédé servira de dynamomètre pour juger des progrès de la force. Quelques paroles encourageantes placées à propos stimuleront l'amour-propre de chaque élève.

On veillera avec le plus grand soin à ce que chaque force qui agit séparément n'en mette pas d'autres en jeu, c'est-à-dire que le mouvement des bras n'influe jamais sur les épaules; il devra en être de même pour les cuisses, par rapport au tronc; pour les jambes, par rapport aux cuisses, etc., etc. Le déplacement et l'assouplissement de chaque partie isolée, une fois obtenus, on déplacera momentanément le buste et l'assiette, afin d'apprendre au cavalier à se remettre en selle de lui-même. Voici comment on s'y prendra : L'instructeur, placé sur le côté, poussera l'élève par la hanche, de manière à ce que son assiette se trouve portée en dehors du siège de la selle. Avant d'opérer un nouveau déplacement, l'instructeur laissera l'élève se remettre en selle, en ayant soin de veiller à ce que, pour reprendre son assiette, il ne fasse usage que des hanches et des genoux, afin de ne se servir que des parties les plus rapprochées de l'assiette. En effet, le secours des épaules influerait bientôt sur la main, et celle-ci sur le cheval ; le secours des jambes pourrait avoir de plus graves inconvénients encore. En un mot, dans tous les déplacements, on enseignera à l'élève à ne pas avoir recours, pour diriger, aux forces qui maintiennent à cheval, et *vice versa*, à ne pas employer, pour s'y maintenir, celles qui dirigent.

Ce point de l'éducation étant atteint, un mois ne se sera pas écoulé depuis le jour où aura été *hissé* en selle un lourd conscrit normand ou bas-breton, et déjà, à l'aide d'une gymnastique équestre justement combinée et employée, on aura développé les organisations physiques les plus contraires à l'arme à laquelle elles étaient destinées.

L'élève ayant franchi les épreuves préliminaires, attendra avec impatience les premiers mouvements du cheval pour s'y livrer avec l'aisance d'un cavalier déjà expérimenté.

Quinze jours (trente leçons) seront consacrés au pas, au trot et même au galop. Ici l'élève doit uniquement chercher à suivre les mouvements du cheval, en conséquence, l'instructeur l'obligera à ne s'occuper que de sa position et non des moyens de direction à donner au cheval. On exigera seulement que le cavalier marche d'abord droit devant lui, puis en tous sens, une rêne de bridon dans chaque main. Au bout de quatre jours (huit leçons), on pourra lui faire prendre la bride dans la main gauche. On s'attachera à ce que la main droite, qui se trouve libre, reste à côté de la gauche, afin que le cavalier prenne de bonne heure l'habitude d'être placé carrément (les épaules sur la même ligne); le cheval trottera également à droite et à gauche. Lorsque l'assiette sera bien consolidée à toutes les allures, l'instructeur expliquera d'une manière simple les rapports qui existent entre les poignets et les jambes, ainsi que leurs effets séparés (1).

ÉDUCATION DU CHEVAL.

Ici le cavalier commencera l'éducation du cheval en suivant la progression que j'ai indiquée et que l'on retrouvera ci-après. On fera comprendre à

(1) Voir les principes pour l'éducation du cheval

l'élève tout ce qu'elle a de rationnel, et par quelle liaison intime se suivent, dans leurs rapports, l'éducation de l'homme et celle du cheval. Au bout de quatre mois à peine, le cavalier pourra passer à l'école de peloton ; les commandements ne seront plus qu'une affaire de mémoire ; il lui suffira d'entendre pour exécuter, car il sera maître de son cheval.

J'espère que la cavalerie comprendra (comme elle a déjà compris mon mode d'éducation du cheval) tout l'avantage des moyens que j'indique pour tirer le plus large parti possible du peu de temps que chaque soldat reste sous les drapeaux.

J'ai également la conviction que l'emploi de ces moyens rendra prompte et parfaite l'instruction des hommes et des chevaux.

RÉSUMÉ ET PROGRESSION.

	Jours.	Leçons.
1° Flexion des reins pour servir à l'extension du buste.	4	8
2° Rotation, extension des cuisses et flexion des jambes.	4	8
3° Exercice général et successif de toutes les parties.	8	14
4° Déplacement du tronc, exercice des genoux et des bras avec des poids dans les mains.	14	30
5° Position du cavalier sur le cheval au pas, au trot et au galop, pour façonner et fixer l'assiette à ces différentes allures.	15	30
6° Éducation du cheval par le cavalier.	75	150
TOTAL.	120	240

II.

DES FORCES DU CHEVAL.

DE LEURS CAUSES ET DE LEURS EFFETS.

> L'adresse profite avec raison de tous ses stratagèmes pour entraîner dans le piége la violence qui la tient emprisonnée.
> (*Passe-Temps équestres.*)

Le cheval, comme tous les êtres organisés, est doué d'un poids et d'une force qui lui sont propres. Le poids, inhérent à la matière constitutive de l'animal, rend sa masse inerte et tend à la fixer au sol. La force, au contraire, par la faculté qu'elle lui donne de mobiliser ce poids, de le diviser, de le transférer de l'une à l'autre de ses parties, communique le mouvement à tout son être, en détermine l'équilibre, la vitesse, la direction.

Pour rendre cette vérité palpable, supposons un cheval au repos. Son corps sera dans un parfait équilibre, si chacun de ses membres supporte exactement la part de poids qui lui est dévolue dans cette position. S'il veut se porter en avant au pas, il devra préalablement transférer sur les jambes qui resteront fixées au sol le poids qui pèse sur celle qu'il en détachera la première. Il en sera de même pour les autres allures, la translation s'opérant au trot, d'une diagonale à l'autre ; au galop, de l'avant à l'arrière-main, et réciproquement. Il ne faut donc jamais confondre le poids avec la force : celle-ci est déterminante, l'autre lui est subordonné. C'est en reportant le poids sur telles ou telles extrémités que la force les mobilise ou les fixe. La lenteur ou la vitesse des translations détermine les différentes allures, qui sont elles-mêmes justes ou fausses, égales ou inégales, suivant que ces translations s'exécutent avec justesse ou irrégularité.

On comprend que cette puissance motrice se subdivise à l'infini, puisqu'elle est répartie sur tous les muscles de l'animal. Quand ce dernier en détermine lui-même l'emploi, les forces sont *instinctives* ; je les appelle *transmises* (1) lorsqu'elles émanent du cava-

---

(1) Plusieurs pamphlétaires très-*érudits* et *profonds anatomistes* ont beaucoup discuté sur cette expression : *forces transmises*, n'ayant, disaient-ils agréablement, rien trouvé de semblable dans les chevaux qu'ils avaient écorchés à l'école d'Alfort. On reconnaîtra sans doute avec moi que cette bouffonnerie est fort concluante.

Pour parler sérieusement, je déclare qu'en employant l'expression *transmises*, je ne prétends pas créer des forces en principe, mais seulement en fait. Je parviens à diriger et à utiliser des forces qui, par suite de contractions et de résistances, demeuraient complétement inertes, et qui seraient conséquemment comme si elles n'étaient pas. N'est-ce donc point là une espèce de transmission? Au surplus, j'ai adopté ce mot tant épilogué parce qu'il m'a paru propre à rendre mon idée plus clairement que tout autre, et parce que je m'adressais à des écuyers, non à des puristes académiques.

lier. Dans le premier cas, l'homme, dominé par son cheval, reste le jouet de ses caprices; dans le second, au contraire, il en fait un instrument docile, soumis à toutes les impulsions de sa volonté. Le cheval, dès qu'il est monté, ne doit donc plus agir que par des forces transmises. L'application constante de ce principe constitue le vrai talent de l'écuyer.

Mais un tel résultat ne peut s'obtenir instantanément. Le jeune cheval, habitué à régler lui-même, dans sa liberté, l'emploi de ses ressorts, se soumettra d'abord avec peine à l'influence étrangère qui viendra en disposer sans partage. Une lutte s'engagera nécessairement entre le cheval et le cavalier; celui-ci sera vaincu s'il ne possède l'énergie, la patience, et surtout les connaissances nécessaires pour parvenir à ses fins. Les forces de l'animal étant l'élément sur lequel l'écuyer doit agir principalement pour les dompter d'abord et les diriger ensuite, c'est sur elles avant tout qu'il lui importe de fixer son attention. Il étudiera ce qu'elles sont, d'où elles émanent, les parties où elles se contractent le plus pour la résistance, les causes physiques qui peuvent occasionner ces contractions. Dès qu'il saura à quoi s'en tenir sur ce point, il n'emploiera envers son élève que des procédés en rapport avec la nature de ce dernier, et les progrès seront alors rapides.

Malheureusement, on chercherait en vain dans

les auteurs anciens et modernes qui ont écrit sur l'équitation, je ne dirai pas des principes rationnels, mais mêmes des données quelconques sur ce qui se rattache aux forces du cheval. Tous ont bien parlé de *résistances, d'oppositions*, de *légèreté, d'équilibre;* mais aucun n'a su nous dire ce qui cause ces résistances, comment on peut les combattre, les détruire, et obtenir cette légèreté, cet équilibre, qu'ils nous recommandent si instamment. C'est cette grave lacune qui a jeté sur les principes de l'équitation tant de doutes et d'obscurité; c'est elle qui a rendu cet art stationnaire pendant si longtemps; c'est cette lacune enfin que je crois être parvenu à combler.

Et, d'abord, je pose en principe que toutes les résistances des jeunes chevaux proviennent, en premier lieu, d'une cause physique, et que cette cause ne devient morale que par la maladresse, l'ignorance ou la brutalité du cavalier. En effet, outre la roideur naturelle, commune à tous ces animaux, chacun d'eux a une conformation particulière dont le plus ou le moins de perfection constitue le degré d'harmonie existant entre les forces et le poids. Le défaut de cette harmonie occasionne la disgrâce des allures, la difficulté des mouvements, en un mot, tous les obstacles à une bonne éducation. A l'état libre, quelle que soit la mauvaise structure du cheval, l'instinct seul lui suffira pour disposer ses forces de manière à maintenir son équilibre; mais il est des mouvements qui lui seront impossibles jusqu'à ce qu'un travail préparatoire l'ait mis à même de suppléer aux défectuosités de son organisation par un emploi mieux combiné de sa puissance motrice (1). Un cheval ne se met en mouvement qu'à la suite d'une position donnée ; s'il est des forces qui s'opposent à cette position, il faut donc les annuler d'abord pour les remplacer par celles qui pourront seules la déterminer.

Or, je le demande, si avant d'avoir surmonté ces premiers obstacles, le cavalier vient y ajouter le poids de son propre corps et ses exigences ineptes, l'animal n'éprouvera-t-il pas une difficulté plus

---

(1) J'engage beaucoup les amateurs désireux de suivre mes préceptes dans tout ce qu'ils ont de naturel et de méthodique, à bien prendre garde d'y mêler des moyens pratiques qui y sont étrangers et contraires. Dans le nombre de ces grotesques inventions se trouve placé le jockey anglais ou l'homme de bois, auquel de graves auteurs ont attribué des propriétés que la saine équitation réprouve ; en effet, la force permanente du bridon dans la bouche du cheval est une gêne et non pas un avis; elle lui apprend à revenir sur lui-même en s'acculant, pour en éviter la sujétion. A l'aide de cette force brutale, il connaîtra de bonne heure comment il peut éviter les effets de main du cavalier.

C'est à cheval, et par de justes et progressives oppositions de main et de jambes, que l'on trouvera des résultats prompts et infaillibles, résultats qui seront tous en faveur du mécanisme et de l'intelligence du cavalier. Si le cheval présentait quelques difficultés dangereuses, un second cavalier, à l'aide du caveçon, produirait une action suffisante sur le moral du cheval, pour donner le temps à celui qui le monte d'agir physiquement, afin de disposer la masse dans le sens du mouvement qu'on veut exiger Mais, on le voit, il faut une intelligence pour parler intelligiblement au cheval, et non pas une machine fonctionnant sans moteur.

grande encore pour exécuter certains mouvements? les efforts qu'on fera pour l'y astreindre, étant contraires à sa nature, ne devront-ils pas se briser contre cet obstacle insurmontable? il résistera naturellement, et avec d'autant plus d'avantage, que la mauvaise répartition de ses forces suffira à elle seule pour paralyser celles du cavalier. La résistance émane donc ici d'une cause physique : cette cause devient morale dès l'instant où, la lutte se continuant avec les mêmes procédés, le cheval commence à combiner lui-même les moyens de se soustraire au supplice qu'on lui impose, lorsqu'on veut ainsi forcer des ressorts qu'on n'a pas assouplis d'avance.

Quand les choses en sont là, elles ne peuvent qu'empirer. Le cavalier, dégoûté bientôt de l'impuissance de ses efforts, rejettera sur le cheval la responsabilité de sa propre ignorance; il flétrira du nom de *rosse* un animal qui possédait peut-être de brillantes ressources, et dont, avec plus de discernement et d'aptitude, il aurait pu faire une monture aussi docile dans son caractère, que gracieuse et agréable dans ses allures. J'ai remarqué souvent que les chevaux réputés indomptables sont ceux qui développent le plus d'énergie et de vigueur dès qu'on a su remédier aux inconvénients physiques qui empêchaient leur essor. Quant à ceux que, malgré leur mauvaise conformation, on finit par soumettre avec un pareil système à un semblant d'obéissance, il faut en rendre grâce à la mollesse seule de leur nature; s'ils veulent bien s'astreindre à quelques exercices des plus simples, c'est à condition qu'on n'exigera pas davantage, car ils retrouveraient bien vite leur énergie pour résister à des prétentions plus élevées. Le cavalier pourra donc les faire marcher aux différentes allures; mais quel décousu, quelle roideur, quel disgracieux dans leurs mouvements, et quel ridicule de semblables coursiers ne jettent-ils pas sur le malheureux qu'ils ballotent et entraînent ainsi à leur gré, bien plus qu'ils ne se laissent diriger par lui ! Cet état de choses est tout naturel, puisqu'on n'a pas détruit la cause première qui l'engendre : *la mauvaise répartition des forces et la roideur, produites par la mauvaise conformation.*

Mais, va-t-on m'objecter, puisque vous reconnaissez que ces difficultés tiennent à la conformation du cheval, comment est-il possible d'y remédier ? Vous n'avez probablement pas la prétention de changer la structure de l'animal et de réformer l'œuvre de la nature ? Non, sans doute ; mais tout en convenant qu'il est impossible de donner plus d'ampleur à une poitrine étroite, d'allonger une encolure trop courte, d'abaisser une croupe élevée, de raccourcir et d'étoffer des reins longs, faibles et étroits, je n'en soutiens pas moins que si je détruis les contractions diverses occasionnées par ces vices physiques, si j'assouplis les muscles, si je me rends maître des forces au point d'en disposer à volonté, il me sera facile de prévenir ces résistances, de donner plus de ressort aux parties faibles, de modérer celles qui sont trop vigoureuses, et de suppléer ainsi aux mauvais effets d'une nature imparfaite.

De pareils résultats, je ne crains pas de le dire, furent et demeurent interdits à jamais aux anciennes méthodes. Mais si la science de ceux qui professent d'après les vieux errements vient toujours se briser contre le grand nombre des chevaux défectueux, on trouve malheureusement quelques chevaux qui, par la perfection de leur organisation et la facilité d'éducation qui en résulte, contribuent puissamment à perpétuer les routines impuissantes, si funestes aux progrès de l'équitation. Un cheval bien constitué est celui dont toutes les parties, régulièrement harmonisées, amènent l'équilibre parfait de l'ensemble. Il serait aussi difficile à un pareil sujet de sortir de cet équilibre naturel, pour prendre une fausse position et se défendre, qu'il est pénible d'abord au cheval mal constitué de rentrer dans cette juste répartition des forces sans laquelle on ne peut espérer aucune régularité de mouvements.

C'est donc dans l'éducation de ces derniers animaux seulement que consistent les véritables difficultés de l'équitation. Chez les autres, le dressage doit être, pour ainsi dire, instantané, puisque, tous les ressorts étant à leur place, il ne reste plus qu'à les faire mouvoir ; ce résultat s'obtient toujours avec ma méthode. Les anciens principes cependant exigent deux et trois ans pour y parvenir ; et lorsqu'à force de tâtonnements et d'incertitudes l'écuyer doué de quelque tact et de quelque pratique finit par habituer le cheval à obéir aux impressions qui lui sont communiquées, il croit avoir surmonté de grandes difficultés, et attribue à son savoir faire un état naturel que de bons principes auraient procuré en quelques jours. Puis, comme l'animal continue à déployer dans tous ses mouvements la grâce et la légèreté naturelles à sa belle conformation, le cavalier ne se fait nul scrupule de s'en approprier le mérite, se montrant alors aussi présomptueux qu'il était injuste lorsqu'il voulait rendre le cheval mal constitué responsable de l'inefficacité de ses efforts.

Si nous admettons une fois ces vérités :

Que l'éducation du cheval consiste dans la domination complète de ses forces ;

Qu'on ne peut disposer des forces qu'en annulant toutes les résistances ;

Et que les résistances ont leur source dans les contractions occasionnées par les vices physiques ;

Il ne s'agira plus que de rechercher les parties où s'opèrent ces contractions, afin d'essayer de les combattre et de les faire disparaître.

De longues et consciencieuses observations m'ont démontré que, quel que soit le vice de conformation qui s'oppose dans le cheval à la juste répartition des forces, c'est toujours sur l'encolure que s'en fait ressentir l'effet le plus immédiat. Pas de faux mouvement, pas de résistance qui ne soient précédés par la contraction de cette partie de l'animal; et comme la mâchoire est intimement liée à l'encolure, la roideur de l'une se communique instantanément à l'autre. Ces deux points sont l'arc-boutant sur lequel s'appuie le cheval pour annuler tous les efforts du cavalier. On conçoit facilement l'obstacle immense qu'ils doivent présenter aux impulsions de ce dernier, puisque l'encolure et la tête étant les deux leviers principaux par lesquels on détermine et dirige l'animal, il est impossible de rien obtenir de lui tant qu'on ne sera pas entièrement maître de ces premiers et indispensables moyens d'actions. A l'arrière-main, les parties où les forces se contractent le plus pour les résistances sont les reins et la croupe (les hanches).

Les contractions de ces deux extrémités opposées sont mutuellement les unes pour les autres causes et effets, c'est-à-dire que la roideur de l'encolure amène celle des hanches, et réciproquement. On peut donc les combattre l'une par l'autre; et dès qu'on aura réussi à les annuler, dès qu'on aura rétabli l'équilibre et l'harmonie qu'elles empêchaient entre l'avant et l'arrière-main, l'éducation du cheval sera à moitié faite. Je vais indiquer par quels moyens on y parviendra infailliblement.

III.

LES ASSOUPLISSEMENTS.

> Les démarches qui paraissent inutiles amènent souvent des résultats inattendus.
> (*Passe-Temps équestres.*)

Cet ouvrage étant l'exposé d'une méthode qui renverse la plupart des anciens principes de l'équitation, il est bien entendu que je ne m'adresse qu'aux hommes déjà versés dans l'art, et qui joignent à une assiette assurée une assez grande habitude du cheval pour comprendre tout ce qui se rattache à son mécanisme. Je ne reviendrai donc pas sur les procédés élémentaires ; c'est à l'instructeur à juger si son élève possède un degré convenable de solidité, s'il est suffisammeut en rapport d'enveloppe avec son cheval ; car, en même temps qu'une bonne position produit cette identification , elle favorise le jeu facile et régulier des extrémités du cavalier.

Mon but ici est de traiter principalement de l'éduçation du cheval ; mais cette éducation est trop intimement liée à celle du cavalier, pour qu'il soit possible de faire progresser l'une sans l'autre. En expliquant les procédés qui devront amener la perfection chez l'animal, j'apprendrai nécessairement à l'écuyer à les appliquer lui-même; il ne tiendra qu'à lui de professer demain ce que je lui démontre aujourd'hui. Il est une chose cependant qu'aucun précepte ne peut donner ; c'est cette finesse de tact, cette délicatesse de sentiment équestre qui n'appartiennent qu'aux organisations privilégiées, et sans lesquelles on chercherait en vain à dépasser certaines limites. Cela dit, revenons à notre sujet.

Nous connaissons maintenant quelles sont les parties du cheval qui se contractent le plus pour les résistances, et nous sentons la nécessité de les assouplir. Chercherons-nous dès lors à les attaquer, à les exercer toutes ensemble, pour les soumettre du même coup? Non, sans doute, ce serait retomber dans les anciens errements, et nous sommes convaincus de leur inefficacité. L'animal est doué d'une puissance musculaire infiniment supérieure à la nôtre ; ses forces instinctives pouvant en outre se soutenir les unes par les autres, nous serons inévitablement vaincus si nous les surexcitons toutes à la fois. Puisque les contractions ont leur siége dans des parties séparées, sachons profiter de cette division pour les combattre successivement, à l'exemple de ces généraux habiles qui détruisent en détail des forces auxquelles ils n'auraient pu résister en masse.

Du reste, quels que puissent être l'âge, les dispositions et la structure de mon élève, mes procédés, en débutant, seront toujours les mêmes. Les résultats seulement seront plus ou moins prompts et faciles, suivant le degré de perfection de sa nature et l'influence de la main à laquelle il aura pu être soumis antérieurement. L'assouplissement qui, chez un cheval bien constitué, n'aura d'autre but que de préparer ses forces à céder à nos impulsions, devra de plus rétablir le calme et la confiance s'il s'agit d'un cheval mal mené, et faire disparaître, dans une conformation défectueuse, les contractions, causes des résistances et de l'opposition à un équilibre parfait. Les difficultés à surmonter seront en raison de cette complication d'obstacles, qui tous disparaîtront bien vite, moyennant un peu de persévérance de notre part. Dans la progression que nous allons suivre pour soumettre à l'assouplissement les diverses parties de l'animal, nous commencerons naturellement par les plus importantes, c'est-à-dire par la mâchoire et l'encolure.

La tête et l'encolure du cheval sont à la fois le gouvernail et la boussole du cavalier. Par elles il dirige l'animal; par elles aussi il peut juger de la régularité, de la justesse de son mouvement. L'équilibre de tout le corps est parfait, sa légèreté complète, lorsque l'encolure et la tête sont elles-mêmes aisées, liantes et gracieuses. Nulle élégance, au contraire, nulle facilité dans l'ensemble, dès que ces deux parties se roidissent. Précédant le corps du cheval dans toutes ses impulsions, elles doivent préparer d'avance, indiquer par leur attitude les positions à prendre, les mouvements à exécuter. Nulle domination n'est permise au cavalier tant qu'elles restent contractées et rebelles; une fois qu'elles sont flexibles et maniables, il dispose de l'animal à son gré. Si la tête et l'encolure n'entament pas, les premières, les changements de direction, si dans les marches circulaires elles ne se maintiennent pas inclinées sur la ligne courbe, si pour le reculer elles ne se replient pas sur elles-mêmes, et si leur légèreté n'est pas toujours en rapport avec les différentes allures qu'on voudra prendre, le cheval sera libre d'exécuter ou non ces mouvements, puisqu'il restera maître de l'emploi de ses forces.

Lorsque j'eus reconnu la puissante influence que la roideur de l'encolure exerce sur tout le mécanisme du cheval, je recherchai attentivement les moyens d'y remédier. Les résistances à la main sont toujours latérales, hautes ou basses. Je plaçai d'abord dans l'encolure seule la source de ces résistances, et je m'exerçai à assouplir l'animal par des flexions réitérées dans tous les sens. Le résultat fut immense; mais quoique, au bout d'un certain temps, la souplesse de l'encolure me rendît parfaitement maître des forces de l'avant-main, j'éprouvai cependant encore une légère résistance dont je ne pouvais d'abord me rendre compte; je découvris enfin qu'elle provenait de la mâchoire. La flexibilité que j'avais communiquée à l'encolure facilitait même cette roideur des muscles de la ganache, en permettant au cheval de se soustraire, dans certain cas, à l'action du mors. J'avisai donc immédiatement aux moyens de combattre ces résistances dans ce dernier retranchement, et c'est par là, depuis lors, que je commence toujours mon travail d'assouplissement.

PREMIER EXERCICE A PIED.

MOYEN DE FAIRE VENIR LE CHEVAL A L'HOMME, DE LE RENDRE SAGE AU MONTOIR, ETC., ETC.

Avant de commencer les exercices de flexions, il est essentiel de donner au cheval une première leçon d'assujétissement et de lui faire connaître toute la puissance de l'homme. Ce premier acte de soumission, qui pourrait paraître sans importance, servira promptement à le rendre calme, confiant, à réprimer tous les mouvements qui détourneraient son attention et feraient obstacle au succès de notre commencement d'éducation.

Deux leçons d'une demi-heure suffiront pour obtenir l'obéissance préparatoire chez tous les chevaux; le plaisir que l'on éprouvera à se jouer ainsi avec le cheval portera naturellement le cavalier à continuer cet exercice tous les jours pendant quelques minutes, et à le rendre aussi instructif pour le cheval qu'utile pour lui-même. Voici comment on s'y prendra : le cavalier s'approchera du cheval, sa cravache sous le bras, sans brusquerie ni timidité, il lui parlera sans trop élever la voix, et le flattera de la main sur le chanfrein et sur l'encolure, puis, avec la main gauche, il saisira les rênes de la bride, à 16 centimètres des branches du mors, en soutenant le poignet avec assez d'énergie pour présenter autant de force que possible dans les instants de résistance du cheval. La cravache sera tenue à pleine main de la main droite, la pointe vers la terre, puis elle s'élèvera lentement jusqu'à la hauteur du poitrail pour en frapper délicatement cette partie à une seconde d'intervalle. Le premier mouvement naturel du cheval sera de fuir en s'éloignant du côté opposé à celui où il ressentira la douleur. C'est par le reculer qu'il cherchera à éviter les atteintes. Le cavalier suivra ce mouvement rétrograde sans discontinuer toutefois la tension énergique des rênes de la bride, ni les petits coups de cravache sur le poitrail; il les appliquera toujours avec la même intensité. Le cavalier devra rester maître de ses impressions, afin qu'il n'y ait dans ses mouvements et dans son regard aucun indice de colère ni de faiblesse. Fatigué de ces effets de contrainte, le cheval cherchera bientôt par un autre mouvement à éviter la sujétion, et c'est en se portant en avant qu'il y parviendra; le cavalier saisira ce second mouvement instinctif pour l'arrêter et flatter l'animal du geste et de la voix. La répétition de cet exercice donnera des résultats surprenants même à la première leçon. Le cheval, ayant bien compris le moyen à l'aide duquel il peut éviter la douleur, n'attendra pas le contact de la cravache, il le préviendra en s'avançant forcément au moindre geste. Le cavalier en profitera pour opérer avec la main de la bride, par une force de haut en bas, l'affaissement de l'encolure et des effets de mise en main (1), il disposera ainsi de bonne heure le cheval pour les exercices qui doivent suivre. Ce travail, d'ailleurs très-récréatif, servira de plus à rendre le cheval sage au montoir, abrégera de beaucoup son éducation, et accélérera le développement de son intelligence. Dans le cas où, par suite de sa nature inquiète ou sauvage, le cheval se livrerait à des mouvements désordonnés, on devrait avoir recours au caveçon, comme moyen de répression, et l'employer par petites saccades. J'ajouterai qu'il faut une grande prudence et beaucoup de discernement pour s'en servir avect tact et modération.

(1) MM. les écuyers allemands ne verront pas sans quelque surprise la position affaissée que je fais prendre forcément à la tête et à l'encolure, tandis qu'ils recommandent exactement l'opposé. C'est ce qui prouve jusqu'à l'évidence que nous ne comprenons pas l'équilibre ni l'éducation du cheval de la même manière.

FLEXION DE LA MACHOIRE.

> On se soumet au langage de la raison ; mais on résiste à l'interpellation de l'impudence.
> (*Passe-Temps équestres.*)

Les flexions de la mâchoire, ainsi que les deux flexions de l'encolure qui vont suivre, s'exécutent en place, le cavalier restant à pied. Le cheval sera amené sur le terrain, sellé et bridé, les rênes passées sur l'encolure. Le cavalier vérifiera d'abord si le mors est bien placé et si la gourmette est attachée de manière à ce qu'il puisse introduire son doigt entre les mailles et la barbe. Puis, regardant l'animal avec bienveillance dans les yeux, il viendra se placer en avant de son encolure, près de la tête, le corps droit et ferme, les pieds un peu écartés pour assurer sa base, et se mettre à même de lutter avec avantage contre toutes les résistances (1).

---

(1) J'ai divisé toutes les flexions en deux parties, et afin de faciliter l'intelligence du texte, j'y ai joint des planches représentant la position du cheval au moment où la flexion va commencer et à l'instant où elle est terminée.

1° Pour exécuter la flexion à droite, le cavalier saisira la rêne droite de la bride avec la main droite, à seize centimètres de la branche du mors, et la rêne gauche avec la main gauche, à dix centimètres seulement de la branche gauche. Ils rapprochera ensuite la main droite de son corps en éloignant la gauche de manière à contourner le mors dans la bouche du cheval. La force qu'il emploiera devra être graduée et proportionnée à la résistance seule de l'encolure et de la mâchoire, afin de ne pas influer sur l'aplomb qui donne l'immobilité au corps. Si le cheval reculait pour éviter la flexion, on n'en continuerait pas moins l'opposition des mains, lesquelles, dans ce cas, se porteraient en avant, afin de faire opposition à la force qui produit l'acculement et d'attirer le cheval à soi. Si l'on a pratiqué complétement et avec soin le travail précédent, à l'aide de la cravache il sera facile d'arrêter ce mouvement rétrograde, qui est un puissant obstacle à toutes espèces de flexions de mâchoire et d'encolure. (*Planche n° 1*).

2° Dès que la flexion sera obtenue, la main gauche laissera glisser la rêne gauche à la même longueur que la droite, puis les deux rênes également tendues amèneront la tête près du poitrail pour l'y maintenir oblique et perpendiculaire, jusqu'à ce qu'elle se soutienne d'elle-même dans cette position. Le cheval, en mâchant son mors, constatera la mise en main ainsi que sa parfaite soumission. Le cava-

Page 148.   Planche N°1.

Page 149.   Planche N°2.

Lith. H. Junnin.

lier, pour le récompenser, fera cesser immédiatement la tension des rênes, et lui permettra, après quelques secondes, de reprendre sa position naturelle. (*Planche* 2.)

La flexion de la mâchoire à gauche s'exécutera d'après les mêmes principes et par les moyens inverses de la flexion à droite, le cavalier ayant soin de passer alternativement de l'une à l'autre.

On comprendra facilement l'importance de ces flexions de mâchoire. Elles ont pour résultat de préparer le cheval à céder immédiatement aux plus légères pressions de mors, et d'assouplir directement les muscles qui joignent la tête à l'encolure. La tête devant précéder et déterminer les diverses attitudes de l'encolure, il est indispensable que cette dernière partie soit toujours assujétie à l'autre, et réponde à ses impulsions. Cela n'aurait lieu qu'imparfaitement avec la flexibilité seule de l'encolure, puisque ce serait alors celle-ci qui déterminerait l'obéissance de la tête en l'entraînant dans son mouvement. Voilà pourquoi, dans le principe, j'éprouvais, malgré le liant de l'encolure, des résistances dont je ne pouvais deviner la cause. Les partisans de ma méthode auxquels je n'ai pas eu l'occasion de faire connaître le nouveau moyen que je viens d'expliquer, apprendront avec plaisir que, tout en perfectionnant la flexibilité de l'encolure, ce procédé procure encore, pour compléter l'assouplissement, une grande économie de temps.

Le travail de la mâchoire, en façonnant les barres et la tête, entraîne aussi la flexion de l'encolure, et accélère considérablement la mise en main.

Cet exercice est le premier essai que nous faisons pour habituer les forces du cheval à céder aux nôtres. Il est donc bien nécessaire de mettre dans nos manutentions la plus grande mesure, afin de ne pas le rebuter au premier abord. Entamer la flexion brusquement serait surprendre péniblement l'intelligence de l'animal, qui n'aurait pas eu le temps de comprendre ce qu'on exige de lui. L'opposition des mains s'engagera sans à-coup, pour ne plus cesser jusqu'à parfaite obéissance, à moins cependant que le cheval ne s'accule ; mais elle diminuera ou augmentera son effet en proportion de la résistance, de manière à la dominer toujours sans trop la forcer. Le cheval, qui d'abord se soumettra peut-être difficilement, finira par considérer la main de l'homme comme un régulateur irrésistible, et il s'habituera si bien à lui obéir, qu'on obtiendra bientôt, par une simple pression de rêne, ce qui, dans le principe, exigeait toute la force de nos bras.

Chaque renouvellement des flexions latérales amènera un progrès dans l'obéissance du cheval. Dès que ses premières résistances seront un peu diminuées, on passera aux flexions perpendiculaires ou affaissement de l'encolure.

Page 151. Planche N°3.

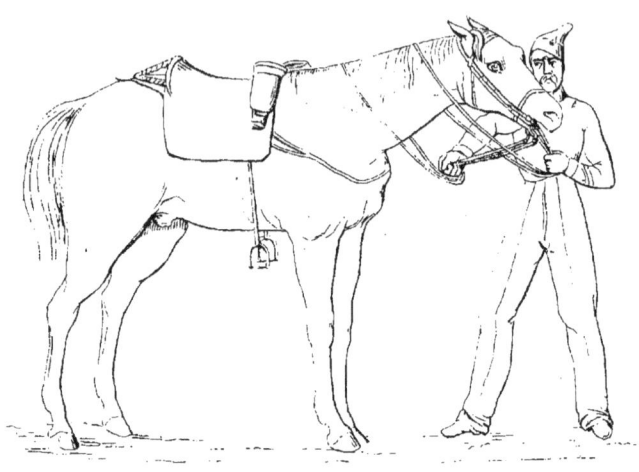

Page 151. Planche N°4.

Lith. H. Jannin.

AFFAISSEMENT DE L'ENCOLURE PAR LA FLEXION DIRECTE
DE LA MACHOIRE.

1° Le cavalier se placera comme pour les flexions latérales de la mâchoire ; il saisira les rênes du filet avec la main gauche, à seize centimètres des anneaux, et les rênes de la bride à six centimètres du mors. Il fera opposition des deux mains en opérant l'affaissement avec la gauche et la mise en main avec la droite. (*Planche* 3.)

2° Lorsque la tête du cheval tombera d'elle-même et par son propre poids, le cavalier cessera immédiatement toute espèce de force, et permettra à l'animal de reprendre sa position naturelle. (*Planche* 4.)

Cet exercice, souvent réitéré, amènera bientôt l'assouplissement des muscles releveurs de l'encolure, lesquels jouent un grand rôle dans les résistances du cheval, et facilitera en outre les flexions directes et la mise en main, qui devront suivre les flexions latérales. Le cavalier pourra exécuter ce travail à lui seul, comme le précédent ; cependant il serait bon de placer en selle un second cavalier, afin d'habituer le cheval, sous l'homme, au travail des assouplissements. Ce second cavalier se contenterait alors de tenir, sans les tendre, les rênes du bridon dans la main droite, les ongles en dessous.

Les flexions de la mâchoire ont déjà communiqué l'assouplissement à l'extrémité supérieure de l'encolure ; mais nous l'avons obtenu au moyen d'un moteur puissant et direct, et il faut habituer le cheval à céder à un régulateur moins immédiat. Il est d'ailleurs important que le liant et la flexibilité, nécessaires principalement à la partie antérieure de l'encolure, se transmettent sur toute son étendue, pour en détruire complétement la roideur.

La force de haut en bas, pratiquée avec le bridon, n'agissant que par les montants sur le haut de la tête, exige souvent un temps trop long pour amener le cheval à la baisser. Dans ce cas, il faudrait croiser les deux rênes du bridon en prenant la rêne gauche avec la main droite et la rêne droite avec la main gauche, à dix-sept centimètres de la bouche du cheval, de manière à exercer une pression assez forte sur la barbe. Cette force, ainsi que toutes les autres, se continuera jusqu'à ce que le cheval ait cédé. Les flexions réitérées, avec cet agent plus puissant, le mettront à même de répondre au moyen indiqué précédemment. Si le cheval répondait aux premières flexions représentées par la planche 4, il serait inutile de se servir de celle-ci. (*Planche* 5.)

On peut encore agir directement sur la mâchoire de manière à la rendre promptement mobile. A cet effet, on prendra, je suppose, la rêne gauche

pc 152. Planche N.º 5.

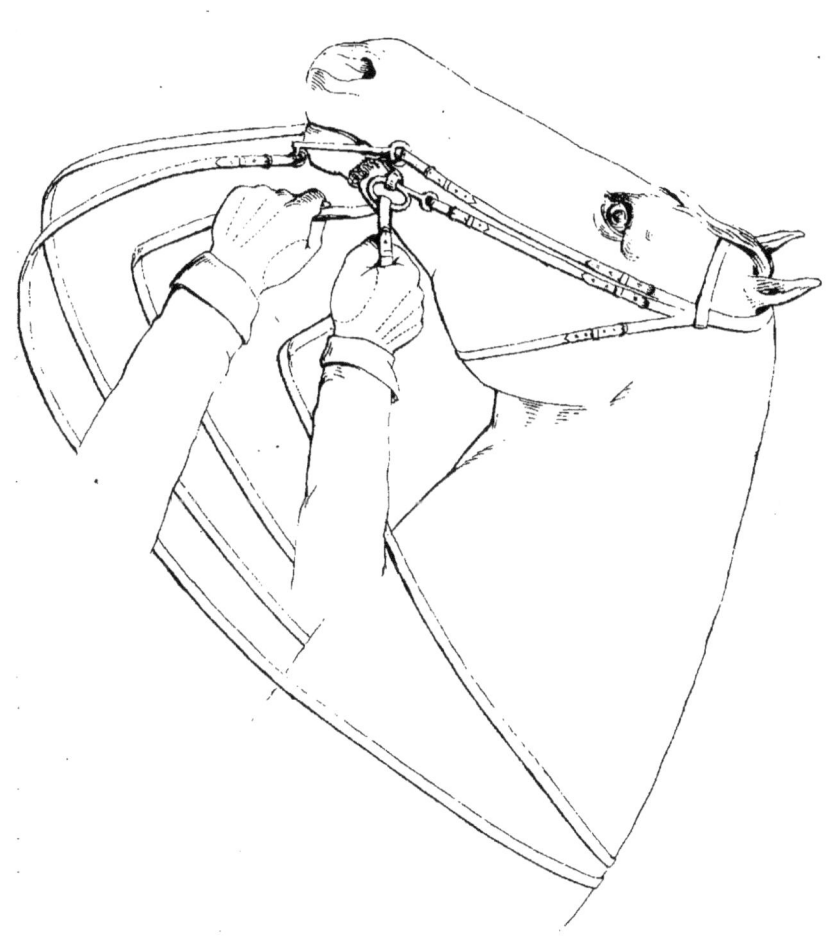

Page 153. Planche N° 6.

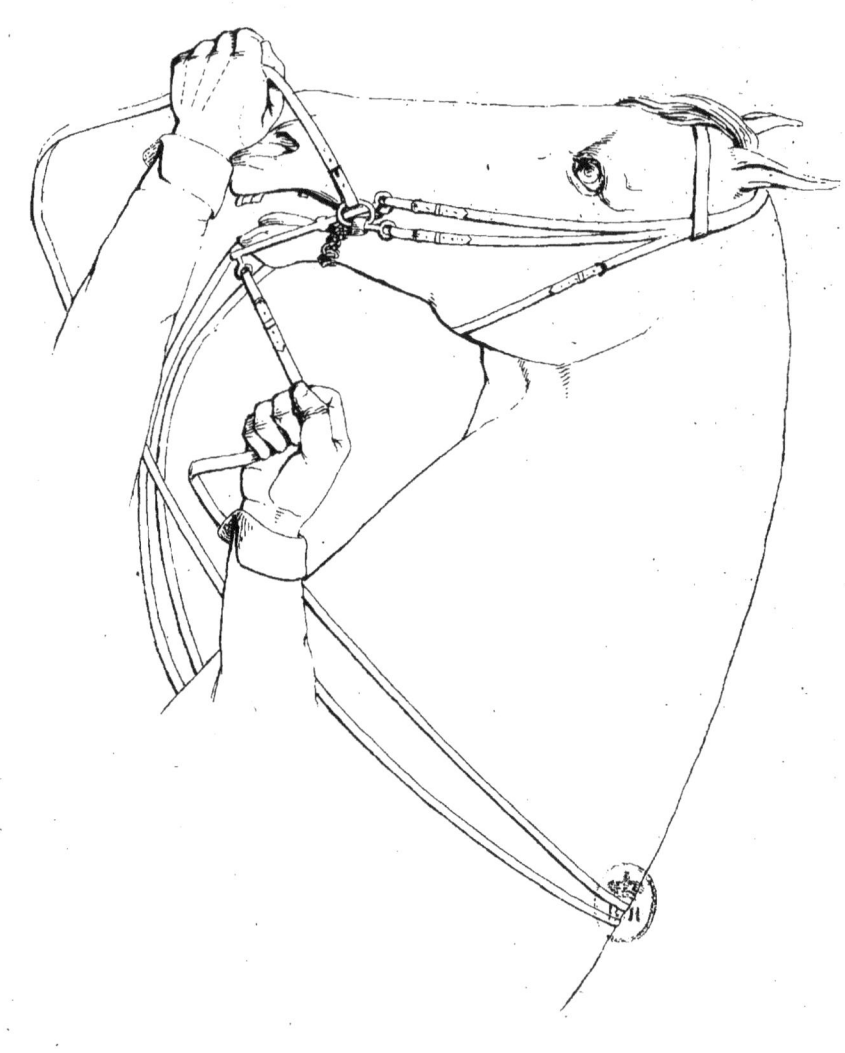

de la bride à 17 centimètres de la bouche du cheval, on la tirera directement vers l'épaule gauche, on donnera en même temps une tension à la rêne gauche du bridon en avant, de manière à ce que les poignets du cavalier, tenant les deux rênes, soient en regard sur la même ligne. Ces deux forces opposées amèneront bientôt l'éloignement des mâchoires et le terme de la résistance. La force doit toujours être proportionnée à celle du cheval, soit dans sa résistance, soit dans sa légèreté. Ainsi, au moyen de cette force directe, il suffira de quelques leçons pour donner à la partie dont il s'agit un liant que l'on n'aurait pas obtenu aussi promptement par tout autre moyen. (*Planche* 6.)

FLEXIONS LATÉRALES DE L'ENCOLURE.

1° Le cavalier se placera près de l'épaule du cheval comme pour les flexions de mâchoire ; il saisira la rêne droite du bridon, qu'il tendra en l'appuyant sur l'encolure, pour établir un point intermédiaire entre l'impulsion qui viendra de lui et la résistance que présentera le cheval ; il soutiendra la rêne gauche avec la main gauche à trente-trois centimètres du mors. Dès que le cheval cherchera à éviter la tension constante de la rêne droite en inclinant sa tête à droite, le cavalier laissera glisser la rêne gauche, afin de ne présenter aucune opposition à la flexion de l'encolure. Cette rêne gauche devra se soutenir par une succession de petites tensions spontanées, chaque fois que le cheval cherchera à se soustraire par la croupe à l'assujétissement de la rêne droite. (*Planche* 7.)

2º Lorsque la tête et l'encolure auront complétement cédé à droite, le cavalier donnera une égale tension aux deux rênes pour placer la tête perpendiculairement. Le liant et la légèreté suivront bientôt cette position, et aussitôt que le cheval constatera l'absence de toute roideur par l'action de *mâcher son frein*, le cavalier fera cesser la tension des rênes, en prenant garde que la tête ne profite de ce moment d'abandon pour se déplacer brusquement. Dans ce cas, il suffirait pour la contenir d'un léger soutien de la rêne droite. Après avoir maintenu le cheval quelques secondes dans cette attitude, on le remettra en place en soutenant un peu la rêne gauche. L'important est que l'animal, dans tous ses mouvements, ne prenne de lui-même aucune initiative. (*Planche* 8.)

La flexion de l'encolure à gauche s'exécutera d'après les mêmes principes, mais par les moyens inverses. Le cavalier pourra renouveler avec les rênes de la bride ce qu'il aura fait d'abord avec celle du bridon ; cependant le bridon devra toujours être employé en premier lieu, son effet étant moins puissant et plus direct.

Page 154.   Planche 7.

Page 155.   Planche 8.

Lith. H. Jannin.

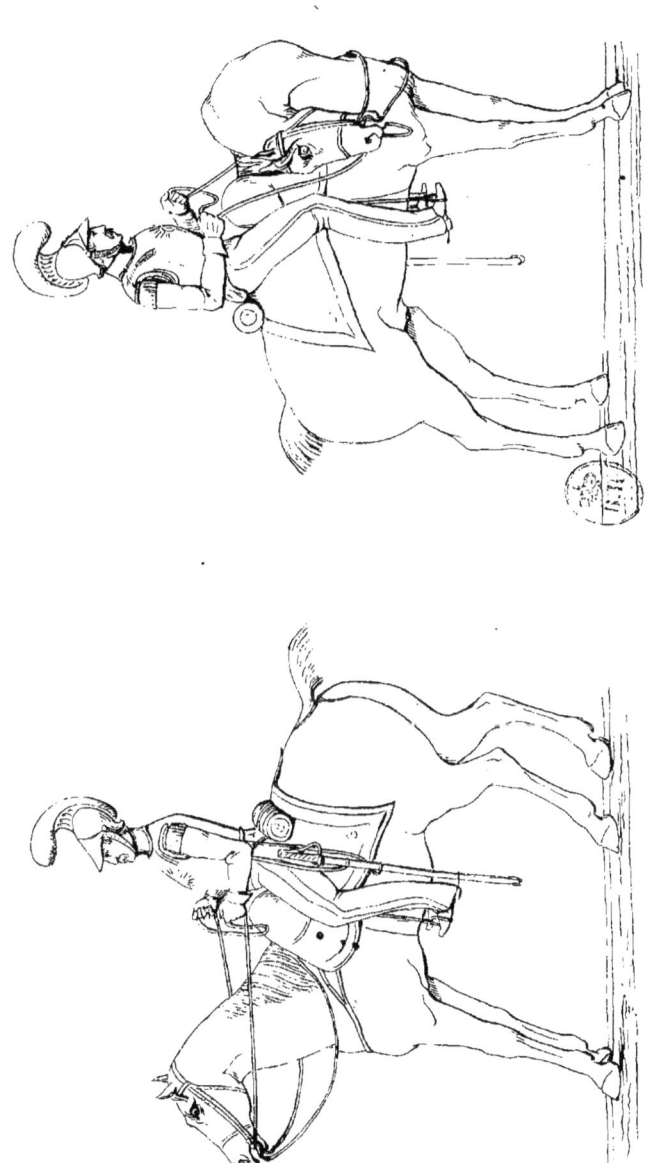

Planche 9. Page 155.

Planche 10. Page 156.

Lorsque le cheval se soumettra sans résistance aux exercices précédents, ce sera une preuve que l'assouplissement de l'encolure a déjà fait un grand pas. Le cavalier pourra dès lors continuer son travail en agissant avec un moteur moins direct, et sans que sa vue impressionne l'animal. Il se mettra donc en selle, et commencera par renouveler, avec la longueur des rênes, les flexions latérales auxquelles il a déjà exercé le cheval.

FLEXIONS LATÉRALES DE L'ENCOLURE, LE CAVALIER ÉTANT A CHEVAL.

1° Pour exécuter la flexion à droite, le cavalier prendra une rêne de bridon dans chaque main, la gauche sentant à peine l'appui du mors; la droite, au contraire, donnant une impression modérée d'abord, mais qui augmentera en proportion de la résistance du cheval, et de manière à la dominer toujours. L'animal, fatigué bientôt d'une lutte qui, en se prolongeant, rend plus vive la douleur provenant du mors, comprendra que le seul moyen de l'éviter est d'incliner la tête du côté où se fait sentir la pression. (*Planche* 9.).

2° Dès que la tête du cheval aura été ramenée à droite, la rêne gauche formera opposition, pour empêcher le nez de dépasser la perpendiculaire. On doit attacher une grande importance à ce que la tête reste toujours dans cette position, la flexion sans cela serait imparfaite et la souplesse incomplète. Le mouvement régulièrement accompli, on fera reprendre au cheval sa position naturelle par une légère tension de la rêne gauche. (*Planche* 10.)

La flexion à gauche s'exécutera de même, le cavalier employant alternativement les rênes du bridon et celles de la bride.

J'ai dit qu'il faut s'attacher surtout à assouplir l'extrémité supérieure de l'encolure. Une fois à cheval, et lorsque les flexions latérales s'obtiendront sans résistance, le cavalier se contentera souvent de les exécuter à demi, la tête et la première partie de l'encolure pivotant alors sur la partie inférieure, qui servira d'axe ou de base. Cet exercice se renouvellera fréquemment, même lorsque l'éducation du cheval sera terminée, pour entretenir le liant et faciliter la mise en main.

. Il nous reste maintenant, pour compléter l'assouplissement de la tête et de l'encolure, à combattre les contractions qui occasionnent les résistances directes et s'opposent au *ramener*.

FLEXIONS DIRECTES DE LA TÊTE ET DE L'ENCOLURE,
OU RAMENER.

1º Le cavalier se servira d'abord des rênes du bridon, qu'il réunira dans la main gauche et tien-

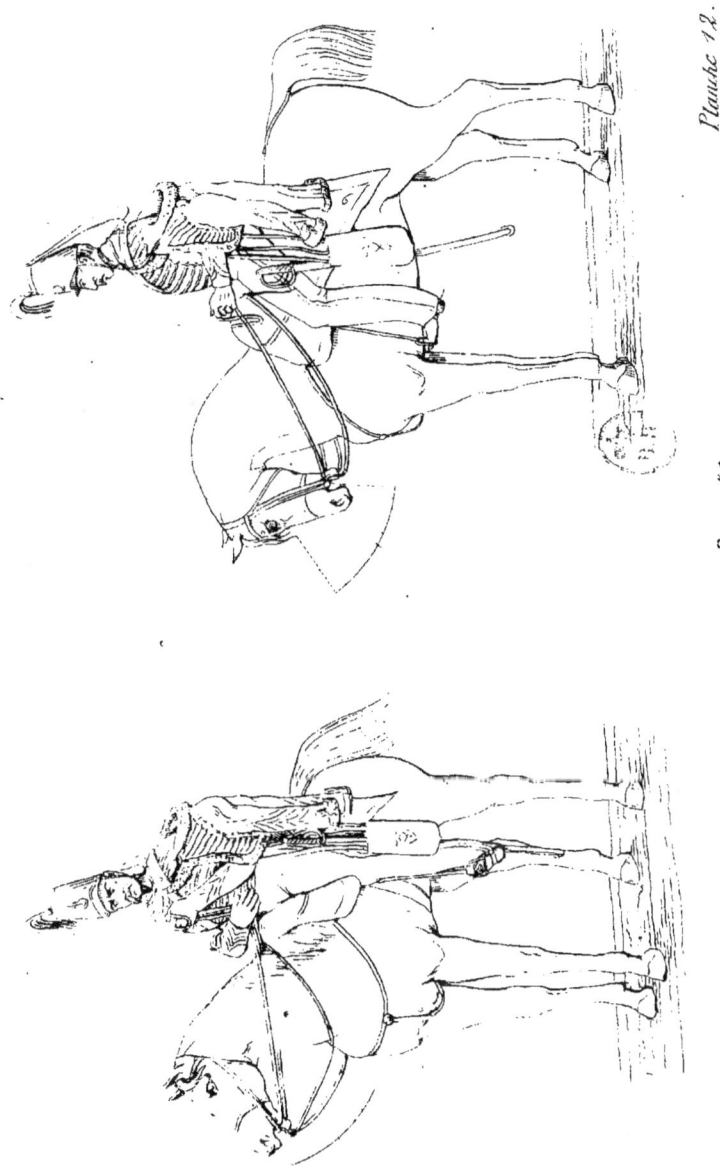

dra comme celles de la bride. Il appuiera la main droite *de champ* sur les rênes en avant de la main gauche, afin de donner à la première une plus grande puissance; après quoi il fera sentir progressivement l'appui du mors de bridon. Dès que le cheval cédera, il suffira de soulever la main droite pour diminuer la tension des rênes et récompenser l'animal. La main ne devant jamais présenter qu'une force proportionnée à la résistance seule de l'encolure, on n'aura qu'à tenir les jambes légèrement près pour fixer l'arrière-main. Lorsque le cheval obéira à l'action du bridon, il cédera bien plus promptement à celle de la bride, dont l'effet est plus puissant ; c'est dire assez que la bride devra par conséquent être employée avec plus de ménagement que le filet. (*Planche* 11.)

2° Le cheval aura complétement cédé à l'action de la main, lorsque sa tête se trouvera ramenée dans une position tout à fait perpendiculaire à la terre ; la contraction cessera dès lors, ce que l'animal constatera comme toujours en mâchant son frein. Le cavalier, cependant, doit avoir soin de compléter exactement la flexion sans se laisser tromper par les feintes du cheval, feintes qui consistent dans un quart ou un tiers de cession, suivi de bégayements. Si, par exemple, le nez de l'animal, ayant à parcourir pour atteindre la position perpendiculaire une courbe de dix degrés (*Planche* 11), s'arrêtait au 4ᵉ ou au 6ᵉ pour résister de nouveau, la main devrait suivre le mouvement, puis rester ferme et impassible, car une concession de sa part encouragerait les résistances et augmenterait les difficultés. Ce n'est que lorsque le nez sera descendu au n° 10, que le ramener sera complet et la légèreté parfaite. Le cavalier pourra cesser alors la tension des rênes, mais de manière à retenir la tête dans cette position dès qu'elle voudra la quitter. Si dans le principe on la laisse revenir dans sa situation naturelle, ce devra être pour la ramener de nouveau, et faire comprendre à l'animal que l'attitude perpendiculaire de sa tête est la seule qui lui restera permise sous la main du cavalier. On doit tout d'abord habituer le cheval à supporter les jambes pour arrêter tous les mouvements rétrogrades de son corps, mouvements qui le mettraient à même d'éviter les effets de la main, ou feraient naître des points d'appui ou des arcs-boutants propres à augmenter les moyens de résistance. (*Planche* 12.)

Cette flexion est la plus importante de toutes; les autres tendaient principalement à la préparer. Dès qu'elle s'exécutera avec aisance et promptitude, dès qu'il suffira d'un léger appui de la main pour ramener et maintenir la tête dans la position perpendiculaire (1), ce sera une preuve que l'assouplisse-

---

(1) D'habiles écuyers, non moins habiles anatomistes, ont prétendu que cette position est *forcée*. Ce sont là de ces assertions qui se réfutent non par le raisonnement, mais par un simple appel à l'évidence.

ment est complet, la contraction détruite, la légéreté et l'équilibre rétablis dans l'avant-main. La direction de cette partie de l'animal deviendra dès lors aussi facile que naturelle, puisque nous l'aurons mis à même de recevoir toutes nos impressions, et de s'y plier sur-le-champ sans efforts. Quant aux fonctions des jambes, il faut qu'elles soutiennent l'arrière-main du cheval pour obtenir *le ramener*, de façon à ce qu'il ne puisse éviter l'effet de la main par un mouvement rétrograde du corps. Cette mise en main complète est nécessaire pour chasser les jambes de derrière sous le centre. Dans le premier cas, on agit sur l'avant-main, dans le second, sur l'arrière-main ; le premier moyen sert au *ramener*, le second au *rassembler*.

EFFETS D'ENSEMBLE.

J'ai publié quatre éditions de ma *Méthode*, sans consacrer un article spécial aux effets d'ensemble. Quoique j'en fisse moi-même un emploi très-fréquent, je ne m'étais pas suffisamment rendu compte de l'importante nécessité de ce principe en matière d'enseignement ; je n'avais pas attaché à cet effet fréquent des aides toute la portée que je lui ai reconnue après de nouvelles expériences.

Appelé à l'école de Saumur, et chargé de démontrer à soixante-douze officiers tous les principes de ma méthode en sept semaines, j'ai dû m'appesantir davantage sur les points principaux et essentiels. Les effets d'ensemble, dont je n'avais parlé que vaguement, laissaient une lacune dans la classification de mes moyens d'éducation ; je vais tâcher de la remplir.

Les effets d'ensemble s'entendent de la force continue et justement opposée entre la main et les jambes. Ils doivent avoir pour but de ramener dans la position d'équilibre toutes les parties du cheval qui s'en écartent, afin de l'empêcher de se porter en avant, sans qu'il recule, et *vice versa ;* enfin ils serviront à arrêter le mouvement de droite à gauche ou de gauche à droite. C'est encore par ce moyen qu'on arrivera à répartir également le poids de la masse sur les quatre jambes, et que l'on produira l'immobilité momentanée. L'effet d'ensemble doit précéder et suivre chaque exercice dans la limite graduée qui lui est assignée. Il est essentiel, lorsqu'on emploie les aides pendant ce travail, de faire toujours précéder l'action des jambes, pour empêcher le cheval de s'acculer, car il trouverait alors, dans ce mouvement, des points d'appui propres à augmenter ses résistances. Ainsi toute mobilité des extrémités, provenant du cheval, dans quelque mouvement que ce soit, devra être arrêtée par un effet d'ensemble ; chaque fois enfin que les forces se disperseront, le cavalier trouvera un correctif puissant et infaillible dans l'emploi des effets d'ensemble.

C'est en disposant toutes les parties du cheval dans l'ordre le plus exact qu'on lui transmettra facilement l'impulsion qui doit servir aux mouvements réguliers de ses extrémités; c'est alors aussi qu'on parlera à sa compréhension et qu'il appréciera ce que l'on veut exiger de lui; puis, viendront les caresses de la main et de la voix comme effet moral; elles ne devront se pratiquer, toutefois, qu'après les justes exigences de main et de jambes du cavalier.

ENCAPUCHONNEMENT.

Bien que les chevaux disposés par leur nature à l'encapuchonnement soient rares, il n'en faut pas moins, quand il s'en présente, pratiquer sur eux toutes les flexions, même celles qui abaissent l'encolure. Dans la position qu'on appelle encapuchonnement, le menton du cheval revient près du poitrail et reste en contact avec la partie inférieure de l'encolure; une croupe trop élevée, jointe à la contraction permanente des muscles abaisseurs de l'encolure, en est ordinairement la cause. Il faut donc assouplir ces muscles pour leur faire perdre de leur intensité et donner par la suite aux muscles releveurs, leurs antagonistes, la prédominance qui aide et conduit l'encolure à rester dans une belle et utile position. Ce premier travail accompli, on habituera le cheval à se porter franchement en avant par la pression des jambes et à répondre sans irritation ni brusquerie aux attaques; celles-ci auront pour but d'engager les jambes de derrière près du centre et de servir à l'abaissement de la croupe. On cherchera ensuite, à l'aide des rênes de la bride, à élever la tête du cheval; dans ce cas, on soutiendra la main à une certaine hauteur de la selle et très-éloignée du corps (1); la force qu'elle transmettra au cheval devra se continuer jusqu'à ce qu'il ait cédé par un mouvement d'élévation. Comme ces sortes de chevaux ont généralement peu d'action, il faut avoir bien soin d'éviter que la main produise un effet d'avant en arrière, c'est-à-dire qu'elle prenne sur l'impulsion propre au mouvement. L'allure, en commençant par le pas, doit donc conserver toute son énergie pendant que la

---

(1) Cette position de la main à une grande distance de la selle et du corps prêtera peut-être à la critique; mais que le cavalier se rassure; huit ou dix leçons suffiront pour que le cheval change sa position de tête et que la main reprenne sa position normale.

main produira son effet d'élévation sur l'encolure. Ce précepte, par parenthèse, est applicable dans tous les changements de position que la main fera prendre à la tête et à l'encolure; mais il est surtout essentiel lorsqu'il s'agit d'un cheval disposé à l'affaissement.

Il faut bien se rappeler que le cheval a deux manières de répondre aux pressions du mors : par l'une, il cède et se soustrait en même temps en revenant sur lui-même; cette espèce de cession n'a lieu qu'au préjudice de son éducation, car si la main se soutient avec trop de force, si elle n'attend pas que le cheval change de lui-même la position de sa tête, le mouvement rétrograde du corps précédera et sera accompagné d'un reflux de poids. Dans ce cas, la contraction de l'encolure restera toujours la même. La seconde cession, qui concourt si puissamment à la rapide et positive éducation du cheval, consiste à donner une demi-tension ou trois quarts de tension aux rênes, puis à soutenir la main avec autant d'énergie que possible sans la rapprocher du corps. Bientôt la force de la main, secondée toujours par une pression constante des jambes, mettra le cheval à même d'éviter, mais seulement par la tête et l'encolure, cette minime et continuelle pression du mors. Alors l'action du cavalier ne prendra que sur la force propre au déplacement. C'est par ce moyen qu'il arrivera à placer le corps du cheval sur une même ligne, et qu'il obtiendra cet équilibre (1) dont on a méconnu jusqu'à présent la pondération parfaite.

(1) Le mot *équilibre*, qui se trouve si souvent répété dans le cours de cet ouvrage, a besoin d'être expliqué d'une manière catégorique. On ne s'est jamais entendu sur ce qui constitue le véritable équilibre du cheval, celui qui sert de base à son éducation, celui enfin par lequel il prend immédiatement, à la volonté du cavalier, telle allure ou tel changement de direction.

Il ne s'agit pas ici de l'équilibre qui empêche le cheval de tomber, mais bien de cet équilibre sur lequel repose son travail quand il est prompt, gracieux et régulier, et au moyen duquel ses allures sont à volonté cadencées ou étendues.

Tous les praticiens qui ont écrit sur l'équitation sont bien loin d'être d'accord au sujet de l'équilibre. L'ancienne équitation (comme aussi l'équitation allemande), jusqu'à M. d'Aure, entendait par ce mot le cheval constamment sur les hanches, les pieds de derrière pour ainsi dire cloués au sol, ceux de devant s'élevant considérablement, proportion gardée.

On comprend tout ce qu'avait de défectueux et de dangereux, même dans de bonnes mains, cette position perpétuellement renversée ; elle compromettait l'arrière-main, en ne permettant d'obtenir, comme je l'ai dit, qu'un trot raccourci, bas du derrière et élevé du devant.

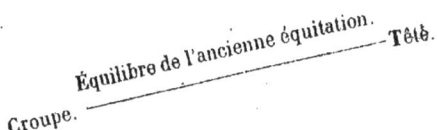

M. d'Aure, tout en appelant à son secours les principes de ses prédécesseurs, détruit de fond en comble leur équitation ; il donne une direction opposée à l'équilibre du cheval ; il ne met pas ses chevaux sur les hanches, il les jette sur les épaules.

Résumant ce que nous venons d'exposer pour le cheval qui s'encapuchonne, nous répéterons que c'est en produisant une force d'arrière en avant avec les jambes et une autre force de bas en haut avec la main, qu'on arrivera dans peu de temps à changer avantageusement la position et les mouvements du cheval. Ainsi, qu'elle que soit sa disposi-

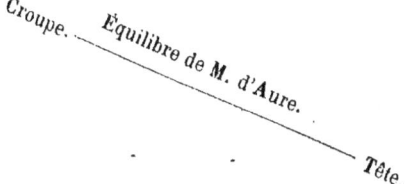

Ceci est un nouveau moyen de paralyser l'ensemble des ressorts du cheval, puisque l'arrière-main restera toujours trop éloignée du centre pour favoriser la juste translation des poids et aider à la régularité des mouvements.

Par suite de la difficulté du reflux de poids, les épaules étant constamment surchargées, mettront le cheval hors de ses aplombs, entraîneront des chûtes fréquentes chez les constructions faibles, et le cavalier aura sur la main une résistance souvent insurmontable. Il est bien entendu que les chevaux ainsi placés seront en outre sans grâce et sans précision dans leurs mouvements.

L'équilibre que j'exige ne ressemble en rien aux équilibres précédents.

Équilibre Baucher.
Croupe. ——————————— Tête.

Il s'agit ici de répartir *également* les forces et le poids. Au moyen de cette juste répartition, s'obtiennent sans efforts, de la part du cavalier et de la part du cheval, les différentes positions, les allures diverses et les équilibres qu'elles comportent.

tion première, c'est en pratiquant d'abord l'affaissement de l'encolure que l'on arrivera promptement à une savante et parfaite élévation.

Je terminerai ce chapitre par quelques réflexions sur la prétendue différence de sensibilité de bouche chez les chevaux, et sur le genre de mors qu'il convient de leur adapter.

DE LA BOUCHE DU CHEVAL ET DU MORS.

J'ai déjà traité ce sujet assez longuement dans mon *Dictionnaire raisonné d'Équitation ;* mais comme je développe ici un exposé complet de ma méthode, je crois nécessaire d'y revenir en quelques mots.

Je suis encore à me demander comment on a pu attribuer si longtemps à la seule différence de conformation des barres ces dispositions contraires des chevaux qui les rendent si légers ou si durs à la main. Comment a-t-on pu croire que, suivant qu'un cheval a une ou deux lignes de chair de plus ou de moins entre le mors et l'os de la mâchoire inférieure, il cède à la plus légère impulsion de la main, ou s'emporte, malgré les efforts des deux bras les plus vigoureux ? C'est cependant en s'appuyant sur cette inconcevable erreur qu'on s'est mis à forger des mors de formes si bizarres et si variées, vrais instruments de supplice, dont l'effet ne pouvait qu'augmenter les inconvénients auxquels on cherchait à remédier.

Si on avait voulu remonter un peu à la source des résistances, on aurait reconnu bientôt que celle-ci, comme toutes les autres, ne provient pas de la différence de conformation d'un faible organe comme les barres, mais bien de la contraction communiquée aux diverses parties de l'animal, et surtout à l'encolure, par quelque vice grave de constitution. C'est donc en vain que nous nous suspendrons aux rênes et que nous placerons dans la bouche du cheval un instrument plus ou moins meurtrier; il restera insensible à nos efforts tant que nous ne lui aurons pas communiqué la souplesse qui peut seule le mettre à même de céder.

Je pose donc en principe qu'il n'existe point de différence de sensibilité dans la bouche des chevaux; que tous présentent la même légèreté dans la position du ramener, et les mêmes résistances à mesure qu'ils s'éloignent de cette position importante. Il est des chevaux durs à la main; mais cette dureté provient de la longueur ou de la faiblesse des reins, de la croupe étroite, des hanches courtes, des cuisses grêles, des jarrets droits, ou enfin (point important) d'une croupe trop haute ou trop basse par rapport au garrot; telles sont les véritables causes des résistances; la contraction de l'encolure, le serrement de la mâchoire ne sont que les effets; quant aux barres elles ne sont là que pour constater l'ignorance des théoriciens soit disant équestres. En assouplissant l'encolure et la mâchoire, cette dureté disparaît complétement. Des expériences cent fois réitérées me donnent le droit d'avancer hardiment ce principe qui peut-être paraîtra d'abord trop absolu, mais qui n'en est pas moins vrai.

Je n'admets par conséquent qu'une seule espèce de mors, et voici la forme et les dimensions que je lui donne pour le rendre aussi simple que doux :

Branche droite de la longueur de 16 centimètres, à partir de l'œil du mors jusqu'à l'extrémité des branches; circonférence du canon, 6 centimètres; la liberté de la langue, 4 centimètres à peu près de largeur dans sa partie inférieure, et 2 centimètres dans la partie supérieure. Il est bien entendu que la largeur seule devra varier suivant la bouche du cheval.

J'affirme qu'un pareil mors suffira pour soumettre à l'obéissance la plus passive tous les chevaux qu'on y aura préparés par l'assouplissement; et je n'ai pas besoin d'ajouter que, puisque je nie l'utilité des mors durs, je repousse par la même raison tous les moyens en dehors des ressources du cavalier, tels que martingales, piliers, etc. (1).

---

(1) Voir, dans mon *Dictionnaire raisonné d'Équitation*, les mots *Mors*, *barres* et *Martingales*.

IV.

SUITE DES ASSOUPLISSEMENTS.

ARRIÈRE-MAIN.

Si les impressions de l'âme se reflètent sur la physionomie
il faut s'appliquer à en saisir toutes les nuances.
(Passe-Temps équestres.)

Le cavalier, pour diriger le cheval, agit directement sur deux de ses parties : l'avant-main et l'arrière-main. Il emploie à cet effet deux moteurs : les jambes qui donnent l'impulsion par la croupe ; les mains, qui dirigent et modifient cette impulsion par la tête et l'encolure. Un parfait rapport de forces doit donc exister toujours entre ces deux puissances motrices ; mais la même harmonie n'est pas moins nécessaire entre les parties de l'animal qu'elles sont particulièrement destinées à impressionner. En vain se sera-t-on efforcé de rendre la tête et l'encolure flexibles, légères, obéissantes au contact de la main, les résultats seront incomplets, l'ensemble et l'équilibre imparfaits, tant que la croupe restera lourde, contractée, rebelle à l'agent direct qui doit la gouverner.

Je viens d'expliquer par quelle sorte de procédés simples et faciles on donnera à l'avant-main les qualités indispensables pour obtenir une bonne direction ; il me reste à dire comment on façonnera de même l'arrière-main pour compléter l'assouplissement du cheval, et ramener l'ensemble et l'harmonie dans le développement de tous ses ressorts. Les résistances de l'encolure et celles de la croupe se soutenant mutuellement, notre travail deviendra plus facile, puisque nous avons déjà annulé les premières.

FLEXIONS ET MOBILISATIONS DE LA CROUPE.

1° Le cavalier tiendra les rênes de la bride dans la main gauche, et celles du bridon croisées l'une sur l'autre dans la main droite, les ongles en dessous ; il ramènera d'abord la tête du cheval dans sa position perpendiculaire par un léger appui du mors ; après cela, s'il veut exécuter le mouvement à droite, il portera la jambe gauche en arrière des sangles et la fixera près du flanc de l'animal jus-

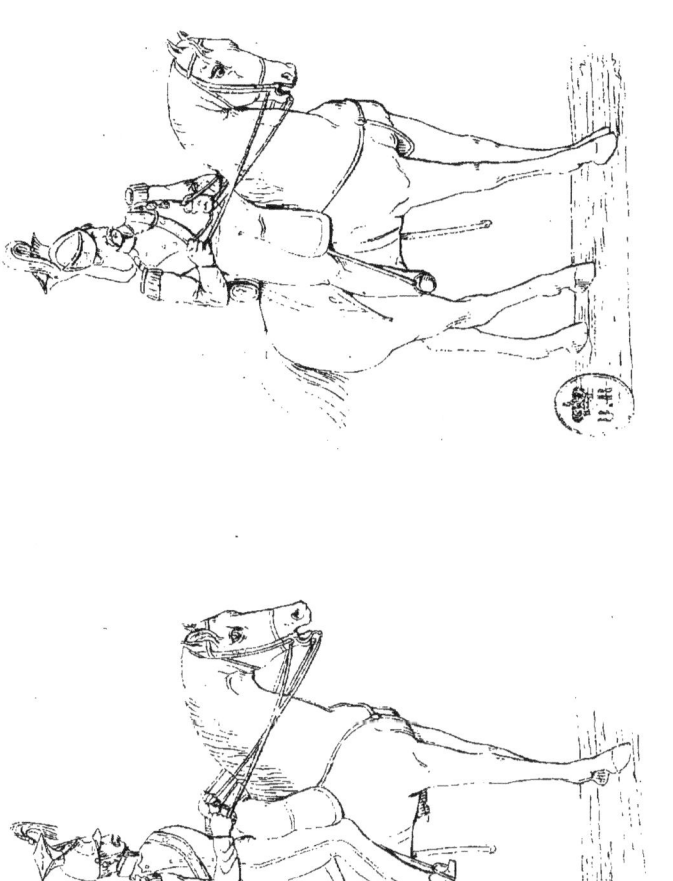

Planche 13. Planche 14.

Page 171. Page 171.

Lith. H. Jannin.

qu'à ce que la croupe cède à cette pression. Le cavalier fera sentir en même temps la rêne du bridon du même côté que la jambe, en proportionnant son effet à la résistance qui lui sera opposée. De ces deux forces imprimées ainsi par la rêne gauche et la jambe du même côté, la première est destinée à combattre les résistances, et la seconde à déterminer le mouvement. On se contentera dans le principe de faire exécuter à la croupe un ou deux pas de côté seulement. (*Planche* 13.)

2° La croupe ayant acquis plus de facilité de mobilisation, on pourra continuer le mouvement de manière à compléter à droite et à gauche des pirouettes renversées. Aussitôt que les hanches céderont à la pression de la jambe, le cavalier, pour arriver à l'équilibre parfait du cheval, fera sentir immédiatement la rêne opposée à cette jambe. Son effet, léger d'abord, augmentera progressivement jusqu'à ce que la tête soit inclinée du côté vers lequel marche la croupe, et comme pour la voir venir. (*Planche* 14).

Pour faire bien comprendre ce mouvement, j'ajouterai quelques explications d'autant plus importantes qu'elles sont applicables à tous les exercices de l'équitation.

Le cheval, dans tous ses mouvements, ne peut conserver un parfait et constant équilibre sans une combinaison des forces opposées, habilement ménagée par le cavalier. Dans la pirouette renversée, par exemple, si, lorsque le cheval a cédé à la pression de la jambe, on continue à opposer la rêne du même côté que cette jambe, il est évident qu'on dépassera le but, puisqu'on fera usage d'une force devenue inutile. Il faut donc établir deux moteurs dont l'effet se balance sans se contrarier ; c'est ce que produira dans la pirouette la tension de la rêne opposée à la jambe. Ainsi on débutera par la rêne et la jambe du même côté, jusqu'à ce qu'il soit temps de passer à la seconde partie du travail, puis avec la bride tenue dans la main gauche, enfin, avec la rêne du bridon opposée à la jambe. Les forces se trouveront alors maintenues dans une position diagonale, et, par suite, l'équilibre sera naturel, et l'exécution du mouvement facile. La tête du cheval, inclinée vers le côté où se dirige la croupe, ajoute beaucoup au gracieux du travail, et donne au cavalier plus de facilité pour régler l'activité des hanches et maintenir les épaules en place. Le tact seul pourra, du reste, lui indiquer l'usage qu'il doit faire de la jambe et de la rêne, de manière à ce que leurs effets se soutiennent mutuellement sans jamais se contrarier.

Je n'ai pas besoin de rappeler que pendant toute la durée de ce travail, *comme toujours*, du reste, l'encolure doit demeurer souple et légère, la tête *ramenée* et la mâchoire mobile. Tandis que la main de la bride les maintient dans cette bonne position, la main droite, à l'aide du bridon, combat les résistances latérales et détermine les inclinaisons diverses, jusqu'à ce que le cheval soit assez bien dressé pour obéir à une simple pression du mors. Si, en combattant la contraction de la croupe, nous permettions au cheval d'en rejeter la roideur sur l'avant-main, nos efforts seraient vains et le fruit de nos premiers travaux perdu. Nous faciliterons au contraire l'assujétissement de l'arrière-main en conservant les avantages que nous avons déjà acquis sur l'avant-main, et en forçant à rester isolées les contractions que nous avons encore à combattre.

La jambe du cavalier opposée à celle qui détermine la rotation de la croupe ne doit pas demeurer éloignée durant le mouvement, mais rester près du cheval et le contenir en place, en donnant d'arrière en avant une impulsion, que l'autre jambe communique de droite à gauche ou de gauche à droite. Il y aura ainsi une force qui maintiendra le cheval en position, et une autre qui déterminera la rotation. Pour que la pression des deux jambes ne se contrarie pas, et pour arriver de suite à s'en servir avec ensemble, on placera la jambe chargée de chasser la croupe plus en arrière des sangles que l'autre qui restera soutenue avec une force égale à celle de la jambe déterminante. Alors l'action des jambes sera distincte; l'une portera de droite à gauche et l'autre d'arrière en avant. C'est à l'aide de cette dernière que la main place et fixe les jambes de devant.

Afin d'accélérer les résultats, on pourra dans le commencement s'adjoindre un second cavalier qui se placera à la hauteur de la tête du cheval, tenant les rênes de la bride dans la main droite et du côté opposé à celui où se portera la croupe. Celui-ci saisira les rênes à 16 centimètres des branches du mors, afin d'être bien à même de combattre les résistances instinctives de l'animal. L'écuyer qui est en selle se contentera alors de soutenir légèrement les rênes du bridon, en agissant avec les jambes comme je viens de l'indiquer. Le second cavalier n'est utile que lorsqu'on a affaire à un cheval d'un naturel intraitable, ou pour seconder l'inexpérience du cavalier en selle ; mais il faut autant que possible se passer d'aide, afin que le praticien juge par lui-même des progrès de son cheval, tout en cherchant les moyens d'augmenter ses effets de tact.

Bien que ce travail soit élémentaire, il conduira néanmoins le cheval à exécuter facilement au pas tous les airs de manége de deux pistes. Après huit jours d'un exercice modéré, on accomplira ainsi, sans efforts, un travail que l'ancienne école n'osait essayer qu'après deux ou trois ans d'étude et de tâtonnements.

Lorsque le cavalier aura habitué la croupe du cheval à céder promptement à la pression des jambes, il sera maître de la mobiliser ou de l'immobiliser à volonté, et pourra, par conséquent, exécuter les pirouettes ordinaires. Il prendra à cet effet une rêne du bridon dans chaque main, l'une servira à déterminer l'encolure et les épaules du côté où l'on veut opérer la conversion, l'autre à seconder la jambe opposée, si elle était insuffisante pour contenir la croupe en place. Dans le principe, cette jambe devra être placée le plus en arrière possible, et n'exercer son contact qu'autant que les hanches se porteraient sur elle. Une progression bien ménagée amènera de prompts résultats ; on se contentera donc, en débutant, de quelques pas bien exécutés pour rendre immédiatement au cheval, ce qui suppose cinq ou six temps d'arrêt durant la rotation complète des épaules autour de la croupe.

Ici se terminera le travail en place, je vais expliquer comment on complétera l'assouplissement de l'arrière-main, tout en commençant à combiner le jeu de ses ressorts avec ceux de la partie antérieure.

DU RECULER.

— Les caractères les plus flegmatiques ont leurs moments d'exaspération quand ils sont poussés à bout.
— Les sciences ne rétrogradent momentanément que pour marcher ensuite avec plus de rapidité.
(*Passe-Temps équestres.*)

La mobilité rétrograde, autrement dit reculer, est un exercice dont on n'a pas assez apprécié l'importance, et qui cependant doit avoir une très-grande influence sur l'éducation du cheval. L'eût-on pratiqué du reste d'après les anciens errements, ç'eût été sans succès, puisqu'on ne connaissait pas la filière des exercices qui doivent le précéder. Le reculer diffère essentiellement de cette mauvaise impulsion rétrograde qui porte le cheval en arrière avec la croupe contractée et l'encolure tendue ; ceci est de l'acculement. Le vrai reculer assouplit le cheval, et ajoute de la grâce et de la précision à ses mouvements naturels. La première condition, pour l'obtenir, est de conserver le cheval dans la main, c'est-à-dire souple, léger du devant, d'aplomb, équilibré dans toutes ses parties. L'animal ainsi disposé pourra donner aisément à ses extrémités antérieures et postérieures une mobilité et une élévation égales.

C'est ici qu'on sera à même d'apprécier les bons effets et l'indispensable nécessité de l'assouplissement de l'encolure et des hanches. Le reculer, assez pénible les premières fois pour le cheval, le portera toujours à combattre nos effets de mains par la roideur de son encolure, et nos effets de jambes par la contraction de la croupe : ce sont là ses résistances instinctives. Si nous ne pouvons en prévenir les mauvaises dispositions, comment alors obtiendrons-nous les flux et les reflux de poids, qui doivent seuls déterminer la parfaite exécution du mouvement ? Si l'impulsion qui, pour le reculer, doit venir de l'avant-main, dépassait ses justes limites, le mouvement deviendrait pénible, impossible, et donnerait lieu, de la part de l'animal, à des brusqueries, à des violences toujours funestes pour son organisation.

D'autre part, les déplacements de la croupe, en détruisant le rapport qui doit exister entre les forces corrélatives de l'avant et de l'arrière-main, empêcheraient aussi la bonne exécution du reculer. L'exercice préalable auquel nous l'avons assujétie nous facilitera les moyens de la maintenir sur la ligne des épaules, pour entretenir la translation nécessaire des forces et du poids.

Le cavalier, pour commencer le mouvement, devra d'abord s'assurer si les hanches sont sur la même ligne que les épaules, et le cheval léger à la main ; puis il rapprochera lentement les jambes, pour que l'action qu'elles communiquent à l'arrière-main fasse quitter le sol à l'une des jambes postérieures, et que le corps ne cède qu'après l'encolure. C'est alors que la pression immédiate du mors, forçant le cheval à reprendre son équilibre en arrière, produira le premier temps du reculer. Dès que le cheval obéira, le cavalier rendra immédiatement la main pour récompenser l'animal et ne pas forcer le jeu de sa partie antérieure. Si la croupe se déplaçait, il la ramènerait à l'aide de la jambe, employant au besoin la rêne du bridon du même côté.

Après avoir défini ce que j'appelle le vrai reculer, je dois dire ce que j'entends par l'*acculement*. Ce mouvement est trop pénible pour le cheval, trop disgracieux, et trop contraire au bon développement de son mécanisme, pour qu'il n'ait pas frappé tout homme qui s'occupe un peu d'équitation. On accule un cheval toutes les fois qu'on refoule trop ses forces et son poids sur la partie postérieure; on compromet dès lors l'équilibre, et l'on rend impossibles la grâce, la cadence et la justesse. La légèreté, toujours la légèreté ! voilà la base, la pierre de touche de toute belle exécution. Avec elle tout devient facile, tant au cheval qu'au cavalier. On comprendra d'après cela que la difficulté de l'équitation ne consiste pas dans la direction à donner au cheval, mais dans la position à lui faire prendre, position qui pourra seule aplanir tous les obstacles. En effet, si le cheval exécute, c'est le cavalier qui dispose : à celui-ci donc la responsabilité de tout faux mouvement.

Il suffira d'exercer pendant huit jours (à cinq minutes par leçon) le cheval au reculer pour l'amener à l'exécuter avec facilité. On se contentera, les premières fois, d'un pas ou deux en arrière, suivis d'un effet d'ensemble, augmentant au fur et à mesure de ses progrès, jusqu'à ce qu'il n'éprouve pas plus de difficultés pour cette marche rétrograde que pour la marche en avant.

Quel pas immense nous aurons alors fait faire à l'éducation de notre élève ! Au début, la conformation défectueuse de l'animal, ses contractions naturelles, les résistances que nous rencontrions partout, semblaient devoir défier à jamais nos efforts. Ils eussent été vains sans nul doute, si nous eussions employé de mauvais procédés ; mais la sage progression que nous avons su mettre dans notre travail, l'annihilation des forces instinctives du cheval, l'assouplissement, l'assujétissement partiel de toutes ses parties rebelles, nous ont bientôt soumis l'ensemble du mécanisme au point de nous permettre de le dominer complétement, et de ramener le liant, l'aisance et l'harmonie entre des ressorts que leur mauvaise disposition paraissait devoir opposer toujours les uns aux autres. Comme je l'indiquerai plus tard en classant la division générale du travail, on verra que huit ou dix jours suffiront pour obtenir ces importants résultats.

N'avais-je donc pas raison de dire que s'il ne dépend pas de moi de changer la conformation défectueuse d'un cheval, je puis cependant empêcher les mauvais effets de ses défauts physiques, au point de le rendre propre à exécuter avec grâce et naturel le même travail que le cheval le mieux conformé ? En assouplissant les parties de l'animal sur lesquelles le cavalier agit directement pour le dominer et le conduire, en les habituant à céder sans difficulté ni hésitation aux diverses impressions qui leur seront communiquées, j'ai, par le fait, détruit leur roideur, et ramené le centre de gravité à sa véritable place, c'est-à-dire au milieu du corps. J'ai résolu en outre la plus grande difficulté de l'équitation : *celle de soumettre, avant tout, les parties sur lesquelles agit directement le cavalier, afin de lui préparer des moyens d'action infaillibles sur le cheval.*

Ce n'est qu'en détruisant les forces instinctives et en assouplissant les diverses parties du cheval qu'on y parviendra. On livre ainsi à la discrétion de l'homme tous les ressorts de l'animal ; mais ce premier avantage ne lui suffira pas pour devenir un écuyer complet. L'emploi de ces forces qui lui sont abandonnées exige, pour l'exécution des différentes allures, beaucoup d'étude et d'habileté (1). J'exposerai dans les chapitres suivants quelles sont les règles à observer. Je vais terminer celui-ci par un résumé rapide de la progression à suivre dans les assouplissements.

TRAVAIL EN PLACE, LE CAVALIER A PIED.
AVANT-MAIN.

1° Flexions de la mâchoire à droite et à gauche, en employant le mors de la bride ;

(1) Un grand nombre d'amateurs ont pensé qu'il suffit de lire mon livre pour pratiquer habilement mes principes. En exceptant quelques organisations supérieures, je ne crois pas qu'il soit possible de réussir dans la pratique sans les leçons d'un professeur qui, seul, peut initier aux effets de mécanisme, toujours faiblement rendus par écrit ; c'est alors seulement que la lecture, qui a ouvert les yeux, devient profitable. J'ajouterai qu'il faut être cavalier pour entreprendre avec succès tout ce que je prescris.

2° Flexions directes de la mâchoire et affaissement de l'encolure ;

3° Flexions latérales de l'encolure avec les rênes du filet et avec celles de la bride.

TRAVAIL EN PLACE, LE CAVALIER A CHEVAL.

1° Flexions latérales de l'encolure avec les rênes du bridon et avec celles de la bride ;

2° Flexions directes de la tête ou *ramener* avec les rênes du bridon et avec celles de la bride.

ARRIÈRE-MAIN.

3° Flexions latérales et mobilisation de la croupe autour des épaules ;

4° Rotation des épaules autour des hanches ;

5° Combinaison du jeu des deux extrémités antérieures et postérieures du cheval ou *reculer*.

J'ai placé la rotation des épaules autour des hanches dans la nomenclature du travail en place; mais les pirouettes ordinaires étant un mouvement assez compliqué et difficile pour le cheval, on ne l'y exercera complétement que lorsqu'il aura acquis la cadence du pas et du trot, et qu'il exécutera facilement les changements de direction.

V.

DE L'EMPLOI DES FORCES DU CHEVAL

PAR LE CAVALIER.

Le langage sans à-propos est un bavardage en pure perte.
(*Passe-Temps équestres.*)

Lorsque les assouplissements auront assujéti les forces instinctives du cheval au point de nous les livrer complétement, l'animal ne sera plus entre nos mains qu'une machine passive, attendant, pour fonctionner, l'impulsion qu'il nous plaira de lui communiquer. Ce sera donc à nous, dispensateurs souverains de tous ses ressorts, à combiner leur emploi dans les justes proportions des mouvements que nous voudrons exécuter.

Le jeune cheval, roide d'abord et maladroit dans l'usage de ses membres, aura besoin, pour les développer, de certains ménagements. Ici, comme toujours, nous suivrons cette progression rationnelle qui veut que l'on commence par le simple avant de passer au composé. Nous avons, par le travail qui précède, assuré nos moyens d'action sur le cheval; il faut nous occuper maintenant de faciliter ses moyens d'exécution, en exerçant l'ensemble de ses ressorts. Si l'animal répond aux aides du cavalier par la mâchoire, l'encolure et les hanches, s'il cède par la disposition générale de son corps aux impulsions qui lui sont communiquées, c'est par le jeu de ses extrémités qu'il exécute le mouvement. Le mécanisme de ces parties doit donc être facile, prompt, régulier; leur application, bien dirigée aux différentes allures, pourra seule leur donner ces qualités indispensables à toute bonne éducation (1).

(1) Il ne faut pas oublier que la main et les jambes ont aussi leur vocabulaire, dont la concision est admirable. Ce langage muet et laconique se réduit à ce peu de mots : *Tu fais mal; voilà ce qu'il faut faire; tu fais bien*. Il suffit donc que le cavalier parvienne à traduire, par son mécanisme, le sens de ces trois observations différentes, pour posséder toute l'érudition équestre et faire partager son intelligence au cheval.

DU PAS.

> Le calme est indispensable pour la méditation.
> (*Passe-Temps équestres.*)

L'allure du pas est la mère de toutes les allures; c'est par elle qu'on obtiendra la cadence, la régularité, l'extension des autres ; mais le cavalier, pour arriver à ces brillants résultats, devra déployer autant de savoir que de tact. Les exercices précédents ont conduit le cheval à supporter des effets d'ensemble qui eussent été impossibles avant l'anéantissement de ses résistances instinctives; nous n'avons plus à agir aujourd'hui que sur les résistances inertes qui tiennent au poids de l'animal ; sur les forces qui ne se meuvent qu'à l'aide d'une impulsion communiquée.

Avant de porter le cheval en avant, on devra s'assurer d'abord s'il est léger, c'est-à-dire si sa tête est perpendiculaire, son encolure liante, sa croupe droite et d'aplomb. On fermera ensuite légèrement les jambes pour donner au corps l'impulsion nécessaire à son mouvement ; mais on ne devra pas en même temps, suivant les préceptes des anciennes méthodes, rendre la main de la bride, car alors l'encolure, libre de tout frein, perdrait de sa légèreté, se contracterait et rendrait impuissants les effets de la main. Le cavalier se souviendra toujours que sa main doit être pour le cheval une barrière infranchissable chaque fois que celui-ci voudra sortir de la position du ramener. L'animal ne l'essayera jamais sans douleur, et ce n'est qu'en dedans de cette limite qu'il trouvera aisance et bien-être. L'application bien entendue de ma méthode amène ainsi le cavalier à conduire constamment son cheval avec les rênes demi-tendues, excepté lorsqu'il veut rectifier un faux mouvement ou en déterminer un nouveau.

Le pas, ai-je dit, doit précéder les autres allures, parce que le cheval ayant trois point d'appui sur le sol, son action est moins considérable que pour le trot ou le galop, et plus facile par conséquent à régler et à harmoniser. Les premiers exercices des assouplissements seront suivis de quelques tours de manége au pas, mais seulement comme délassement, le cavalier s'appliquant moins à rechercher son cheval qu'à maintenir sa tête, pendant la marche, dans la position du ramener. Peu à peu, il compliquera son travail de manière à joindre à la légèreté du cheval la justesse et la cadence indispensables au brillant de toutes les allures.

Il commencera alors de légères oppositions de mains et de jambes pour mettre en rapport les forces de l'avant et de l'arrière-main. Cet exercice, en habituant le cheval à livrer toujours l'emploi de ses forces à la direction du cavalier, sera aussi utile pour former son intelligence que pour développer ses ressorts. Que de jouissances l'écuyer, s'il est habile, n'éprouvera-t-il pas dans l'application progressive de son art ! Son élève, rebelle d'abord, se pliera insensiblement à toutes ses volontés, s'imprégnera de son caractère, et finira par en devenir la personnification vivante. Prenez donc garde, cavalier ! Si votre cheval est capricieux, violent, fantasque, nous serons en droit de dire que vous ne brillez pas vous-même par l'aménité du caractère et la justesse de vos procédés.

Pour que la cadence et la vitesse du pas se maintiennent égales et régulières, il est indispensable que les forces impulsives et modératrices, émanant du cavalier, soient elles-mêmes parfaitement harmonisées. Je suppose, par exemple, que le cavalier, pour porter son cheval en avant au pas et le maintenir léger à cette allure, doit dépenser une force égale à vingt kilogrammes, dont quinze pour l'impulsion et cinq pour le ramener. Si les jambes dépassent leur effet sans que les mains augmentent le leur dans les mêmes proportions, il est évident que le surcroît de force communiquée pourra se rejeter sur l'encolure, la contracter, et dès lors plus de légèreté. Si, au contraire, c'est la main qui agit avec trop de violence, ce ne pourra être qu'aux dépens de la force d'impulsion nécessaire à la marche ; celle-ci, par cela même, se trouvera contrariée, ralentie, en même temps que la position du cheval perdra de son gracieux et de son énergie.

Cette courte explication suffira pour faire comprendre l'accord qui doit toujours exister entre les jambes et les mains. Il est bien entendu que leur effet devra varier suivant que la construction du cheval obligera de le soutenir plus ou moins à l'avant ou à l'arrière-main ; mais la règle restera la même avec des proportions différentes.

Tant que le cheval ne se maintiendra pas souple et léger dans sa marche, on continuera à l'exercer sur la ligne droite ; mais dès qu'il aura acquis plus d'aisance et d'aplomb, on commencera à lui faire exécuter des changements de direction à droite et à gauche en marchant.

DES CHANGEMENTS DE DIRECTION.

La fonction des poignets, dans les changements de direction, est trop simple pour qu'il soit nécessaire d'en parler ici. Je ferai remarquer seulement qu'on doit toujours prévenir les résistances du cheval en disposant ses forces de manière à ce que toutes concourent à le placer dans le sens du mouvement. On déterminera donc l'inclinaison de la tête avec la rêne du filet du côté vers lequel on veut tourner, puis la bride achèvera le mouvement.

Règle générale : il faut toujours combattre les résistances latérales de l'encolure avec l'aide du bridon, en ayant bien soin de ne commencer la conversion qu'après avoir détruit l'obstacle qui s'y opposait. Si l'usage des poignets reste à peu près le même que par le passé, il n'en est pas ainsi pour les jambes : leur effet sera diamétralement opposé à celui qu'on leur attribuait dans l'ancienne équitation. Ceci encore est une innovation si naturelle, que j'ai peine à concevoir qu'on ne l'ait pas appliquée avant moi.

C'est en portant la main à droite et en faisant sentir la jambe droite, m'a-t-on dit et ai-je répété moi-même dans le principe, *qu'on détermine son cheval à tourner à droite*. La pratique chez moi a toujours précédé le raisonnement, et voici comment je me suis aperçu de la fausseté de ce principe :

Quelque légèreté qu'eût mon cheval en ligne droite, je remarquais que cette légèreté perdait toujours de sa délicatesse dans les cercles étroits, bien que ma jambe du dehors vînt au secours de celle du dedans. Dès que la jambe de derrière se mettait en mouvement pour suivre les épaules sur le cercle, je ressentais immédiatement une légère résistance. Je m'avisai alors de changer l'usage de mes aides, et d'appuyer la jambe du côté opposé à la conversion. En même temps, au lieu de porter de suite la main à droite pour déterminer les épaules, je formai d'abord, à l'aide de cette main, l'opposition nécessaire pour fixer les hanches et disposer les forces de manière à maintenir l'équilibre pendant l'exécution du mouvement. Ce procédé fut couronné d'un succès complet ; et si je cherche à me rendre compte de ce que doit être la fonction des diverses extrémités dans les conversions, je reconnais qu'il est le seul rationnel.

En effet, dans la conversion à droite, par exemple, c'est la jambe droite de derrière qui servira de pivot et supportera tout le poids de la masse, pendant que la jambe gauche de derrière et les jambes de devant décriront un cercle plus ou moins étendu. Pour que le mouvement soit correct et franc, il faut donc que le pivot sur lequel tourne l'ensemble ne soit pas contrarié dans son jeu; l'action simultanée de la main droite et de la jambe droite devra nécessairement produire cet effet. L'équilibre se trouvera dès lors compromis et la régularité de la conversion impossible.

Dès que le cheval exécutera facilement les changements de direction au pas, et qu'il se maintiendra parfaitement léger, on pourra commencer à l'exercer au trot.

DU TROT.

La volubilité du langage ne doit pas en détruire l'harmonie ni diminuer la netteté des pensées.
(*Passe-Temps équestres.*)

Le cavalier engagera d'abord cette allure très-modérément, en suivant exactement les mêmes principes que pour le pas. Il maintiendra son cheval parfaitement léger, sans oublier que plus l'allure est vive, plus l'animal a de dispositions à retomber dans ses contractions naturelles. La main devra donc redoubler d'habileté, afin de conserver toujours liantes la tête et l'encolure, sans nuire cependant à l'impulsion nécessaire au mouvement. Les jambes seconderont légèrement les mains, et le cheval, renfermé entre ces deux barrières qui ne feront obstacle qu'à ses mauvaises dispositions, développera bientôt toutes ses belles facultés, et acquerra, avec la cadence du mouvement, la grâce, l'extension et la sûreté inhérentes à la légèreté de l'ensemble.

Quoique plusieurs personnes, qui n'ont pas voulu se donner la peine d'approfondir ma méthode, aient prétendu qu'elle s'oppose à la grande vitesse du trot, il n'en reste pas moins prouvé que le cheval bien équilibré peut trotter plus vite que celui qui n'a pas cet avantage. J'en ai donné la preuve toutes les fois qu'on a bien voulu me la demander; mais c'est en vain que j'ai essayé de faire comprendre ce qui constitue l'allure du trot, et quelles sont les conditions indispensables pour la régularité de son exécution. Ainsi, il m'est arrivé, dans une course dont j'étais juge, d'annuler le pari, et de prouver que les prétendus trotteurs ne trottaient pas réellement, mais qu'ils allaient le traquenard.

La condition indispensable à un bon trotteur est l'équilibre parfait du corps, équilibre qui entretient le mouvement régulier des bipèdes diagonaux, leur donne une élévation et une extension égales, avec une légèreté telle, que l'animal peut exécuter facilement tous les changements de direction, se ralentir, s'arrêter, ou accélérer sans effort sa vitesse. Le devant alors n'a pas l'air de traîner à la remorque le derrière, qui s'en éloigne le plus possible; tout devient aisé, gracieux pour le cheval, parce que ses forces, étant bien harmonisées, permettent au cavalier de les disposer de manière à ce qu'elles se prêtent un secours mutuel et constant.

Il me serait impossible de citer le nombre de chevaux qui m'ont été envoyés pour les dresser, et dont les allures avaient été tellement faussées, qu'il leur était impossible d'exécuter un seul temps de trot. Quelques leçons m'ont toujours suffi pour remettre ces animaux à des allures régulières, et voici par quels moyens :

La difficulté qu'éprouve le cheval pour se conserver uni à l'allure du trot provient presque toujours de l'arrière-main. Soit que cette partie ait une construction faible, ou que les ressources trop supérieures de l'avant-main en paralysent les ressorts, toujours est-il que, comme c'est elle qui reçoit le choc et donne l'élan, ses effets dans l'un ou l'autre cas restent impuissants et rendent par suite le mouvement irrégulier (1). Il y a donc faiblesse dans

---

(1) Je ne suis pas de l'avis des connaisseurs qui s'imaginent que les qualités du cheval, ainsi que l'accélération de son trot, dépendent principalement de l'élévation du garrot. Je pense que, pour que le cheval soit brillant et régulier dans ses mouvements, il faut que la croupe soit de niveau avec le garrot; telle était la construction des anciens chevaux anglais. Certains chevaux à la mode, appelés *steppeurs*, sont construits d'une façon tout à fait opposée, ceux-ci bataillent du devant et traînent le derrière ; les chevaux à croupe basse ou à garrot trop élevé par rapport à la croupe, étaient recherchés de préférence par les anciens écuyers, ils sont encore en faveur de nos jours parmi les amateurs d'équitation. Les écuyers allemands ont également une prédilection marquée pour ces sortes de conformations, bien qu'elles soient contraires à l'énergie de la croupe, au parfait équilibre du cheval et au jeu régulier des extrémités. Ce vice de construction (car c'en est un) a été peu remarqué jusqu'à présent ; il est cependant capital, car il apporte un retard réel dans l'éducation du cheval. En effet, on est alors obligé, pour rendre ses mouvements uniformes, de baisser l'encolure, afin que l'espèce de bras de levier qu'elle représente, serve à dégager le poids dont le derrière se trouve trop surchargé. Je dois dire encore que ce changement de position ou d'équilibre ne s'obtient qu'à l'aide de mes principes ; je fais connaître la cause et les effets, et j'indique en même temps les moyens; n'est-ce pas ainsi que tous les auteurs devraient procéder?

une extrémité, ou excédant de force dans l'autre. Le remède dans les deux cas sera le même, à savoir : l'affaissement de l'encolure, qui, en diminuant la puissance de l'avant-main, rétablit l'équilibre entre les deux parties. Nous avons pratiqué cet assouplissement à pied, et il sera facile de l'obtenir à cheval. On voit ici quelle est l'utilité de cette flexion perpendiculaire qui permet de placer sur un même niveau les forces des deux extrémités opposées du cheval, pour les harmoniser entre elles, et amener la régularité de leurs fonctions. Le cheval étant ainsi placé, ses extrémités antérieures et postérieures auront le temps de passer de la flexion à l'extension avant que le poids du corps les force à reprendre leur appui.

La pratique bien entendue de ce principe et de quelques autres que je développe dans cet ouvrage, permettra de ranger sur la ligne des chevaux de choix des animaux que leur infériorité faisait considérer comme des *rosses*, et que les anciennes méthodes n'auraient jamais relevés de leur dégradation. Il suffira, pour habituer le cheval à bien trotter, de l'exercer à cette allure cinq minutes seulement pendant chaque leçon. Lorsqu'il aura acquis l'aisance et la légèreté nécessaires, on pourra lui faire exécuter les pirouettes ordinaires, ainsi que le travail de deux pistes au pas et au trot. J'ai dit que cinq minutes de trot suffiraient d'abord, parce que c'est moins la continuité d'un exercice que la rectitude des procédés qui produit sa bonne exécution. D'ailleurs, comme cette allure exige un assez grand déplacement de forces, et que l'animal aura déjà été soumis à un travail assez pénible, il serait dangereux de la prolonger au-delà du temps que j'indique. Le cheval se prêtera plus volontiers à des efforts ménagés et de courte durée ; son intelligence elle-même, en se familiarisant avec cette progression efficace, hâtera le succès. Il se soumettra sans répugnance et avec calme à un travail qui n'aura rien de pénible pour lui, et l'on pourra pousser ainsi son éducation jusqu'aux dernières limites, non-seulement en conservant intacte son organisation physique, mais en rétablissant dans leur état normal des organes qu'aurait pu détériorer un travail forcé. Ce développement régulier de tous les organes du cheval lui donnera, avec la grâce, la force et la santé, et prolongera ainsi sa durée, en centuplant les jouissances du véritable écuyer.

VI.

DE LA CONCENTRATION

DES FORCES DU CHEVAL

PAR LE CAVALIER.

> Faute de développement des facultés, on ne trouve qu'un esprit ordinaire là où il y avait un génie..
> (*Passe-Temps équestres.*)

Le cavalier comprend maintenant que le seul moyen d'obtenir la cadence et la régularité du pas et du trop est de maintenir le cheval parfaitement léger pendant qu'on l'exerce à ces allures. Lorsqu'on sera sûr de cette légèreté dans la marche en ligne droite, dans les changements de direction et les marches circulaires, il sera facile de la conserver en travaillant sur deux pistes.

Je devrais peut-être traiter immédiatement du galop ; mais cette allure, plus compliquée que les deux autres, exige chez le cheval des dispositions, et, chez le cavalier, une puissance que le travail précédent n'a pu leur donner encore. Le *ramener* répartit les forces du cheval sur l'ensemble de son corps ; il faut, pour bien exécuter les divers exercices du galop et se mettre à même de diriger convenablement les forces dans les mouvements énergiques, les réunir dans un foyer commun, c'est-à-dire au centre de gravité de l'animal. Je vais expliquer comment on y parviendra.

DES ATTAQUES.

> La sévérité a sa gradation ; aussi est-ce une arme perfide en de mauvaises mains.
> (*Passe-Temps équestres.*)

Les attaques, ont dit les auteurs et les professeurs, servent à châtier le cheval lorsqu'il ne répond pas aux jambes, ou qu'il refuse de s'approcher d'un objet qui l'effraye. Selon eux, l'éperon n'est pas un aide, mais un moyen de châtiment ; selon moi, c'est au contraire un auxiliaire puissant sans lequel il serait impossible de dresser complétement n'importe quel cheval. Comment ! va-t-on me dire, vous attaquez les chevaux sensibles, irascibles, pleins d'action et de feu, les chevaux que leur organisation énergique dispose à s'emporter en dépit des freins les plus durs, et des poignets les plus vigoureux ! Oui, et c'est avec l'éperon que je modérerai la fougue de ces animaux trop ardents, que je les arrêterai court dans leur élan le plus impétueux. C'est avec l'éperon, aidé de la main, bien entendu, que je rendrai gracieuses les natures ingrates, et que j'arriverai à parfaire l'éducation de l'animal le plus intraitable.

Longtemps avant de publier mon *Dictionnaire raisonné d'Équitation*, j'avais reconnu tous les excellents effets des attaques. Je m'abstins d'en développer les principes, intimidé que je fus par un mot d'un ami auquel j'avais fait obtenir des résultats qui lui paraissaient miraculeux : « C'est extraordinaire ! c'est admirable ! s'écria-t-il ; *mais c'est un rasoir entre les mains d'un singe.* » L'usage des attaques exige, il est vrai, de la prudence, du tact, de la gradation ; mais les effets en sont précieux. Aujourd'hui que j'ai démontré jusqu'à l'évidence l'efficacité de ma méthode, aujourd'hui que je vois mes adversaires les plus prononcés devenir de chauds partisans de mes principes, je ne crains pas de développer un procédé que je considère comme l'un des plus beaux résultats de mes longues recherches sur l'équitation.

Il n'y a pas plus de différence dans la sensibilité de flancs des divers chevaux que dans leur sensibilité de bouche (1), c'est-à-dire que l'effet direct de l'éperon est, à infiniment peu de chose près, le même sur tous. J'ai déjà démontré que l'organisation des barres n'est pour rien dans les résistances à la main. Il est clair que si le nez au vent donne au cheval une force de résistance égale à 100 hilogrammes, cette force sera réduite à 50 kilogrammes, lorsque l'on ramènera la tête à demi vers la position perpendiculaire ; à 25 kilogrammes, lorsqu'on l'aura plus rapprochée de cette attitude, et à zéro lorsqu'on l'y aura complétement placée. La prétendue dureté de la bouche provenait donc ici de la mauvaise position imprimée à la tête par la

---

(1) Dans un pamphlet récemment publié contre mes principes, M. d'Aure, auteur de ce savant écrit, prétend qu'il n'y a pas moyen d'augmenter ni de diminuer la sensibilité du cheval. Si ce grand juge n'avait pas cru au-dessous de sa dignité d'entreprendre l'éducation d'un cheval mal conformé, de le suivre jusqu'à sa complète instruction, en se servant des principes renfermés dans le livre que je lui ai adressé, il aurait pu se convaincre du changement opéré dans l'équilibre du cheval, et par conséquent de sa plus grande promptitude à prendre toutes les positions nécessaires aux mouvements. Ce sont ces difficultés que l'ancienne école et ses représentants ignorent, et que le créateur de la nouvelle méthode enseigne. M. d'Aure a ajouté dans le même écrit qu'il n'est pas *dresseur de chevaux*. Cet aveu suffit pour convaincre le public qu'il ne remplit que la moitié des conditions qui constituent l'écuyer, puisque l'équitation consiste dans l'éducation des hommes et des chevaux.

Si telle est la capacité d'une des premières notabilités équestres, à quoi se réduira donc le savoir des écuyers secondaires? Pauvre équitation !

roideur de l'encolure et par la construction vicieuse des reins et des hanches du cheval. Si nous examinons attentivement les causes qui produisent ce qu'on appelle la sensibilité des flancs, nous reconnaîtrons qu'elles ont à peu près une source semblable.

Les innombrables conjectures auxquelles on s'est livré, en supposant aux flancs du cheval une sensibilité locale qui n'existe pas, ont dû nécessairement nuire au progrès de son éducation, puisqu'on la basait sur de fausses données. La susceptibilité plus ou moins grande de l'animal provient de son action, de sa conformation vicieuse et de la mauvaise position qui en est la conséquence. Quand un cheval doué d'une action naturelle joint à des reins longs et faibles une arrière-main détraquée, tout mouvement rétrograde lui est pénible, et la disposition qui le porte à se projeter sur les épaules lui sert pour se soustraire au contact douloureux de l'éperon. Il revient à ce mouvement toutes les fois qu'il sent approcher les jambes du cavalier ; et loin d'être alors un *cheval fin*, l'animal n'est qu'égaré, désespéré. On conçoit que plus il appréhende l'éperon, plus il se jette hors la main, et déjoue les moyens d'action destinés à le faire entrer dans l'obéissance. On doit tout craindre d'un pareil cheval : il s'effrayera des objets par la facilité seule qu'il a de les éviter. Or, puisque sa frayeur provient pour ainsi dire de la mauvaise position qu'on lui laisse prendre, ce fâcheux inconvénient disparaîtra dès l'instant qu'on aura porté remède à sa cause première. Il faut enchaîner les forces pour prévenir tout déplacement, séparer le cheval *physique* du cheval *moral*, et obliger ces impressions à se concentrer dans le cerveau. Ce sera alors un fou furieux qu'on aura lié des quatre membres pour l'empêcher de réaliser ses pensées frénétiques.

La meilleure preuve qu'on puisse donner que la promptitude du cheval à répondre à l'effet des jambes et des éperons n'est pas causée par la sensibilité des flancs, mais bien par une grande action jointe à une mauvaise conformation, c'est que cette même action ne se manifeste pas aussi vive dans un cheval bien conformé, et que ce dernier supporte les attaques bien plus facilement que celui dont l'équilibre et l'organisation sont inférieurs.

Mais l'éperon n'est pas propre seulement à modérer la trop grande énergie des chevaux d'action; son effet pouvant également combattre les dispositions qui portent l'animal à rejeter son centre de gravité trop en avant ou trop en arrière, c'est encore l'éperon que j'emploierai pour rendre impressionnables ceux d'entre eux qui manquent d'ardeur et de vivacité. Dans les chevaux d'action, les forces de l'arrière-main priment sur celles de l'avant-main; c'est l'opposé dans les chevaux froids. On conçoit alors la vitesse des premiers; la lenteur, la nonchalance des seconds.

Nous avons, par le travail de l'assouplissement, annulé complétement les forces instinctives du cheval. Nous devons nous exercer maintenant à réunir ces forces dans leur véritable centre de gravité, c'est-à-dire au milieu du corps de l'animal ; c'est par l'opposition bien combinée des jambes et des mains que nous y parviendrons. Les avantages que nous possédons déjà sur le cheval nous mettront à même de combattre à leur naissance toutes les résistances qui tendraient à le faire sortir de la position droite, indispensable pour pratiquer avec fruit ces oppositions. Il est aussi de première nécessité de mettre dans nos procédés du tact et de la gradation, de telle sorte, par exemple, que les jambes n'impriment jamais une impulsion que la main ne serait pas à même de saisir et de dominer au même instant. Je vais rendre ce principe plus clair par une courte explication.

Je suppose un cheval au pas, avec un emploi de force de 20 kilogrammes, nécessaire pour conserver l'allure régulière au moment des oppositions de mains et de jambes qui vont suivre. Bientôt arrive une pression lente et graduée des jambes qui ajoute 5 kilogrammes à l'impulsion de l'allure. Comme le cheval est supposé parfaitement dans la main, cette main sentira aussitôt ce passage de forces, et c'est alors qu'elle devra s'en emparer pour les fixer au centre. Les jambes, pendant ce temps, conserveront leur pression, afin que ces forces ainsi refoulées ne retournent pas au foyer d'où elles sortent ; ce qui ne serait plus alors qu'un flux et un reflux inutiles des forces. Cette succession d'oppositions bien combinées réunira bientôt une assez grande somme de forces au milieu du corps du cheval, et plus on l'augmentera, plus l'animal perdra de son énergie instinctive. Bientôt, lorsque la pression des jambes sera devenue insuffisante pour obtenir l'entière réunion des forces, le moment sera venu d'avoir recours à un moyen plus énergique, c'est-à-dire aux attaques.

Les attaques doivent se pratiquer, non pas par à-coups et avec de grands mouvements de jambes, mais avec délicatesse et ménagement. Le cavalier devra rapprocher les jambes de manière à ce que l'éperon, avant de se mettre en contact avec les flancs du cheval, n'en soit éloigné que d'une ligne s'il est possible. Les légères attaques par lesquelles on débutera devront toujours avoir la main pour écho ; cette main sera donc énergiquement soutenue, afin de présenter une opposition égale à la force communiquée par l'éperon. Si par un temps mal saisi la main n'interceptait pas bien l'impulsion donnée et la commotion générale qui en résulte, on devrait, avant de recommencer, rétablir l'ensemble dans les forces du cheval, et le calme dans ses mouvements. On augmentera progressivement la force des attaques jusqu'à ce que le cheval les supporte aususi vigoreuses que possible, sans présenter la moindre résistance à la main, sans augmenter la vitesse de l'allure, ou sans se déplacer si on travaille de pied ferme.

Le cheval amené à supporter ainsi les attaques sera aux trois quarts dressé, puisqu'on aura la libre disposition de toutes ses forces. En outre, le centre de gravité étant là où se réunissent les forces, nous l'avons amené à sa véritable place, c'est-à-dire au milieu du corps. Toutes les oscillations de l'animal nous seront donc subordonnées, et nous pourrons imprimer aisément au poids les translations nécessaires.

Il est facile de comprendre maintenant le point de départ des défenses : soit que le cheval rue, se cabre ou s'emporte, la mauvaise place occupée par le centre de gravité en est toujours la cause. Cette cause elle-même tient à une construction défectueuse qu'on ne peut changer, il est vrai, mais dont on peut toujours modifier les effets. Si le cheval rue, le centre de gravité est sur les épaules ; il est sur la croupe lorsque l'animal se cabre, et trop en avant du milieu du corps, lorsqu'il s'emporte. L'unique préoccupation du cavalier doit donc être de conserver toujours au milieu du corps du cheval le centre de gravité, puisqu'il évitera par là les défenses, et qu'il ramènera les forces d'un cheval mal conformé à la véritable place qu'elles occupent dans les belles organisations. C'est ce qui me fait dire qu'un cheval bien construit ne peut pas se livrer à des défenses ni à des mouvements désordonnés, car il lui faudrait des efforts surnaturels pour détruire l'harmonie de ses ressorts et donner un aussi grand déplacement au centre de gravité. Ainsi, quand je parle de la nécessité de donner au cheval un nouvel équilibre pour prévenir ses défenses et remédier au disgracieux de ses formes, j'entends désigner la combinaison de forces dont je viens de m'occuper, ou, pour mieux dire, la transposition du centre de gravité d'une place à une autre. Toute l'éducation du cheval est dans ce résultat; lorsque l'écuyer réussit à l'obtenir, son talent devient une vérité, puisqu'il transforme la laideur en grâce, et donne l'élégance et la légèreté à des mouvements jusqu'alors lourds et confus (1).

Les emplois de force du cavalier, quand ils sont bien appliqués, ont aussi sur le cheval un effet

---

(1) J'ai prouvé souvent que les chevaux réputés froids ou chevillés dans leurs épaules, n'ont pas le défaut qu'on leur suppose, en d'autres termes qu'il est excessivement rare qu'ils soient paralysés de leurs épaules, de manière à nuire à la régularité et à la vitesse des allures, principalement en ce qui concerne le trot. Les épaules du cheval, si je puis me servir de cette comparaison, ressemblent aux ailes d'un moulin à vent; l'impulsion donnée par la détente des jarrets remplace la force motrice. Il existe, sans doute, quelques vices locaux qui affectent les épaules, mais ce cas est rare; le défaut, s'il y en a un, prend sa source dans l'arrière-main. Pour mon compte, je n'ai jamais rencontré de chevaux qu'on disait avoir les épaules paralysées, sans que je ne les aie rendus très-libres, et cela, après quinze jours seulement de travail d'une demi-heure par jour. Le moyen est, comme tous ceux que j'emploie, de la plus grande simplicité; il consiste à assouplir l'encolure pour obtenir une prompte mise en main; puis ensuite, à l'aide des jambes et de petites attaques successives, on ramènera l'arrière-main près du centre. C'est alors que les jarrets retrouveront une détente qui, projetant la masse en avant, donnera aux épaules une liberté qu'on était loin de leur supposer.

moral qui accélère les résultats. Si l'impulsion donnée par les jambes trouve dans la main l'énergie et l'à-propos nécessaires pour en régler l'effet, la douleur qu'éprouvera l'animal sera toujours proportionnée à ses résistances, et son instinct lui fera bientôt comprendre comment il pourra diminuer, éviter même cette contrainte, en cédant promptement à ce qu'on lui demande. Il se hâtera donc de s'y soumettre et préviendra même nos désirs. Mais, je le répète, ce n'est qu'à force de tact, de délicatesse et de ménagement, qu'on arrivera à ce point important. Si l'on donne par les jambes une impulsion trop vigoureuse, le cheval dominera bien vite les effets de mains, et reprendra avec sa position naturelle tous les avantages qu'elle donne à ses mauvais instincts pour déjouer les efforts du cavalier. Si, au contraire, la main présente une résistance trop considérable, le cheval forcera bientôt les jambes, et trouvera dans cette position acculée un moyen de se défendre. Ces difficultés, du reste, ne doivent pas trop effrayer; elles n'étaient réellement graves que lorsque aucun principe rationnel ne donnait les moyens de les surmonter. L'application bien entendue de ma méthode mettra le commun des hommes de cheval à même d'obtenir ces résultats, qui n'appartenaient autrefois qu'aux organisations équestres les plus favorisées.

Lorsque l'animal sera bien habitué à de semblables oppositions par les attaques, il deviendra facile de combattre avec l'éperon toutes les résistances qui pourraient se manifester encore. Puisque les oscillations ou l'éloignement de la croupe sont toujours la cause de ces résistances, l'éperon, en ramenant immédiatement les jambes de derrière vers le milieu du corps, arrête la détente des jarrets, qui pourraient s'opposer au juste rapport des forces et à la bonne répartition du poids.

Ce moyen est celui que j'emploie toujours pour faire passer un cheval du galop accéléré au temps d'arrêt, sans forcer les jarrets et sans compromettre les articulations de l'arrière-main. On comprend, en effet, que, puisque ce sont les jarrets qui projettent la masse en avant, il suffira d'en d'étendre les ressorts pour arrêter l'élan. L'éperon, en ramenant instantanément sous le ventre du cheval les jambes de derrière, détruit promptement leur puissance, dès l'instant que le soutien de la main arrive assez à temps pour la fixer dans cette position. Les hanches se plient alors, la croupe se baisse; le poids et les forces se disposent dans l'ordre le plus favorable au jeu libre et combiné de chaque partie, et la violence du choc, décomposée à l'infini, est à peine sensible pour le cavalier et le cheval.

Si au contraire on arrête le cheval en faisant précéder la main, les jarrets restent éloignés et en arrière de la ligne d'aplomb; la secousse est violente, pénible pour l'animal, désastreuse surtout pour son organisation physique. Les chevaux qui ne s'arrêtent ainsi qu'en se braquant sur le mors et avec une encolure tendue, ne doivent répondre qu'à un bras de fer et à une opposition de force des plus violentes. Telle est la manière dont les Arabes, par exemple, exécutent ce temps d'arrêt, en se servant de mors meurtriers qui fracassent les barres de leurs chevaux. Aussi, malgré la bonté des ressorts dont la nature les a doués, ces excellents animaux n'en sont pas moins affectés de beaucoup de tares. Quelles doivent être à plus forte raison, sur nos chevaux français, les conséquences d'un pareil procédé? Il ne faut commencer les attaques qu'après avoir fixé le cheval dans la main par des effets d'ensemble; c'est alors que le premier toucher de l'éperon se fera sentir. On continuera à en faire usage, à de longs intervalles, jusqu'à ce que le cheval, après son élan en avant, ne présente plus de résistance sur la main et évite la pression du mors en rapprochant, de lui-même, son menton vers le poitrail. Une fois cette soumission obtenue, on pourra entreprendre les attaques sur oppositions, c'est-à-dire sur des résistances, mais il faudra avoir soin de les discontinuer lorsque le cheval sera dans la main. Ce moyen aura le double avantage d'agir moralement et physiquement. Les premières attaques se feront avec un seul éperon, et en soutenant la rêne opposée; ces oppositions transversales auront un effet plus juste et donneront des résultats plus prompts. Quand le cheval commencera à se renfermer sur les deux éperons employés séparément, on pourra les lui faire sentir en même temps et avec une gradation égale (1).

A l'œuvre donc, messieurs les cavaliers ! Si vous voulez suivre mes principes, je puis vous promettre que votre bourse se videra moins souvent dans les mains des marchands de chevaux, et que vous rendrez agréables celles même de vos montures qui ne vous offrent que des dégoûts. Vous arriverez à charmer jusqu'à nos directeurs des haras, qui attribueront à leurs tentatives de régénération l'élégance et la grâce que votre art seul aura su donner à vos coursiers.

DESCENTE DE MAIN.

La descente de main consiste à confirmer le cheval dans toute sa légèreté, c'est-à-dire à lui faire conserver son équilibre sans le secours des rênes. La souplesse donnée à toutes les parties du cheval, les justes oppositions de mains et de jambes, l'amènent à se maintenir dans la meilleure position pos-

(1) Je n'aurais jamais pensé que ce moyen, qui sert de correctif aux procédés mis en usage par tous les écuyers, exciterait péniblement la sensibilité de quelques amateurs. Ces derniers ont préféré s'affecter d'après des rapports exagérés ou erronés, plutôt que de s'assurer *de visu* que cette prétendue monstruosité se réduisait à la chose la plus innocente du monde. Ne faut-il pas apprendre au cheval à répondre aux attaques comme on lui apprend à obéir aux jambes et à la main ? N'est-ce pas par l'effet de ces petites attaques appliquées d'une façon judicieuse et intelligente qu'on ramène à volonté les jambes postérieures plus ou moins près du centre de gravité ? N'est-ce pas alors seulement qu'on peut augmenter ou diminuer la détente des jarrets, soit pour l'extension, soit pour l'élévation des allures, soit pour le temps d'arrêt ?

sible. Pour connaître au juste si l'on obtient ce résultat, il faudra avoir recours à de fréquentes descentes de main. Voici comment elles se pratiquent: après avoir glissé la main droite jusqu'au bouton et s'être assuré de l'égalité des rênes, on les lâchera de la main gauche, et la droite se baissera lentement jusque sur le pommeau de la selle. Il faudra, pour que cette descente de main soit régulière, que le cheval n'augmente ni ne diminue la vitesse de son allure, et que la tête et l'encolure conservent toujours leur bonne position. Les premières fois que le cheval sera ainsi livré à lui-même, il ne fera peut-être que quelque pas en conservant sa même position et son même degré de vitesse : le cavalier devra alors faire sentir les jambes d'abord et la main ensuite, afin de le ramener dans sa position première ; la répétition fréquente de ces descentes de main, à la suite d'un ramener complet, donnera au cheval un tact plus exquis et au cavalier une plus grande délicatesse de sentiment. Les moyens de direction employés par ce dernier se reproduiront immédiatement si les forces du cheval sont préalablement disposées dans une harmonie parfaite. Les descentes de main doivent se pratiquer d'abord au pas, puis au trot, puis galop. Cette feinte liberté donne une telle confiance au cheval, qu'il s'assujétit sans le savoir ; il devient notre esclave soumis, tout en croyant conserver une indépendance absolue.

DU RASSEMBLER.

> Le mérite ennoblit la pauvreté, séduit tout ce qui l'approche, et embellit ce qu'il touche.
> (*Passe-Temps équestres.*)

Le travail précédent rendra facile au cavalier cette disposition importante de l'équitation, désignée sous le nom de *rassembler*. On a beaucoup parlé du rassembler comme on a parlé de Dieu et de tous les mystères impénétrables à la perception humaine. S'il était permis de comparer les petites choses aux grandes, nous dirions que les théories plus ou moins absurdes qu'on a pu émettre sur la puissance divine n'ont, heureusement, contrarié en rien la marche immuable de la nature, mais qu'il n'en a pas été de même, par rapport aux progrès de l'équitation, de ce qui a été dit et écrit sur le rassembler. Les faux principes qui ont été propagés à cet égard ont fait du cheval le jouet et la victime de l'ignorance du cavalier.

Je le dis hautement, le rassembler n'a jamais été compris ni défini avant moi, car on ne peut l'exécuter parfaitement qu'après avoir appliqué successivement les principes que je viens de développer pour la première fois. On sera convaincu de cette vérité quand on saura que le rassembler exige:

1° L'assouplissement partiel et général de l'encolure et des hanches ;

2° Un ramener parfait qui résulte de ces assouplissements ;

3° L'absorption entière des forces du cheval par le cavalier.

Or, comme les moyens d'obtenir ces divers résultats n'ont jamais été indiqués dans aucun traité d'équitation, ne suis-je pas fondé à dire que le vrai rassembler n'a pu être pratiqué jusqu'à ce jour? C'est cependant une des conditions indispensables de l'éducation des chevaux : en conséquence, je me crois en droit de soutenir avec la même vérité, qu'avant ma méthode on n'a jamais dressé véritablement ceux de ces animaux dont la conformation était défectueuse.

Comment, en effet, définit-on le rassembler dans les écoles d'équitation ? *On rassemble son cheval, en élevant la main et en tenant les jambes près.* Je le demande, à quoi pourra servir ce mouvement du cavalier sur un animal mal conformé, contracté, et qui reste livré à toutes les mauvaises propensions de sa nature ? Cet apui machinal des mains et des jambes, loin de préparer le cheval à l'obéissance, n'aura d'autre effet que de doubler les moyens de résistance, puisqu'en l'avertissant qu'on va exiger de lui un mouvement, on reste dans l'impuissance de disposer ses forces de manière à l'y astreindre.

Le véritable rassembler consiste à réunir au centre les forces du cheval, pour alléger ses deux extrémités, et les livrer complétement à la disposition du cavalier. L'animal se trouve alors transformé en une sorte de balance, dont le cavalier est l'aiguille. Le moindre appui sur l'une ou l'autre des extrémités qui représentent les plateaux les déterminera immédiatement dans la direction qu'on voudra leur imprimer. Le cavalier reconnaîtra que le rassembler est complet lorsqu'il sentira le cheval prêt, pour ainsi dire, à s'enlever des quatre jambes. Le ramener d'abord, et les attaques ensuite, rendent facile au cavalier et au cheval cette belle exécution du rassembler, qui donne à l'animal le brillant, la grâce et la majesté. Si nous avons dû employer l'éperon pour pousser d'abord jusqu'à ses dernières limites cette concentration de forces, les jambes suffiront par la suite pour obtenir le rassembler nécessaire à la cadence et à l'élévation de tous les mouvements compliqués.

Ai-je besoin de recommander la discrétion dans les exigences? Non, sans doute ; si le cavalier, arrivé à ce point de l'éducation de son cheval, ne sait pas comprendre et saisir de lui-même la finesse de tact, la délicatesse de procédés indispensable à la bonne application de mes principes, ce sera une preuve qu'il est dénué de tout sentiment équestre; mes instances ne sauraient remédier à cette imperfection de sa nature.

VII.

DE L'EMPLOI DES FORCES DU CHEVAL

PAR LE CAVALIER.

(SUITE.)

> La nature retire ses prodigalités à quiconque en abuse.
> (*Passe-Temps équestres.*)

DU GALOP.

J'ai dit que jusqu'à ce jour, la plupart des ressources de l'équitation n'ont pas été comprises, et si j'avais besoin d'une nouvelle preuve à l'appui de mon opinion, je la puiserais dans les erreurs, les suppositions et les contradictions sans nombre qui ont été entassées pour expliquer le mouvement si simple du galop. Que de dissidences seulement sur les moyens à employer pour faire partir le cheval sur le pied droit? C'est l'appui de la jambe droite du cavalier qui déterminera le mouvement, prétend l'un ; — c'est celui de la jambe gauche, soutient un autre, — c'est le contact égal des deux jambes, affirme un troisième ; — non, disent sérieusement quelques autres, il faut laisser faire tout naturellement le cheval. Eh ! sans doute ! le hasard est si puissant.

Comment pouvait-on distinguer la vérité au milieu de ce conflit de principes si contraires? Ils émanaient d'ailleurs de sources respectables; la plupart de leurs auteurs avaient possédé des titres et des dignités qui ne s'accordent ordinairement qu'au mérite. Se seraient-ils tous trompés depuis cent cinquante ans? Cela n'était pas possible ; car à une longue pratique plusieurs d'entre eux joignaient les connaissances les plus complètes en physique, en anatomie, en mathématiques, etc., etc. Douter de pareilles autorités eût été aussi présomptueux qu'imprudent ; on l'aurait considéré comme un crime de lèse-équitation. Les cavaliers conservaient donc leur ignorance, les chevaux leur mauvais équilibre ; et si on parvenait, après deux ou trois ans d'un travail routinier, à faire partir sur le pied voulu quelques chevaux doués d'une organisation privilégiée, et à les faire changer ensuite de pied, juste à un point déterminé, la difficulté consistait ensuite à les empêcher de répéter toujours ce mouvement à la même place (1).

C'est ainsi que s'accréditent et se perpétuent souvent les erreurs les plus palpables, jusqu'à ce qu'arrive enfin un esprit pratique, doué de quelque bon sens naturel, qui vienne démentir par l'application toutes les savantes théories de ses prédécesseurs. On essaye bien de nier d'abord le savoir-faire du novateur; mais les masses, qui ont l'instinct du vrai et jugent d'après ce qu'elles voient, se rangent bientôt de son côté, tournent le dos à ses détracteurs, et les laissent se morfondre dans leur isolement et leur vaine prétention.

C'est donc à la masse des cavaliers que je m'adresse en disant : ou le cheval est sous l'influence de vos forces et soumis entièrement à votre puissance, ou vous êtes en lutte avec lui. S'il vous en-

---

(1) Dans son remarquable travail publié par le *Spectateur militaire*, M. Auguste Delard, après avoir démontré l'absence de base fixe et raisonnée, l'incohérence de principes qui caractérisent l'ancienne école, conclut ainsi :

« Là où il n'existe pas de règle générale, toute méthode devient
» impossible. Comment qualifier, en effet, un système qui ne repose
» que sur une quantité innombrable de cas particuliers? Lui don-
» nera-t-on le nom de méthode? Qu'est-ce donc qu'une méthode,
» sinon la marche régulière et assurée d'un problème vers la solu-
» tion obligée? Ainsi, lorsque après les études les plus profondes et
» les plus variées, lorsque après les travaux d'observation les plus
» patients et les plus complets, vous verrez chaque jour, à chaque
» pas, surgir devant vous des péripéties toujours soudaines et des
» dénouements toujours imprévus, direz-vous que vous avez une
» méthode? Prenez garde, toute méthode a une fin et votre système
» n'en a pas. »

traîne en galopant, sans que vous puissiez modifier et diriger parfaitement sa course, c'est une preuve que, quoique soumis jusqu'à un certain point à votre pouvoir, puisqu'il consent à vous transporter ainsi, il dispose cependant d'une grande partie de ses forces instinctives. Dans ce cas, c'est entre vous et lui un combat perpétuel, mêlé de succès et de revers, et dont les chances dépendent de la température, du caprice de l'animal, de sa bonne ou de sa mauvaise digestion. Les changements de pied, dans de pareilles conditions, ne pourront s'obtenir que par des *renversements*, ce qui rend le mouvement aussi difficile que disgracieux.

Si au contraire l'animal est assujéti au point de ne pouvoir contracter aucune de ses parties sans l'intervention et le secours du cavalier, ce dernier pourra diriger à son gré l'ensemble des ressorts, répartir la force et le poids de telle à telle partie, et exécuter par conséquent les changemets de pied avec aisance et promptitude.

Nous savons que les contractions d'une partie quelconque du cheval réagissent toujours sur l'encolure, et que la roideur de celle-ci s'oppose à la bonne exécution de tout mouvement. Or, si, au moment de s'enlever au galop, le cheval roidit l'une de ses extrémités, et par suite son encolure, de quelle utilité pourra être, je le demande, pour déterminer le départ sur le pied droit, l'appui de l'une ou de l'autre jambe du cavalier, ou même celui des deux jambes à la fois? Ces moyens seraient évidemment sans effet jusqu'à ce qu'on eût remonté à la source de la résistance afin de la combattre et de l'annuler. On le voit donc, ici comme toujours, la souplesse et la légèreté pourront seules faciliter l'exécution du travail.

Si, quand on veut déterminer le cheval sur le pied droit, une légère contraction d'une partie de l'animal le disposait à partir sur le pied gauche, et si l'on persistait, malgré cette mauvaise disposition, à engager l'allure, il faudrait alors employer deux forces du même côté, c'est-à-dire la jambe gauche et la main gauche; la première étant destinée dans ce cas à déterminer le mouvement qu'on veut obtenir, la seconde à combattre la disposition contraire du cheval.

Mais lorsque le cheval, parfaitement souple et rassemblé, ne fera jouer ses ressorts que d'après l'impression que leur donnera le cavalier, celui-ci, pour partir sur le pied droit, devra combiner une opposition de forces propre à maintenir l'équilibre de l'animal, tout en le plaçant dans la position exigée pour le mouvement. Il portera alors la main à gauche, il appuiera la jambe droite. On voit par là que le moyen dont j'ai parlé plus haut, utile lorsque le cheval n'est pas convenablement placé, serait nuisible lorsque l'animal est bien disposé, puisqu'il détruirait la belle harmonie qui existe alors entre les forces.

Cette courte explication suffira, je l'espère, pour faire comprendre qu'on doit étudier les choses à fond avant de formuler des principes. Plus de système donc sur l'emploi exclusif de telle ou telle jambe pour déterminer le galop, mais conviction profonde que la première condition de ce travail et de tous les autres est de maintenir son cheval souple, léger, c'est-à-dire rassemblé, puis d'employer ensuite l'un ou l'autre moteur, suivant que l'animal, au départ, conserve sa bonne position, ou qu'il cherche à s'en éloigner. Il faut aussi bien se pénétrer que c'est la force qui donne la position au cheval, mais que de la position seule dépend la régularité des mouvements.

Le passage fréquent en ligne directe, et par des temps d'arrêt, du galop sur le pied droit au galop sur le pied gauche, amènera bientôt à exécuter les changements de pied de tact-au-tact. Évitons surtout les violents effets de force qui dérouteraient le cheval et lui feraient perdre sa légèreté. Rappelons-nous que cette légèreté qui doit précéder tous les changements d'allure ou de direction, rendre faciles, gracieux et inévitables tous les mouvements, est la condition importante que nous devons rechercher avant tout.

C'est parce qu'ils n'ont pas compris ce principe, et n'ont pas senti que la première condition pour disposer un cheval au galop est de détruire d'abord toutes les forces instinctives de l'animal (forces qui s'opposent à la position exigée pour le mouvement), que les écuyers ont émis à ce sujet tant de principes erronés, et que tous sont restés dans l'impuissance de nous indiquer les véritables moyens à employer.

DU SAUT DE FOSSÉ ET DE BARRIÈRE.

> Les sentiments et l'intimité ne sont réels qu'autant qu'ils aident et secourent la bonne foi qui réclame leur assistance.
> (*Passe-Temps équestres.*)

Bien que les combinaisons seules de la science équestre ne puissent donner à tous les chevaux l'énergie et la vigueur nécessaires pour franchir un fossé ou une barrière, il est cependant des principes à l'aide desquels on arrivera à suppléer en partie aux dispositions naturelles de l'animal. On facilitera l'élévation et la franchise de l'élan en imprimant aux forces une bonne direction. Je ne prétends pas dire par là qu'un cheval, doué de moyens ordinaires, atteindra dans ce mouvement la même hauteur et la même élégance que celui qui est bien constitué, mais il pourra du moins y déployer plus convenablement toutes les ressources de son organisation.

Le point capital est d'amener le cheval à essayer de bonne volonté ce travail. Si l'on suit ponctuellement tous les procédés que j'ai prescrits pour maîtriser les forces instinctives de l'animal et le mettre sous l'influence des nôtres, on reconnaîtra l'utilité de cette progression par la facilité qu'on aura à faire franchir au cheval tous les objets qui se rencontreront sur sa route. Du reste, il ne faut jamais, en cas de lutte, recourir aux moyens violents, tels que la chambrière, ni chercher à exciter l'animal par des cris; cela ne pourrait produire qu'un effet moral propre à l'effrayer. Or, c'est par des moyens physiques que nous devons avant tout l'amener à l'obéissance, puisque seuls ils le mettront à même de comprendre et d'exécuter. On doit donc lutter avec calme, et chercher à surmonter les forces qui le portent au refus, en agissant directement sur elles. On attendra pour faire sauter un cheval qu'il réponde franchement aux jambes et à l'éperon, afin d'avoir toujours un moyen assuré de domination.

La barrière restera par terre jusqu'à ce que le cheval la passe sans hésitation; on l'élèvera ensuite de quelques pouces, en augmentant progressivement la hauteur jusqu'au point que l'animal pourra franchir sans de trop violents efforts. Dépasser cette juste limite, serait s'exposer à faire naître chez le cheval un dégoût que l'on doit éviter avec grand soin. La barrière ainsi élevée avec ménagement devra être fixée pour que le cheval, disposé à l'apathie, ne se fasse pas un jeu d'un obstacle qui ne serait plus sérieux dès l'instant où le contact de ses extrémités suffirait pour le renverser. La barrière ne devra être recouverte d'aucune enveloppe propre à diminuer sa dureté; l'on doit être sévère lorsqu'on exige des choses possibles, et éviter les abus qu'entraîne toujours une complaisance mal réfléchie.

Avant de se préparer à sauter, le cavalier se soutiendra avec assez d'énergie pour que son corps ne précède pas le mouvement du cheval. Ses reins seront souples, ses fesses bien fixées sur la selle, afin qu'il n'éprouve ni choc ni réaction violente. Ses cuisses et ses jambes, enveloppant exactement le corps et les flancs du cheval, lui donneront une puissance toujours opportune et infaillible. La main dans sa position naturelle, tendra les rênes de manière à sentir la bouche du cheval pour juger des effets d'impulsion. C'est avec cette position que le cavalier conduira l'animal sur l'obstacle ; si celui-ci y arrive avec la même franchise d'allure, une légère opposition des mains et des jambes facilitera l'élévation de l'avant-main, et l'élan de l'extrémité postérieure. Dès que le cheval est enlevé, la main cesse son effet, pour se soutenir de nouveau lorsque les jambes de devant arrivent sur le sol, et les empêcher de fléchir sous le poids du corps.

On se contentera d'exécuter quelques sauts en harmonie avec les ressources du cheval, et on évitera surtout de pousser la bravade jusqu'à vouloir contraindre l'animal à franchir des obstacles au-dessus de ses forces. J'ai connu de très-bons sauteurs qu'on est parvenu à rebuter ainsi pour toujours, et que nuls efforts ne pouvaient décider à franchir des hauteurs ou des distances de moitié inférieures à celles qu'ils sautaient aisément dans le principe.

DU PIAFFER.

> La persévérance et le savoir peuvent donner à la nature informe la noblesse et l'harmonie.
> (*Passe-Temps équestres.*)

Jusqu'à ce jour, les écuyers ont soutenu que la nature de chaque cheval ne comporte qu'un nombre limité de mouvements, et que s'il en est qu'on peut amener à exécuter un piaffer haut et brillant, ou bas et précipité, il s'en trouve un plus grand nombre auxquels ce travail est à jamais interdit. Leur construction, disaient-ils, s'y oppose; c'est donc la nature qui l'a voulu; ne doit-on pas s'incliner devant cet arbitre suprême et respecter ses décrets?

Cette opinion est commode sans doute pour justifier sa propre ignorance, mais elle n'en est pas moins fausse. *On peut amener tous les chevaux à piaffer*, et je vais prouver qu'ici surtout, sans réformer l'œuvre de la nature, sans déranger la conformation des os ou celle des muscles de l'animal, on peut remédier aux conséquences de ses imperfections physiques, et changer la disposition vicieuse occasionnée par la mauvaise construction. Sans nul doute, le cheval dont les forces et le poids sont réunis sur l'une de ses extrémités sera hors d'état d'exécuter la cadence élégante du piaffer. Mais un travail gradué, dont le ressembler est le complément, nous permet bientôt de remédier à un pareil inconvénient. Nous pouvons maintenant réunir toutes ces forces à leur véritable centre de gravité, et le cheval qui supporte parfaitement le rassembler a toutes les dispositions voulues pour être préparé au piaffer.

Pour que le piaffer soit régulier et gracieux, il faut que les jambes du cheval, mues par la diagonale, se lèvent ensemble et retombent de même sur le sol à des intervalles de temps aussi éloignés que possible. L'animal ne doit pas se porter davantage sur la main que sur les jambes du cavalier, afin que son équilibre présente la perfection de cette balance dont j'ai parlé plus haut, Lorsque le centre des forces se trouve ainsi disposé au milieu du corps, et lorsque le rassembler est parfait, il suffit, pour amener un commencement de piaffer, de communiquer au cheval, avec les jambes, une vibration légère d'abord, mais souvent réitérée. J'entends par vibration, une surexcitation de forces, dont le cavalier doit toujours être l'agent.

Après ce premier résultat, on mettra le cheval au pas, et les jambes du cavalier, rapprochées graduellement, donneront à l'animal un léger surcroît d'action. Alors, mais seulement alors, la main se soutiendra d'accord avec les jambes, et aux mêmes intervalles, afin que ces deux moteurs, agissant conjointement, entretiennent une succession de mouvements imperceptibles, et produisent une légère contraction qui se répartira sur tout le corps du cheval. L'activité réitérée de cet ensemble de forces donnera aux extrémités une première mobilité qui sera loin d'abord d'être régulière, puisque le surcroît d'action que nécessite ce nouveau travail rompra momentanément le rapport harmonique des forces. Mais cette action générale est nécessaire pour obtenir même une mobilité irrégulière, car sans cela le mouvement serait désordonné et il n'y aurait plus d'harmonie entre les différents ressorts. On se contentera, dans les premiers jours, d'un commencement de mobilité des extrémités, en ayant soin de s'arrêter chaque fois que le cheval lèvera et reposera les pieds sans trop les avancer, pour le caresser, le flatter de la voix, et calmer ainsi la surexcitation que devra occasionner chez lui une exigence dont il ne comprendra pas encore le but. Ces caresses cependant doivent être employées avec dicernement et lorsque le cheval a bien fait, car, mal appliquées, elles seraient plutôt nuisibles qu'utiles; l'opportunité, dans les cessions de mains et de jambes, est plus importante encore ; elle exige toute l'attention du cavalier.

Une fois la mobilité des jambes obtenue, on pourra commencer à en régler, à en distancer la cadence. Ici encore, je chercherais vainement à indiquer avec la plume le degré de délicatesse nécessaire dans les procédés du cavalier, puisque ses effets doivent se reproduire avec une justesse, avec un à-propos sans égal. C'est par l'appui alterné des deux jambes qu'il arrivera à prolonger les balancements latéraux du corps du cheval, de manière à le maintenir plus longtemps sur l'un ou l'autre côté. Il saisira le moment où le cheval se préparera à appuyer la jambe de devant sur le sol, pour faire sentir la pression de sa propre jambe du même côté et ajouter à l'inclinaison de l'animal dans le même sens. Si ce temps est bien saisi, le cheval se balancera lentement, et la cadence acquerra cette élévation si propre à faire ressortir toute sa noblesse et toute sa majesté. Ces temps de jambes sont difficiles et demandent une grande pratique ; mais leurs résultats sont trop brillants pour que le cavalier ne s'efforce pas d'en saisir les nuances.

Le mouvement précipité des jambes du cavalier accélère aussi le piaffer. C'est donc lui qui règle à volonté le plus ou moins de vitesse de la cadence. Le travail du piaffer n'est brillant et complet que lorsque le cheval l'exécute sans répugnance, ce qui aura toujours lieu quand les forces conserveront leur ensemble, leur énergie, et que la position sera conforme aux exigences du mouvement. Il est donc urgent de bien connaître l'emploi de la force nécessaire pour l'exécution du piaffer, afin de ne pas la dépasser; on veillera surtout au maintien du rassembler, qui, de lui-même, amènera le mouvement à se reproduire sans efforts.

VIII.

DIVISION DU TRAVAIL.

> On doit tracer à l'avance son plan de conduite pour que le chemin sinueux de la vie soit une route de bonheur.
> (*Passe-Temps équestres.*)

Je viens de développer tous les moyens à employer pour compléter l'éducation du cheval; il me reste à dire comment l'écuyer devra diviser son travail pour lier entre eux les divers exercices et pour passer par degré du simple au composé.

Deux mois de travail à deux leçons d'une demi-heure chaque jour, c'est-à-dire cent vingt leçons, suffiront largement pour amener le cheval le plus neuf à exécuter régulièrement tous les exercices qui précèdent. Je tiens à deux courtes leçons par jour, l'une le matin, l'autre dans l'après-midi ; elles sont nécessaires pour obtenir d'excellents résultats.

On dégoûte un jeune cheval en le tenant trop longtemps sur des exercices qui le fatiguent, d'autant plus que son intelligence est moins préparée à comprendre ce qu'on veut exiger de lui. D'un autre côté, un intervalle de vingt-quatre heures entre chaque leçon est trop long, selon moi, pour que l'animal puisse se rappeler le lendemain ce qu'il avait compris la veille.

Le travail général sera divisé en cinq séries ou leçons réparties elles-mêmes dans l'ordre suivant :

PREMIÈRE LEÇON.

HUIT JOURS DE TRAVAIL.

Les vingt premières minutes de cette leçon seront consacrées au travail en place pour les flexions de mâchoire et d'encolure ; le cavalier à pied d'abord, puis ensuite à cheval, se conformera à la progression que j'ai indiquée précédemment. Pendant les dix dernières minutes, il fera marcher son cheval au pas sans s'étudier à le rechercher, mais en s'appliquant surtout à maintenir sa tête dans la position du ramener. Il se contentera d'exécuter un seul changement de main pour marcher autant à main droite qu'à main gauche. Le quatrième ou cinquième jour, le cavalier, avant de mettre son cheval en mouvement, lui fera commencer quelques légères flexions de croupe.

DEUXIÈME LEÇON.

DIX JOURS DE TRAVAIL.

Les quinze premières minutes seront employées aux assouplissements en place, y compris les flexions de la croupe exécutées plus complétement que dans la leçon précédente ; puis on commencera le reculer. On consacrera l'autre moitié de la leçon à la marche directe, en prenant une ou deux fois le trot à une allure très-modérée. Le cavalier, pendant cette seconde partie du travail, tout en ne cessant pas de se préoccuper du ramener, commencera toutefois de légères oppositions de mains et de jambes, afin de préparer le cheval à supporter les effets d'ensemble et de donner de la régularité à ses allures. On commencera aussi les changements de direction au pas, en conservant le ramener et en ayant soin de faire précéder toujours la tête et l'encolure.

TROISIÈME LEÇON.

DOUZE JOURS DE TRAVAIL.

Six ou huit minutes seulement seront employées d'abord aux flexions en place ; celles de l'arrière-main devront être poussées jusqu'à compléter les pirouettes renversées. On continuera par le reculer; puis tout le reste de la leçon sera consacré à perfectionner le pas et le trot, en commençant à cette dernière allure les changements de direction. Le cavalier arrêtera souvent le cheval, et continuera à veiller attentivement au ramener pendant les changements d'allure ou de direction. Il commencera également le travail de deux pistes au pas, ainsi que la rotation des épaules autour des hanches.

QUATRIÈME LEÇON.

QUINZE JOURS DE TRAVAIL.

Après cinq minutes consacrées aux assouplissements en place, le cavalier répétera d'abord tout le travail de la leçon précédente ; il commencera, de pied ferme, les attaques pour confirmer le ramener et préparer le rassembler. Il renouvellera les attaques en marchant, et lorsque le cheval les supportera patiemment, il commencera le galop. Il se contentera d'exécuter dans le principe quatre ou cinq foulées seulement pour reprendre le pas et partir sur un pied différent, à moins que les dispotions du cheval n'exigent qu'on l'exerce plus souvent sur un pied que sur un autre. En passant du galop au pas, on veillera avec soin à ce que le cheval prenne le plus tôt possible cette dernière allure sans *trottiner*, et tout en conservant légères la tête et l'encolure. On ne l'exercera au galop qu'à la fin de chaque leçon.

CINQUIÈME LEÇON.

QUINZE JOURS DE TRAVAIL.

Ces derniers quinze jours seront employés à assurer la parfaite exécution de tout le travail précédent, et à perfectionner l'allure du galop jusqu'à ce qu'on exécute facilement les changements de direction, les changements de pied du tact-au-tact, et le travail de deux pistes. On pourra alors exercer le cheval au saut de la barrière et au piaffer.

Ainsi, nous aurons en DEUX MOIS, et sur n'importe quel cheval, accompli une œuvre qui exigeait autrefois des années pour ne donner souvent que des résultats incomplets. Et je le répète : quelque insuffisant que puisse paraître un espace de temps aussi court, il produira l'effet que je promets, si l'on se conforme exactement à toutes mes prescriptions. Je l'ai démontré dans cent occasions différentes, et beaucoup de mes élèves sont à même de le prouver comme moi.

En établissant l'ordre du travail ci-dessus, il est bien entendu que je me base sur les dispositions des chevaux en général. Un écuyer doué de quelque tact comprendra bien vite les modifications qu'il devra apporter dans l'application, suivant la nature particulière de son élève. Tel cheval, par exemple, exigera plus ou moins de persistance dans les flexions; tel autre dans le reculer; celui-ci, froid et apathique, nécessitera l'emploi des attaques avant le temps que j'ai indiqué. Tout ceci est une affaire d'intelligence; ce serait offenser mes lecteurs que de ne pas les supposer capables de suppléer aux détails qu'il est d'ailleurs impossible de préciser. On comprend facilement qu'il existe des chevaux irritables et mal constitués, dont les dispositions défectueuses ont été empirées par l'influence d'une mauvaise éducation première. Avec de tels sujets, on devra mettre nécessairement plus de persistance dans le travail des assouplissements et du pas. Dans tous les cas, quelles que puissent être les modifications légères que nécessitent les différences dans les dispositions des sujets, je persiste à dire qu'il n'est pas de chevaux dont l'éducation ne doive être faite avec ma méthode dans l'espace de temps que je désigne. J'entends par là que ce temps suffira pour donner aux forces du cheval l'aptitude nécessaire à l'exécution de tous les mouvements ; le fini de l'éducation dépendra ensuite de la justesse de tact du cavalier. Ma méthode, en effet, a cet avantage de ne pas reconnaître de bornes au progrès de l'équitation, et il n'est pas de travail *équestrement* possible qu'un écuyer qui saura convenablement appliquer mes principes ne puisse faire exécuter à son cheval. Je vais donner une preuve convaincante à l'appui de cette assertion, en expliquant les seize nouveaux airs de manége que j'ai ajoutés au répertoire des anciens maîtres.

IX.

APPLICATION

DES PRINCIPES PRÉCÉDENTS AU TRAVAIL DES CHEVAUX

PARTISAN, CAPITAINE, NEPTUNE ET BURIDAN.

— Les études premières bien comprises conduisent à l'érudition.
— Plus l'esprit a de consistance, plus il a de brillant et de justesse.
(*Passe-Temps équestres.*)

Les personnes qui niaient systématiquement l'efficacité de ma méthode, devaient nécessairement aussi nier les résultats qu'on leur démontrait. On était bien forcé de reconnaître avec tout le public que mon travail au Cirque-Olympique était nouveau, extraordinaire ; mais on l'attribuait à des causes plus étranges les unes que les autres, tout en soutenant, bien entendu, que le talent équestre du cavalier n'était pour rien dans l'habileté du cheval. Suivant les uns, j'étais un nouveau Carter, habituant mes chevaux à l'obéissance en les privant de sommeil ou de nourriture ; selon d'autres, je leur liais les jambes avec des cordes et les tenais ainsi suspendus pour les préparer à une espèce de jeu de marionnettes ; quelques-uns n'étaient pas éloignés de croire que je les fascinais par la puissance du regard. Enfin, une certaine portion du public, voyant ces animaux travailler en cadence au son de la charmante musique de l'un de mes amis, M. Paul Cuzent, soutenait sérieusement qu'ils possédaient sans doute, à un très-haut degré, l'instinct de la mélodie, et qu'ils s'arrêteraient court avec les clarinettes et les trombones. Ainsi, le son de la musique était plus puissant sur mon cheval que je ne l'étais moi-même ! L'animal obéissait à un *ut* ou à un *sol* bien détaché ; mais mes jambes et mes mains étaient absolument nulles dans leurs effets. Croirait-on que de pareils non-sens étaient débités par des gens qui passaient pour cavaliers ? Je conçois que l'on n'ait pas compris d'abord mes moyens, puisque ma méthode était nouvelle ; mais avant de la juger d'une manière aussi étrange, on aurait dû, ce me semble, chercher au moins à la connaître.

J'avais trouvé le cercle de l'équitation trop restreint, puisqu'il suffisait de bien exécuter un mouvement pour pratiquer immédiatement les autres avec la même facilité. Ainsi, il m'était prouvé que le cavalier qui parcourait avec précision une ligne droite de deux pistes au pas, au trot, au galop, pouvait marcher de même la tête ou la croupe au mur, l'épaule en dedans, exécuter les voltes ordinaires ou renversées, les changements et les contre-changements de mains, etc., etc. Quant au piaffer, c'était, comme je l'ai dit, la nature seule qui en décidait. Ce long et fastidieux travail n'avait d'autres variantes que les titres divers des mouvements, puisqu'il suffisait d'une seule difficulté vaincue pour surmonter toutes les autres. J'ai donc créé des airs de manége nouveaux dont l'exécution nécessite plus de souplesse, plus d'ensemble, plus de fini dans l'éducation du cheval. Cela m'était facile avec mon système ; et pour convaincre mes adversaires qu'il n'y a dans mon travail au Cirque ni magie ni mystère, je vais expliquer par quels procédés purement équestres, et même sans avoir recours aux piliers, caveçons ou cravaches, j'ai amené mes chevaux à exécuter les seize airs de manége qui semblent si extraordinaires.

1° *Flexion instantanée et maintien en l'air de l'une ou l'autre extrémité antérieure, tandis que les trois autres restent fixées sur le sol.*

Le moyen de faire lever au cheval l'une de ses

deux jambes de devant est bien simple, dès que l'animal est parfaitement souple et rassemblé. Il suffit pour faire lever, par exemple, la jambe droite, d'incliner légèrement la tête à droite, tout en faisant refluer le poids du corps sur la partie gauche. Les deux jambes du cavalier seront soutenues avec énergie (la gauche un peu plus que la droite), afin que l'effet de la main qui amène la tête à droite ne réagisse pas sur le poids, et que les forces qui servent à fixer la partie surchargée donnent à la jambe droite du cheval assez d'action pour la faire soulever de terre. En répétant quelquefois cet exercice, on arrivera à maintenir cette jambe en l'air aussi longtemps qu'on le voudra.

2° *Mobilité des hanches, le cheval s'appuyant sur les jambes de devant, pendant que celles de derrière se balancent alternativement l'une sur l'autre, la jambe postérieure qui est en l'air exécutant son mouvement de gauche à droite sans toucher la terre pour devenir pivot à son tour, sans que l'autre se soulève et exécute ensuite le même mouvement.*

La mobilité simple des hanches est un des exercices que j'ai indiqués pour l'éducation élémentaire du cheval. On compliquera ce travail en multipliant le contact alternatif des jambes, jusqu'à ce qu'on arrive à porter facilement la croupe du cheval d'une jambe sur l'autre, de manière à ce que le mouvement de droite à gauche et de gauche à droite ne puisse excéder un pas. Ce travail est propre à donner au cavalier une grande finesse de tact, et prépare le cheval à répondre aux plus légers effets.

3° *Passage instantané du piaffer lent au piaffer précipité*, et vice versâ.

Après avoir amené un cheval à déployer une grande mobilité des quatre jambes, on doit en régler le mouvement. C'est par la pression lente et alternée de ses jambes que le cavalier obtiendra le piaffer lent; il le précipitera en multipliant le contact. On peut obtenir ces deux piaffers sur tous les chevaux ; mais comme ceci rentre dans les grandes difficultés, un tact parfait est indispensable.

4° *Reculer avec une élévation égale des jambes transversales qui s'éloignent et se posent en même temps sur le sol, le cheval exécutant le mouvement avec autant de franchise et de facilité que s'il avançait et sans concours apparent du cavalier.*

Le reculer n'est pas nouveau, mais il l'est certainement dans les conditions que je viens de poser. Ce n'est qu'à l'aide d'un assouplissement et d'un ramener complet qu'on arrive à suspendre tellement le corps du cheval, que la répartition du poids est parfaitement régulière et que les extrémités acquièrent une énergie et une activité égales. Ce mouvement devient alors aussi facile et aussi gracieux qu'il est pénible et dépourvu d'élégance lorsqu'on le transforme en *acculement*.

5° *Mobilité simultanée et en place des deux jambes par la diagonale ; le cheval, après avoir levé les deux jambes opposées, les porte en arrière pour le ramener ensuite à la place qu'elles occupaient et recommencer le même mouvement avec l'autre diagonale.*

L'assouplissement et la mise en main rendent ce mouvement facile. Lorsque le cheval ne présente plus aucune résistance, il apprécie les plus légers effets du cavalier, destinés dans ce cas à ne déplacer que le moins possible de forces et de poids pour arriver à mobiliser les deux extrémités opposées. En réitérant cet exercice, on le rendra en peu de temps familier au cheval. Le fini du mécanisme donnera bientôt le fini de l'intelligence.

6° *Trot à extension soutenue ; le cheval, après avoir levé les jambes, les porte en avant en les soutenant un instant en l'air avant de les poser sur le sol.*

Les procédés qui font la base de ma méthode se reproduisent dans chaque mouvement simple et à plus forte raison dans les mouvements compliqués. Si l'équilibre ne s'obtient que par la légèreté, en revanche il n'est pas de légèreté sans équilibre ; c'est par la réunion de ces deux conditions que le cheval acquerra la facilité d'étendre son trot jusqu'aux dernières limites possibles, et changera complétement son allure primitive.

7° *Trot serpentin, le cheval tournant à droite et à gauche pour revenir à peu près sur son point de départ, après avoir fait cinq ou six pas dans chaque direction.*

Ce mouvement ne présentera aucune difficulté

si l'on conserve le cheval dans la main en exécutant au pas et au trot des flexions d'encolure; on conçoit qu'un semblable travail est impossible sans cette condition. On devra toujours soutenir la jambe opposée au côté vers lequel fléchit l'encolure.

8° *Arrêt sur place à l'aide des éperons, le cheval étant au galop.*

Lorsque le cheval, parfaitement assoupli, supportera convenablement les attaques et le rassembler, il sera disposé pour exécuter le temps d'arrêt dans les conditions ci-dessus. On débutera dans l'application par le petit galop, pour arriver successivement à la plus grande vitesse. Les jambes, précédant la main, ramèneront les extrémités postérieures du cheval sous le milieu du corps, puis un prompt effet de main, en les fixant dans cette position, arrêtera immédiatement l'élan. On ménage, par ce moyen, l'organisation du cheval, que l'on peut conserver ainsi toujours exempte de tares.

9° *Mobilité continue en place de l'une des extrémités antérieures, le cheval exécutant par la volonté du cavalier le mouvement par lequel il manifeste souvent de lui-même son impatience.*

On obtiendra ce mouvement par le même procédé qui sert à maintenir en l'air la jambe du cheval. Dans le dernier cas, les jambes du cavalier doivent imprimer un appui continu pour que la force qui tient la jambe du cheval levée conserve bien son effet, tandis que, pour le mouvement dont il s'agit, il faut renouveler l'action par une multitude de petites pressions, afin de déterminer la mobilité de la jambe qui est tenue en l'air. Cette extrémité du cheval acquerra bientôt un mouvement subordonné à celui des jambes du cavalier, et si les temps sont bien saisis, il semblera, pour ainsi dire, qu'on fait mouvoir l'animal à l'aide d'un moyen mécanique.

10° *Reculer au trot, le cheval conservant la même cadence et les mêmes battues que dans le trot en avant.*

La condition première pour obtenir le trot en arrière est de maintenir le cheval dans une cadence parfaite et aussi rassemblé que possible; la seconde est toute dans les procédés du cavalier. Celui-ci doit chercher insensiblement par des effets d'ensemble à faire primer les forces du devant sur celles de derrière, sans nuire à l'harmonie du mouvement. On le voit donc : par le rassembler, on obtiendra successivement le piaffer en place, le piaffer en arrière, même sans le secours des rênes.

11° *Reculer au galop, le temps étant le même que pour le galop ordinaire ; mais les jambes antérieures, une fois élevées, au lieu de gagner du terrain, se portant en arrière, pour que l'arrière-main exécute le même mouvement rétrograde aussitôt que les extrémités antérieures se posent sur le sol.*

Le principe est le même que pour le travail précédent ; avec un rassembler parfait, les jambes de derrière se trouveront tellement rapprochées du centre, qu'en élevant l'avant-main, la détente des jarrets ne fonctionnera plus, pour ainsi dire, que de bas en haut. Ce travail, qu'on pourra faire exécuter facilement à un cheval énergique, ne devra pas être exigé de celui qui ne posséderait point cette qualité.

12° *Changements de pied au temps, chaque temps de galop s'opérant sur une nouvelle jambe.*

On comprend que, pour pratiquer ce travail difficile, le cheval doit être habitué à exécuter parfaitement, et le plus fréquemment possible, les changements de pied du tact-au-tact. Avant d'essayer ces changements de pied à chaque temps, on doit l'avoir amené à exécuter ce mouvement à toutes les deux foulées. Tout dépend de son aptitude, et surtout de l'intelligence du cavalier : avec cette dernière qualité, il n'est pas d'obstacle qu'on ne puisse surmonter. Pour exécuter ce travail avec toute la précision désirable, le cheval doit rester léger, conserver son même degré d'action ; de son côté, le cavalier évitera par-dessus tout les brusques renversements de l'avant-main.

13° *Pirouettes ordinaires sur trois jambes, celle de devant, du côté vers lequel on tourne, restant en l'air pendant toute la durée du mouvement.*

Les pirouettes ordinaires doivent être familières à un cheval dressé d'après ma méthode, et j'ai indiqué plus haut le moyen de l'obliger à tenir élevée l'une de ses extrémités antérieures. Si l'on exécute bien séparément ces deux mouvements, il sera facile de les joindre en un seul travail. Après avoir disposé le cheval pour la pirouette, on préparera la masse de manière à enlever la partie antérieure; celle-ci une fois en l'air, on surchargera la partie opposée au côté vers lequel on veut tourner, en appuyant sur cette partie avec la main et la jambe. La jambe du cavalier placée du côté qui converge ne fonctionnera pendant ce temps que pour porter les forces en avant, afin d'empêcher la main de produire un effet rétroactif sur l'ensemble du cheval.

14° *Reculer avec temps d'arrêt à chaque foulée, la jambe droite du cheval restant en avant immobile et tendue de toute la distance qu'a parcourue la jambe gauche, et vice versa.*

Ce mouvement dépend de la finesse de tact du cavalier, puisqu'il résulte d'un effet de forces qu'il est impossible de préciser. Bien que ce travail soit peu gracieux, le cavalier expérimenté fera bien de le pratiquer souvent, pour apprendre à modifier les effets de forces, et acquérir parfaitement toutes les nuances de son art.

15° *Piaffer régulier avec un temps d'arrêt immédiat sur trois jambes, la quatrième restant en l'air.*

Ici encore, comme pour les pirouettes ordinaires sur trois jambes, c'est en exerçant séparément le piaffer et la flexion isolée d'une jambe qu'on arrivera à réunir les deux mouvements en un seul. On interrompra le piaffer en arrêtant la contraction des trois jambes pour n'en laisser que dans une seule. Il suffit donc, pour habituer le cheval à ce travail, de l'arrêter lorsqu'il piaffe, en le forçant à contracter une seule de ses jambes.

16° *Changements de pied au temps, à des intervalles égaux, le cheval restant en place.*

Ce mouvement s'obtient par les mêmes procédés que ceux qui sont employés pour les changements de pied au temps en avançant ; seulement il est beaucoup plus compliqué, puisque l'on doit donner une impulsion juste assez forte pour déterminer le mouvement des jambes sans que le corps se porte en avant. Ce mouvement exige par conséquent beaucoup de tact de la part du cavalier, et ne saurait être pratiqué que sur un cheval parfaitement dressé, mais dressé comme je le comprends.

Telle est la nomenclature des nouveaux airs de manége que je me suis plu à créer, et que j'ai exécutés si souvent en présence du public. Comme on le voit, ce travail, qui paraissait tellement extraordinaire qu'on ne voulait pas croire qu'il tînt à des procédés équestres, devient très-simple et très-compréhensible dès qu'on a étudié les principes de ma méthode. Il n'est pas un de ces mouvements où l'on ne retrouve l'application des préceptes que j'ai développés dans ce livre.

Mais, je le répète, si j'ai enrichi l'équitation d'un

travail nouveau et intéressant, je ne prétends pas avoir atteint les dernières limites de l'art ; et tel peut venir après moi qui, s'il veut étudier mon système et le pratiquer avec intelligence, pourra me dépasser dans la carrière, et ajouter encore aux résultats que j'ai obtenus.

X.

EXPOSITION SUCCINCTE DE LA MÉTHODE

PAR DEMANDES ET RÉPONSES.

DEMANDE. Q'entendez-vous par force ?
RÉPONSE. La puissance motrice qui résulte de la contraction musculaire.
D. Qu'entendez-vous par forces *instinctives ?*
R. Celles qui viennent du cheval, c'est-à-dire dont il détermine lui-même l'emploi.
D. Qu'entendez-vous par forces *transmises ?*
R. Celles qui émanent du cavalier et sont appréciées immédiatement par le cheval.
D. Qu'entendez-vous par résistances ?
R. La force que le cheval présente et avec laquelle il cherche à établir une lutte à son avantage.

D. Doit-on s'attacher d'abord à annuler les forces que le cheval présente pour résister, avant d'en exiger d'autres mouvements?

R. Sans nul doute, puisque alors la force du cavalier, qui doit déplacer le poids de la masse, se trouvant absorbée par une résistance équivalente, tout mouvement devient impossible.

D. Par quels moyens peut-on combattre les résistances?

R. Par l'assouplissement partiel et méthodique de la mâchoire, de l'encolure, des hanches et des reins.

D. Quelle est l'utilité des flexions de mâchoire?

R. Comme c'est sur la mâchoire inférieure que se reproduisent d'abord les effets de la main du cavalier, ceux-ci seront nuls ou incomplets si la mâchoire est contractée ou serrée contre la mâchoire supérieure. De plus, comme dans ce cas les déplacements du corps du cheval ne s'obtiennent qu'avec difficulté, les mouvements qui en résultent seront tout aussi pénibles.

D. Suffit-il que le cheval *mâche son frein* pour que la flexion de la mâchoire ne laisse plus rien à désirer?

R. Non, il faut encore que le cheval *lâche son frein*, c'est-à-dire qu'il écarte (à volonté) le plus possible ses deux mâchoires.

D. Tous les chevaux peuvent-ils avoir cette mobilité de mâchoire?

R. Tous sans exception, si l'on suit la gradation indiquée, et si le cavalier ne se laisse pas *tromper* par la flexion de l'encolure. Bien que cette flexion soit utile, elle serait insuffisante sans le *jeu de la mâchoire*.

D. Dans la flexion directe de la *mâchoire*, doit-on donner en même temps une tension aux rênes de la bride et à celles du bridon?

R. Non, il faut faire précéder le bridon (la main placée comme l'indique la planche n° 3) jusqu'à ce que la tête et l'encolure se soient abaissées ; après, que la pression du mors, d'accord avec le bridon, fera promptement ouvrir les mâchoires.

D. Doit-on répéter souvent cet exercice?

R. Il faut le continuer jusqu'à ce que les mâchoires s'écartent par une légère pression du mors ou du bridon.

D. Pourquoi la roideur de l'encolure est-elle un aussi puissant obstacle à l'éducation du cheval?

R. Parce qu'elle absorbe à son profit la force que le cavalier cherche vainement à transmettre pour en répartir les effets sur toute la masse.

D. Les hanches peuvent-elles s'assouplir isolément?

R. Oui, certainement, et cet exercice se trouve compris dans ce que l'on appelle travail en place.

D. Quel est son but d'utilité?

R. De prévenir les mauvais effets résultant des forces instinctives du cheval, et de lui faire apprécier, sans qu'il s'y oppose, les forces transmises par le cavalier.

D. Le cheval peut-il exécuter un mouvement sans translation de poids ?

R. C'est impossible, il faut s'attacher à faire prendre au cheval une position qui opère dans son équilibre une variation telle que le mouvement en soit une conséquence naturelle.

D. Qu'entendez-vous par position ?

R. Une disposition de la tête, de l'encolure et du corps préparés à l'avance dans le sens des mouvements du cheval.

D. En quoi consiste le *ramener ?*

R. Dans la position perpendiculaire de la tête et dans la légèreté qui l'accompagne.

D. Quelle est la répartition des forces et des poids au ramener ?

R. Les forces et les poids sont également distribués dans toute la masse.

D. Comment parle-t-on à l'intelligence du cheval ?

R. Par la position, en ce sens que c'est elle qui fait connaître au cheval les intentions du cavalier.

D. Pourquoi faut-il que, dans les mouvements rétrogrades du cheval, les jambes du cavalier précèdent la main ?

R. Parce qu'il faut déplacer les points d'appui avant de poser dessus la masse qu'ils doivent supporter.

D. Est-ce le cavalier qui détermine son cheval ?

R. Non, le cavalier donne l'action et la position qui sont le langage ; le cheval répond à cette interpellation par le changement d'allure ou de direction qu'avait projeté le cavalier.

D. Est-ce au cavalier ou au cheval que l'on doit imputer la faute d'une mauvaise exécution ?

R. Au cavalier, et toujours au cavalier. Comme il dépend de lui d'assouplir et de placer le cheval dans le sens du mouvement, et qu'avec ces deux conditions fidèlement remplies, tout devient régulier, c'est donc au cavalier que doit appartenir le mérite ou le blâme.

D. Quelle espéce de mors convient au cheval ?

R. Le mors doux.

D. Pourquoi faut-il un mors doux pour tous les chevaux, quelle que soit leur résistance ?

R. Parce que le mors dur a toujours pour effet de contraindre et de surprendre le cheval, tandis qu'il faut l'empêcher de faire mal et le mettre à même de bien faire. Or, on ne peut obtenir ces résultats qu'à l'aide d'un mors doux et surtout d'une main savante ; car le mors, c'est la main, et une belle main c'est tout le cavalier.

D. Existe-t-il d'autres inconvénients avec les instruments de supplice appelés mors durs ?

R. Certainement, car le cheval apprend bientôt à en éviter la pénible sujétion en forçant les jambes du cavalier, dont la puissance ne peut jamais être égale à celle de ce frein barbare. Il y parvient en cédant du corps et en résistant de l'encolure et de la mâchoire ; ce qui manque tout à fait le but qu'on s'était proposé.

D. Comment se fait-il que presque tous les écuyers en renom aient inventé une espèce spéciale de mors ?

R. Parce que, manquant de science personnelle, ils cherchent à remplacer leur insuffisance par des secours ou des machines étrangères.

D. Le cheval parfaitement dans la main peut-il se défendre ?

R. Non, car la juste répartition de poids que donne cette position suppose une grande régularité de mouvements, et il faudrait intervertir cet ordre pour qu'il y eût acte de rébellion de la part du cheval.

D. Quelle est l'utilité du filet ?

R. Le filet sert à combattre les forces opposantes (latérales) de l'encolure, à faire précéder la tête dans tous les changements de direction quand le cheval n'est pas encore familiarisé avec les effets du mors ; il sert aussi à disposer l'encolure et la tête sur une ligne parfaitement droite.

D. Doit-on, pour obtenir le ramener, faire précéder la main par les jambes ou les jambes par la main ?

R. Les poignets doivent précéder jusqu'à ce qu'ils aient produit l'effet de donner une grande souplesse à l'encolure (ce qui doit se pratiquer en place) ; puis les jambes doivent arriver à leur tour pour faire concourir l'arrière main à l'ensemble des mouvements. La continuelle légèreté du cheval à toutes les allures en sera le résultat.

D. Les jambes ou les poignets doivent-ils se prêter secours ou fonctionner séparément?

R. Il faut toujours que l'une de ces extrémités ait l'autre pour auxiliaire.

D. Doit-on laisser le cheval longtemps aux mêmes allures pour développer ses moyens?

R. C'est inutile, puisque la régularité des mouvements résulte de la régularité des positions; le cheval qui fait cinquante temps de trot régulièrement, est beaucoup plus avancé dans son éducation que s'il en faisait mille avec une position vicieuse. C'est donc à sa position qu'il faut s'attacher, c'est-à-dire à sa légèreté.

D. Dans quelles proportions doit-on user de la force du cheval?

R. Cela ne peut se définir, puisque ces forces varient en raison des sujets; mais il faut en être avare et ne les dépenser qu'avec circonspection, surtout pendant le cours de son éducation. C'est pour cela qu'il faut, pour ainsi dire, leur créer un réservoir pour que le cheval ne les absorbe pas inutilement, et que le cavalier en fasse un usage utile et d'une plus longue durée.

D. Quel bien résultera-t-il pour le cheval de ce judicieux emploi de ses forces?

R. Comme on ne se servira que de forces utiles

pour tel ou tel mouvement, la fatigue ou l'épuisement ne pourra plus être que le résultat du long temps pendant lequel l'animal restera aux allures accélérées, et non l'effet d'une excessive contraction musculaire qui conserverait son intensité, même aux allures lentes.

D. Dans quel moment doit-on chercher à obtenir les premiers temps de reculer du cheval ?

R. Après l'assouplissement de l'encolure et des hanches.

D. Pourquoi l'assouplissement des hanches doit-il précéder celui des reins (le reculer) ?

R. Pour maintenir plus facilement le cheval sur une même ligne droite et rendre le flux et le reflux de poids plus facile.

D. Ces premiers mouvements rétrogrades du cheval doivent-ils se prolonger longtemps pendant les premières leçons ?

R. Non ; comme ils n'ont pour but que d'annuler les forces instinctives du cheval, il faut attendre qu'il soit parfaitement dans la main pour obtenir une marche en arrière, un vrai reculer.

D. Qu'est-ce qui constitue le vrai reculer ?

R. La légèreté du cheval (tête perpendiculaire), la balance exacte de son corps, et l'élévation à la même hauteur des jambes par la diagonale.

D. A quelle distance l'éperon doit-il être rapproché des flancs du cheval avant l'attaque ?

R. La molette ne doit jamais être éloignée de

plus de 4 à 5 centimètres des flancs du cheval.

D. Comment doivent se pratiquer les attaques ?

R. Elles doivent arriver aux flancs du cheval par un mouvement égal à celui d'un coup de lancette, et s'en éloigner aussitôt.

D. Est-il des circonstances où l'attaque doive se pratiquer sans le secours de la main ?

R. Jamais, puisqu'elle ne doit avoir d'autre but que de donner l'impulsion qui sert à la main pour renfermer le cheval ?

D. Sont-ce les attaques elles-mêmes qui châtient le cheval ?

R. Non ; le châtiment est dans la position renfermée que les attaques et la main font prendre au cheval. Comme celui-ci se trouve alors dans l'impossibilité de faire usage d'aucune de ses forces, le châtiment a toute son efficacité.

D. En quoi consiste la différence entre les attaques pratiquées d'après les anciens principes et celles que prescrit la nouvelle méthode ?

R. Nos anciens (qu'il faut vénérer) pratiquaient l'éperonade pour jeter le cheval en dehors de lui-même ; la nouvelle méthode en fait usage pour le renfermer, c'est-à-dire lui donner cette position première qui est la mère de toutes les autres.

D. Quelles sont les fonctions des jambes pendant les attaques ?

R. Les jambes doivent rester adhérentes aux

flancs du cheval et ne partager en rien les mouvements des pieds.

D. Dans quel moment doit-on commencer les attaques ?

R. Quand le cheval supportera paisiblement une forte pression des jambes sans sortir de la main.

D. Pourquoi un cheval, parfaitement dans la main, supportera-t-il l'éperon sans s'émouvoir et même sans mouvements brusques?

R. Parce que la main savante du cavalier, ayant prévenu tous les déplacements de la tête, ne laisse jamais échapper les forces au dehors ; elle les concentre en les fixant. La lutte égale des forces, ou si l'on aime mieux, leur ensemble, explique suffisamment dans ce cas l'apparente froideur du cheval.

D. N'est-il pas à craindre que le cheval ne devienne insensible aux jambes et ne perde toute l'activité qui lui convient pour les mouvements accélérés?

R. Quoique cette opinion soit celle de la presque totalité des gens qui parlent de la méthode sans la connaître, il n'en est rien. Puisque tous ces moyens servent seulement à maintenir le cheval dans le plus parfait équilibre, la promptitude des mouvements doit nécessairement en être le résultat, et, par suite, le cheval sera disposé à répondre au contact progressif des jambes, quand la main ne s'y opposera pas.

D. Comment reconnaître qu'une attaque est régulière?

R. Lorsque, bien loin de faire sortir le cheval de la main, elle l'y fait rentrer.

D. Comment la main doit-elle se soutenir dans les moments de résistances du cheval?

R. La main doit s'arrêter, se fixer et ne se rapprocher du corps qu'autant que les rênes n'auraient pas trois quarts de tension. Dans le cas contraire, il faut attendre que le cheval se porte sur la main pour lui présenter cette barrière insurmontable.

D. Quel serait l'inconvénient d'augmenter les pressions du mors en rapprochant la main du corps pour ralentir le cheval dans ses allures en le mettant dans la main?

R. L'inconvénient serait d'agir généralement sur toutes les forces, et non de produire un effet partiel, de déplacer le poids au lieu d'annuler la force d'impulsion. Il ne faut pas vouloir renverser ce qu'on ne peut arrêter.

D. Dans quels cas doit-on se servir du caveçon, et quel est son but d'utilité?

R. On doit s'en servir dans le cas où la mauvaise contruction du cheval le porterait à se défendre, bien qu'il ne lui soit demandé que des mouvements simples. Il est également utile d'employer le caveçon avec les chevaux rétifs, attendu que son but est d'agir sur le moral, pendant que le cavalier agit sur le physique.

D. Comment doit-on se servir du caveçon ?

R. Dans le principe, on doit tenir la longe du caveçon à 35 ou 40 centimètres de la tête du cheval, tendue et soutenue par un poignet énergique. Il faudra saisir tous les à-propos pour diminuer ou augmenter l'appui du caveçon sur le nez du cheval, afin de s'en servir comme d'un moyen d'aide. Tous les actes de méchanceté qui le portent à mal faire seront réprimés par de petites saccades qui ne doivent avoir lieu que dans le moment même de la défense. Dès que les mouvements du cavalier commenceront à être appréciés par le cheval, la longe du caveçon devra être sans effet ; au bout de quelques jours l'animal n'aura plus besoin que du mors auquel il répondra, dans ce cas, sans hésitation.

D. Dans quel cas le cavalier est-il moins intelligent que son cheval ?

R. Quand ce dernier l'assujétit à ses caprices et lui fait faire sa volonté.

D. Les défenses du cheval sont-elles physiques ou morales ?

R. Les défenses sont d'abord physiques, elles deviennent morales par la suite ; le cavalier doit donc se rendre compte des causes qui les font naître, et chercher, par un travail préparatoire, à rétablir le juste équilibre qu'une mauvaise nature aurait refusé.

D. Le cheval bien équilibré naturellement peut-il se défendre?

R. Il serait aussi difficile à un sujet réunissant tout ce qui constitue le bon cheval, de se livrer à ces mouvements désordonnés, qu'il est impossible à celui qui n'a pas reçu de semblables dons de la nature, d'avoir des mouvements réguliers, si l'art bien entendu ne lui a prêté son secours.

D. Qu'entendez-vous par *rassembler?*

R. La réunion des forces au centre de gravité.

D. Peut-on rassembler le cheval qui ne se renfermerait pas sur les attaques?

R. C'est de la plus grande impossibilité; les jambes seraient insuffisantes pour contre-balancer les effets de la main.

D. Dans quel moment doit-on rassembler le cheval?

R. Quand le ramener est au grand complet.

D. A quoi sert le rassembler?

R. A obtenir sans difficulté tout ce qu'il y a de compliqué en équitation.

D. En quoi consiste le piaffer?

R. Dans la pose gracieuse du corps et la cadence harmonisée des extrémités.

E. Existe-t-il plusieurs genres de piaffer?

R. Deux; le lent et le précipité.

D. De ces deux, quel est le préférable?

R. Le piaffer lent, puisque c'est seulement lorsqu'on l'obtient que l'équilibre est dans toute sa perfection.

D. Doit-on faire piaffer le cheval qui ne supporterait pas le rassembler?

R. Non, car ce serait un *enjambement* sur la gradation logique qui seule donne des résultats certains. Aussi, le cheval qui n'a pas été conduit par cette filière de principes n'exécute qu'avec peine et sans grâce ce qu'il devrait accomplir avec enjouement et majesté.

D. Tous les cavaliers sont-ils appelés à vaincre toutes les difficultés et à saisir tous les effets de tact?

R. Comme les résultats en équitation ont pour point de départ l'intelligence, tout est subordonné à cette disposition innée; mais tous les cavaliers seront aptes à dresser leurs chevaux, s'ils renferment l'éducation du cheval dans les mesures de leurs propres moyens.

CONCLUSION.

> — L'homme studieux, qui remplit sa tâche avec zèle, apprécie mieux les douceurs du repos.
> — Les recherches consciencieuses font trouver le moyen d'arriver juste au but.
> (*Passe-Temps équestres.*)

Tout le monde se plaint aujourd'hui de la dégénération de nos espèces chevalines. Inquiets trop tard, sans doute, d'un état de choses qui menace jusqu'à l'indépendance nationale, les esprits patriotiques cherchent à remonter à la source du mal, et formulent des systèmes divers pour y remédier au plus tôt. Parmi les causes qui ont le plus contribué à la déchéance de nos anciennes races, on oublie, ce me semble, de mentionner la décadence dans laquelle est tombée l'équitation, et l'on ne songe pas davantage que la réorganisation de cet art est indispensable pour accélérer la régénération des chevaux.

Les difficultés de l'équitation sont depuis longtemps les mêmes, mais il y avait autrefois, pour en entretenir, sinon le goût, du moins la pratique constante, des stimulants qui n'existent plus de nos jours. Il y a cinquante ans encore, tout homme d'un rang élevé devait savoir manier un cheval avec habileté, et le dresser au besoin. Cette étude était le complément indispensable de l'éducation des jeunes gens de grande famille; et comme c'était pour eux une obligation de consacrer deux ou trois années aux rudes exercices du manége, ils arrivaient à la longue, les uns par goût, d'autres par habitude, à devenir des hommes de cheval. Ces dispositions une fois acquises se conservaient toute la vie; on sentait alors la nécessité de posséder de bons chevaux, et les hommes les plus à même, par leur fortune, d'encourager l'élève, mettaient tout en œuvre pour le seconder de leur mieux. Le placement des sujets distingués devenait alors facile; tous y gagnaient, l'éleveur comme les chevaux. Il n'en est pas ainsi maintenant : l'aristocratie de la fortune, en succédant à celle de la naissance, veut bien posséder tous les avantages de cette dernière, mais elle se dispense des obligations onéreuses qui étaient quelquefois inhérentes à la possession d'un rang élevé. Le désir de briller sur les promenades publiques, ou des motifs plus frivoles encore, engagent quelquefois les grands seigneurs de notre époque à commencer l'étude de l'équitation; mais, ennuyés bien vite d'un travail qui ne leur présente aucun résultat satisfaisant, ils ne trouvent qu'une fatigue monotone là où ils cherchaient un plaisir, et croient en savoir assez dès l'instant qu'ils peuvent se maintenir passablement en selle. Une telle insuffisance équestre, aussi dangereuse qu'irréfléchie, doit nécessairement occasionner mille accidents funestes. On se dégoûte dès lors de l'équitation et du cheval ; et comme rien n'oblige à en continuer l'exercice, on y renonce à peu près, d'autant mieux qu'on se soucie fort peu naturellement de tout ce qui concerne les espèces chevalines et leur perfectionnement. Il faut donc, comme mesure préliminaire à la régénération des chevaux, relever l'équitation du triste abaissement dans lequel elle est tombée. Le gouvernement peut sans doute beaucoup à cet égard ; mais c'est aux maîtres de l'art à suppléer au besoin à l'insuffisance du pouvoir. Qu'ils rendent attrayante et efficace une étude jusqu'à ce jour trop monotone et trop souvent stérile ; que des principes rationnels et vrais mettent enfin l'écolier sur une voie réelle de progrès, que chacun de leurs efforts amène un succès ; et l'on verra bientôt les jeunes gens aisés se passionner pour un exercice qu'on aura su leur rendre aussi intéressant qu'il est noble, et retrouver, avec l'amour des chevaux, une vive sollicitude pour tout ce qui se rattache à leurs qualités et à leur éducation.

Mais les écuyers peuvent prétendre à des résultats plus brillants encore. S'ils parvenaient à faciliter la bonne éducation des chevaux inférieurs, ils populariseraient au sein des masses l'étude de l'équitation ; ils mettraient ainsi à la portée des bourses moyennes, si nombreuses dans notre pays d'égalité, la pratique d'un art qui, jusqu'à ce jour, est resté l'apanage des grandes fortunes. Tel a été, pour mon compte, le but des travaux de toute ma vie. C'est dans l'espoir d'atteindre ce but que je livre au public le fruit de mes longues recherches.

Je dois le dire cependant, si j'étais soutenu par la confiance de pouvoir un jour être utile à mon pays, c'était l'armée surtout qui préoccupait ma pensée. Elle compte, sans nul doute, dans ses rangs beaucoup d'écuyers habiles ; mais le système qu'on leur fait suivre, impuissant à mes yeux, est la véritable cause de l'infériorité équestre du plus grand nombre, ainsi que du mauvais dressage et de la maladresse des chevaux. J'oserai ajouter qu'on doit attribuer en outre au même motif le peu de goût que ressentent en général pour l'équitation les officiers et les soldats. Comment n'en serait-il pas ainsi? La modicité du prix alloué par l'état pour les chevaux de remonte fait que l'on rencontre dans l'armée très-peu de ces bonnes conformations dont l'éducation est si facile. Les officiers eux-mêmes, montés sur des sujets fort médiocres, s'efforcent vainement de les rendre dociles et agréables. Après deux ou trois ans d'exercices fatigants, ils finissent bien par les soumettre à une obéissance machinale, mais les mêmes résistances du cheval et les mêmes inconvénients de construction se représentent perpétuellement. Rebutés alors par des difficultés qui leur paraissent insurmontables, ils se dégoutent de l'équitation et du cheval, et ne s'en occupent plus qu'autant que le commandent les exigences de leur état.

Il est cependant indispensable qu'un officier de cavalerie soit toujours maître de son cheval, au point de pouvoir, pour ainsi dire, lui communiquer sa pensée ; l'ensemble des manœuvres, les nécessités du commandement, les périls du champ de bataille, tout le réclame impérieusement. La vie du cavalier, chacun le sait, dépend souvent de la bonne ou de la mauvaise disposition de sa monture ; de même que la perte ou le gain d'une bataille tient parfois à l'ensemble ou au décousu d'une manœuvre d'escadron. Ma méthode donnera aux militaires le goût de l'équitation, goût indispensable à la profession qu'ils exercent. La nature des chevaux d'officiers, que l'on considère comme si défectueuse, est précisément celle sur laquelle on doit obtenir les résultats les plus satisfaisants. Ces animaux possèdent en général une certaine énergie ; et dès qu'on saura bien employer leurs qualités en remédiant aux vices physiques qui les paralysaient, on sera étonné des ressources qu'ils déploieront. Le cavalier, façonnant par degré son cheval, le considérera comme son œuvre, s'y attachera sincèrement, et trouvera alors autant de charmes dans la pratique de l'équitation, qu'il ressentait auparavant d'ennuis et de dégoût. Simples et faciles dans leur application, mes principes sont à la portée de toutes les intelligences. Ils pourront former partout (ce qui est si rare de nos jours) des écuyers habiles. Mais je mets en fait que si ma méthode est adoptée et bien comprise dans l'armée, où la pratique journalière du cheval est une nécessité de métier, on verra surgir parmi les officiers et les sous-officiers des capacités équestres par milliers. Il n'est pas un seul d'entre eux qui, avec une heure d'étude par jour, ne puisse être bientôt à même de donner, en moins de trois mois, à n'importe quel cheval, l'éducation et les qualités suivantes :

1° Assouplissement général ;

2° Légèreté parfaite ;

3° Position gracieuse ;

4° Pas régulier ;

5° Trot uni, cadencé, étendu,

6° Reculer aussi facile et aussi franc que la marche en avant ;

7° Galop facile sur les deux pieds, et changement de pied du tact-au-tact ;

8° Travail facile et régulier sur les hanches, y compris les pirouettes ordinaires et reversées ;

9° Saut du fossé et de la barrière ;

10° Piaffer ;

11° Temps d'arrêt au galop, à l'aide des jambes soutenues préalablement et d'un léger appui de la main. J'en appelle à tous les hommes consciencieux ; ont-ils vu beaucoup d'écuyers en réputation obtenir en si peu de temps de pareils résultats?

L'éducation des chevaux de troupe, moins compliquée que celle de ceux qui sont destinés aux officiers, devra par conséquent être plus rapide. On insistera surtout sur les assouplissements et le reculer suivis du pas, du trot et du galop, en conservant le cheval parfaitement dans la main. MM. les colonels apprécieront bien vite les excellents résultats de ce travail, par la précision avec laquelle s'opéreront tous les mouvements. On pourra exécuter, sans sortir de l'écurie, les flexions si importantes de l'avant-main, chaque cavalier faisant tourner son cheval dans les intervalles de tête à queue. Ce n'est pas à moi, du reste, à tracer à MM. les colonels tous les moyens à suivre pour mettre ma méthode en pratique ; il me suffit d'avoir posé et expliqué mes principes. MM. les officiers instructeurs suppléeront d'eux-mêmes aux détails d'application qu'il serait trop long d'énumérer ici.

Ce livre, je dois le répéter encore, est le fruit de vingt années d'observations constamment vérifiées par la pratique. Le travail a été long et pénible sans doute, mais quelles compensations n'ai-je pas trouvées dans les résultats que j'ai été assez heureux pour obtenir ! Il me suffira de donner ici la nomenclature de mes découvertes pour rendre le public juge de leur importance ; et quand je présente ces procédés comme nouveaux, c'est parce que j'ai la conscience qu'ils n'ont jamais été pratiqués avant moi. J'ai donc ajouté successivement au manuel de l'écuyer les principes et les innovations suivantes :

1° Nouveau moyen d'obtenir une bonne position du cavalier ;

2° Moyen de faire venir le cheval à l'homme et de le rendre sage au montoir ;

3° Distinction entre les forces instinctives du cheval et les forces communiquées ;

4° Explication de l'influence d'une mauvaise construction sur les résistances des chevaux ;

5° Effet des mauvaises constructions sur l'encolure et la croupe, principaux foyers de résistance ;

6° Moyens de remédier à ces inconvénients, ou assouplissements des deux extrémités et de tout le corps du cheval ;

7° Annihilation des forces instinctives du cheval pour leur substituer les forces transmises par le cavalier, et donner à l'animal disgracieux de l'aisance et du brillant ;

8° Égalité de sensibilité de bouche chez tous les chevaux ; adoption d'un genre de mors uniforme ;

9° Égalité de sensibilité de flancs chez les chevaux ; moyens de les habituer tous à supporter également l'éperon ;

10° Tous les chevaux peuvent se ramener et acquérir une même légèreté ;

11° Moyen d'amener le centre de gravité chez un cheval mal constitué à la place qu'il occupe dans les belles organisations ;

12° Le cavalier dispose le cheval à un mouvement, mais il ne le détermine pas ;

13° Des causes qui font que des chevaux non tarés ont souvent des allures défectueuses ; moyens d'y remédier en quelques leçons ;

14° Emploi pour les changements de direction de la jambe opposée au côté vers lequel on tourne, de manière à ce qu'elle précède l'autre ;

15° Les jambes du cavalier doivent précéder les mains dans tous les mouvements rétrogrades du cheval ;

16° Distinction entre le reculer et l'acculement ; de l'effet utile du premier dans l'éducation du cheval ; des inconvénients du second ;

17° Des attaques employées comme moyen d'éducation ;

18° Tous les chevaux peuvent piaffer ; moyen de rendre ce mouvement lent ou précipité ;

19° Définition du vrai rassembler ; moyens de l'obtenir ; de son utilité pour la grâce et la régularité des mouvements compliqués ;

20° Moyen d'amener tous les chevaux à projeter franchement au trot leurs jambes en avant ;

21. Moyens raisonnés pour mettre le cheval au galop ;

22° Temps d'arrêts au galop, les jambes ou l'éperon précédant la main ;

23° Force continue, basée sur les forces du cheval, le cavalier ne devant céder qu'après avoir *annulé* les résistances du cheval ;

24° Éducation partielle du cheval, ou moyen d'exercer ses forces séparément ;

25° Éducation complète des chevaux d'une conformation très-ordinaire en moins de trois mois ;

26° Seize nouvelles figures de manége propres à donner le fini à l'éducation du cheval et à perfectionner le sentiment du cavalier (1).

Il est bien entendu que tous les détails d'application qui se rattachent à ces innovations sont nouveaux comme elles et m'appartiennent également.

---

(1) J'ai eu aussi le premier l'idée de faire exécuter, même par des dames, les grandes difficultés de l'équitation ; le public en été a témoin. Tout le monde a pu admirer entre autres une jeune amazone, dont la délicatesse et la finesse de tact sont portées à un degré très-remarquable. J'ai nommé mademoiselle Pauline Cuzent, sœur du charmant compositeur qui joint au don inné de la mélodie le talent de voltigeur élégant et distingué.

UN DERNIER MOT DE POLÉMIQUE.

La précédente édition contenait, sous le titre d'*appendice*, les observations suivantes :

» C'est toujours avec crainte que l'on met au jour une idée nouvelle, bien qu'on soit convaincu d'avance par une longue pratique des avantages réels qui doivent en résulter. N'est-on pas exposé à rencontrer, à côté des gens loyaux et éclairés, les adversaires de mauvaise foi, les ennemis intéressés du progrès, toujours disposés à méconnaître ou à dénigrer les découvertes utiles et conciencieuses? J'allais oublier d'ajouter le fléau des plagiaires. C'est ainsi que déjà plusieurs pamphlétaires ont cherché par toutes espèces de moyens, excepté celui du raisonnement, à arrêter l'élan (si profitable d'ailleurs à l'art hippique) qui s'était manifesté à l'occasion de ma nouvelle méthode. J'aurais laissé dans l'ombre tous ces détracteurs, si le nom de M. D'Aure ne se fût pas trouvé en tête de l'une de ces brochures. J'ai dû répondre, et afin que le public, trop souvent abusé par le vain éclat d'un nom, fût mis à même de juger si l'adversaire qui attaque mon système est bien réellement une autorité irrécusable et compétente, j'ai recherché et exposé dans une récente brochure ce que M. D'Aure appelle *ses* principes équestres.

» Comme les brochures, sous le point de vue scientifique, sont sans importance, je crois devoir, dans l'intérêt de l'art et de la complète édification des amateurs, reproduire ici un échantillon des *hautes* leçons de M. D'Aure.

» Cet échantillon suffira pour donner une idée du reste.

TRAITÉ D'ÉQUITATION PUBLIÉ EN 1834 PAR M. D'AURE, PAGE 123.

« L'auteur suppose un cheval devant tourner à droite, et
» qui, par une raison quelconque de souffrance ou de vo-
» lonté, se dérobe à gauche ; généralement, l'homme qui le
» montera, pour le faire tourner à droite, ouvrira la rêne
» droite, et résistera sur cette rêne tant que le cheval n'aura
» pas cédé. Il arrive alors que, par cette action trop répétée
» de la rêne droite le cavalier offense la barre droite de ma-
» nière à la rompre (les cavaliers de M. D'Aure sont terri-
» blement énergiques), ou à lui donner une sensibilité telle
» qu'il ne répondra plus à ce mouvement d'attraction (il est
» ingénieux le mouvement d'attraction!) qui, tendant à por-
» ter la tête à droite, entraînerait la masse de ce côté, tandis
» qu'au contraire, cédant à la sensibilité qui lui vient de
» droite, il se portera à gauche et s'y jettera d'autant plus
» qu'on agira davantage sur la rêne droite, qui, souvent
» dans ce cas, pliera bien l'encolure à droite, mais fera recu-
» ler la tête de façon à ce que, le mouvement de l'épaule
» droite étant arrêté, il faudra absolument que le cheval
» s'échappe à gauche si l'on continue à le tenir en mouve-
» ment. *Le seul moyen de porter remède à ce mal*, c'est de ré-
» tablir l'équilibre de la sensibilité dans la bouche du cheval,
» *d'offenser, s'il est nécessaire, la barre gauche*, et faire tour-
» ner le cheval à droite par la résistance de la rêne gauche,
» ainsi que par l'action des jambes, qui maintiendront ses
» hanches vis-à-vis des épaules.

» L'ouvrage presque tout entier de M. D'Aure est traité avec cette *hauteur* et cette rectitude de vues. Je demande maintenant si l'homme qui a pu émettre de pareilles hérésies et de pareils non-sens n'est pas déchu du droit de se poser en appréciateur et en critique d'un système scientifique et raisonné d'équitation. »

Depuis que le chapitre ci-dessus a paru dans l'édition précédente, M. D'Aure a publié une nouvelle édition de son *Traité d'Équitation*. Dans celle-ci la fin du curieux paragraphe qu'on vient de lire, est considérablement *revue et corrigée* (elle en avait grand besoin, par parenthèse). On pourra en juger par le tableau suivant des deux textes mis en regard.

Édition de 1834, *page* 123.	*Édition de* 1843, *page* 111.
Le seul moyen de porter remède à ce mal, c'est de rétablir l'équilibre de la sensibilité dans la bouche du cheval, D'OFFENSER, s'il est nécessaire, la barre gauche et faire tourner le cheval à droite par la résistance de la rêne gauche, ainsi que par l'action des jambes qui maintiendront les hanches vis-à-vis des épaules.	Il devient donc nécessaire, pour rectifier cette mauvaise position, de cesser une semblable action sur la rêne droite et d'agir fortement sur la gauche, afin d'*irriter*, s'il y a urgence, la sensibilité de la barre gauche en offrant en même temps de ce côté une résistance assez forte pour *engager* le cheval à la fuir et à se porter à droite.

Comme on le voit, il y a modification complète; il n'est

plus question « D'OFFENSER *la barre gauche,* pour *faire* tourner le cheval à droite » mais seulement « *d'irriter, s'il y a urgence, la sensibilité de la barre gauche,* afin *d'engager* le cheval à se porter à droite. » On pourrait bien demander encore par quel moyen il est *possible d'irriter la sensibilité d'une barre quelconque,* et si, dans ce cas, M. D'Aure n'a pas pris l'effet pour la cause.

Quoi qu'il en soit, la seconde version est incontestablement moins monstrueuse que la première; il y a, sans contredit, un commencement d'amendement. Il est bien sans doute de reconnaître ses erreurs et d'essayer de les réparer. Si M. D'Aure s'était borné à en agir ainsi, je n'aurais rien eu à dire, j'aurais seulement prié pour que la conversion du pécheur fût plus entière. Mais non : tout en amendant la fin du paragraphe ci-dessus (évidemment d'après la critique que j'en avais faite), M. D'Aure, dans une note annexée aux nouvelles corrections dans l'édition de 1843 (page 111), s'emporte violemment contre moi, sans me nommer toutefoi. Je suis rangé dans la catégorie des esprits *jaloux* et *malencontreux* chez lesquels la *calomnie* est une habitude, *prêtant* à M. D'Aure *des principes absurdes* qui, répétés, *comme émanant de lui,* peuvent lui faire perdre la sorte d'influence due à son ancienne position, etc., etc.

Analysons ces injures anonymes : je suis un esprit *malencontreux,* parce que j'ai relevé quelques-unes des énormes aberrations dont fourmillent les ouvrages de M. D'Aure ; — je lui *prête des principes absurdes,* parce que je le cite textuellement; — enfin je suis un *calomniateur,* parce que je n'ai pas le don de prophétie, en d'autres termes, parce que je n'ai pas prévu, deux ans à l'avance, que, nouveau saint Pierre équestre, il se renierait lui-même, et que, dans une nouvelle édition, il essayerait de modifier et de pallier les erreurs et les non-sens signalés par moi.

« Ainsi, poursuit M. D'Aure (même note, page 111), à pro-

» pos des moyens que j'ai indiqués pour empêcher un cheval
» de se dérober, il a été *colporté,* dans tout Paris et dans
» toute l'armée, que j'établissais en principe que, lorsqu'un
» cheval avait une barre sensible ou cassée, il fallait lui bri-
» ser l'autre. »

Puis M. D'Aure ajoute d'un ton candide :

« *Je n'ai pourtant rien dit que ce que je viens de citer.* »
Mais il se garde bien d'expliquer que *ce qu'il vient de citer*
est le paragraphe *revu* et *corrigé* de la nouvelle édition, paragraphe que j'avais cité, moi, TEXTUELLEMENT, d'après l'édition de 1834.

Je me suis étendu sur cet incident de polémique, afin de fournir une nouvelle preuve de la bonne foi de mes adversaires.

Je défie que l'on puisse jamais justifier à mon égard l'accusation de PRÊTER *des principes absurdes* à ceux qui m'attaquent, car je me suis toujours astreint à reproduire les extraits de leurs ouvrages, sans y changer une virgule. Et pourtant si je m'étais permis ces sortes de prêts, je n'aurais fait assurément qu'user du droit du talion, car on ne s'est pas fait faute d'employer contre moi de pareils moyens.

Je remarque, du reste, avec plaisir, que M. D'Aure ne s'est pas amendé seulement en ce qui concerne la nécessité *d'offenser les barres.* Sur beaucoup d'autres points, l'illustre écuyer a fini par se mettre lui-même à la remorque de ce qu'il appelle les *mauvais principes* (c'est-à-dire les miens) par se rallier à plusieurs des bases d'une méthode dont il a cherché à paralyser le succès et l'application par *tous* les moyens en son pouvoir.

Ainsi, dans la première édition du *Traité d'Équitation* de M. D'Aure, il n'était nulle part question de flexions ni de ramener. Dans la nouvelle, M. D'Aure commence à *badiner* avec les rênes, afin d'amener la tête du cheval à droite et à gauche. Il recommande, à plusieurs reprises, *la mise en main*, mais il n'a garde d'avouer qu'en cela il se convertit à mes préceptes. Il déclare, dans une note, que ce n'est pas moi qui ai inventé le système des flexions et des assouplissements, c'est convenu. Seulement, au lieu de l'avoir emprunté, comme M. D'Aure l'avait prétendu précédemment, aux modernes écuyers allemands, il se trouve à présent que je n'ai fait, sur ce point, que plagier l'un de nos plus anciens auteurs équestres. J'aurai bientôt sans doute pris les flexions et les assouplissements à un écuyer contemporain de Noé, qui sera censé les avoir exportés de l'arche, immédiatement après le déluge.

M. D'Aure persiste cependant à penser que l'encolure *très-assouplie* NUIT à la vitesse des allures, que le cheval devient alors *flagellant* dans ses mouvements, qu'il perd son brillant, son énergie, etc., etc. Si l'assouplissement complet produit de semblables résultats chez le cheval, il faudra donc en conclure, par une rigoureuse analogie, que le danseur a moins de forces, de grâce et d'agilité dans les jambes, parce qu'il a fallu beaucoup exercer ces parties-là; il en sera de même du bras dont se sert le maître d'armes, des doigts du pianiste, etc., etc. Ainsi encore, on deviendra incapable, idiot, par suite de l'exercice judicieux de son intelligence. Voilà cependant où conduit la logique de M. D'Aure.

La vérité est que, si quelques parties d'un cheval sont exercées isolément, ce sera souvent au détriment des autres; or, comme nous avons besoin de tout *l'ensemble du cheval*, il faut donc exercer toutes les parties une par une, afin qu'elles se soutiennent toutes avec la même facilité : l'encolure la première, ensuite la croupe, puis les reins. C'est ainsi que l'on parviendra à obtenir l'ensemble qui commence par le ramener et se termine au rassembler.

Voilà ce que j'ai toujours enseigné, bien que M. D'Aure tronque et dénature mes principes sous ce rapport, de même que sous beaucoup d'autres. Heureusement, ces travestissements intéressés ne sauraient avoir les résultats que s'en promettent leurs auteurs. Grâce aux nombreuses éditions et aux traductions en langues étrangères qu'a obtenues la *Nouvelle Méthode,* mon système peut aujourd'hui être jugé *sur pièces,* et il est facile ainsi de distinguer la vérité de la mauvaise foi.

Puisque je suis sur ce chapitre, je crois devoir ajouter quelques remarques, relativement à la nouvelle édition de l'ouvrage de M. D'Aure. Cet écuyer s'est enseveli dans la poussière des bibliothèques, il a compulsé avec une patience de *Bénédictin* tous les plus vieux auteurs équestres, et pourquoi, pour tâcher de découvrir la preuve que les principes qui constituent la base de ma *Nouvelle Méthode* ont été connus et pratiqués avant moi. On verra, par les quelques citations suivantes, que tant de laborieux efforts, tant de pénibles recherches n'ont abouti qu'à des résultats bien minimes, pour ne pas dire nuls.

M. D'Aure dit (introduction, page xiv) :

« Je citerai tout-à-l'heure le texte de Grison, pour expli-
» quer l'action des jambes du cavalier, lorsqu'il faisait exé-
» cuter les tournants et les voltes; on verra que le principe
» de se servir de la jambe gauche pour faciliter le tournant à
» droite, et *vice versa,* n'est pas du tout nouveau, comme le
» disent les innovateurs, qui ne comprennent pas, préten-
» dent-ils, comment on est resté jusqu'à ce jour sans faire
» connaître cette action. Tout homme sachant monter à
» cheval sait qu'il y a deux manières d'exécuter un tour-
» nant : la première, en faisant marcher l'arrière-main ; la
» seconde, en faisant marcher les épaules. Quand le cheval
» est en place ou très-maintenu dans la main, si on veut le
» tourner à droite sans que les épaules se déplacent, la
» jambe droite du cavalier agit pour redresser les hanches
» du cheval à gauche, ce qui exécute le tournant à droite ;
» quand au contraire le cheval marche, et que l'on tourne

» à droite, la jambe gauche du cavalier doit agir pour sou-
» tenir la hanche gauche, afin de maintenir l'action tran-
» sversale des jambes du cheval ; car en agissant autrement,
» il se désunirait. Si l'on pouvait ne pas savoir cela avant
» Grison, depuis nous ne devons pas l'ignorer. »

A en juger par les réflexions de M. D'Aure, il est facile de voir que cet écuyer ne comprend pas le mécanisme qui oblige à se servir d'abord de la jambe droite pour tourner à gauche, et *vice versa*. Grison a pu dire qu'il fallait employer la jambe droite afin d'obtenir une volte à gauche ; mais il n'a pas défini son effet pour tourner. J'ajouterai que cette définition ne se trouve dans aucun ouvrage, et la preuve, c'est que, M. D'Aure lui-même, recommande le moyen opposé.

Passons à la page xxij.

« Le résumé de l'emploi du pilier, d'après Pluvinel, est de
» plier, d'assouplir l'encolure du cheval et d'assouplir les
» hanches. »

Ici M. D'Aure veut prouver que Pluvinel avait pratiqué mon travail à pied, et, pour cela, il rapporte le discours que cet écuyer adresse au roi Louis XIII, dans lequel se trouve un passage où Pluvinel dit : « Sachant donc que le plus dif-
» ficile est de tourner (le cheval), je le mets autour d'un
» pilier, afin que, le faisant cheminer quelques jours, il nous
» montre sa gentillesse, et tout ce qui peut être en lui, afin
» de juger à quoi il sera propre, en laquelle sorte il faut le
» conduire. »

De bonne foi, quelle analogie existe-t-il entre ce travail, d'abord d'un pilier, puis de deux, pour commencer l'éducation du cheval et mes flexions avec la manière de les pratiquer surtout ? Il y a longtemps que j'ai protesté contre l'usage des piliers, je ne reviendrai pas sur ce sujet ; seulement j'engage M. D'Aure à voir pratiquer ma méthode, qu'il juge sans en avoir, à ce qu'il paraît, la première notion.

Page xxv. M. D'Aure continue ses citations. Pluvinel

explique à son royal élève ce que l'on entend par *pincer de l'éperon*.

« Sire, pincer son cheval, lorsqu'il manie, est presser tout
» doucement les deux éperons, ou l'un d'iceux, contre son
» ventre, non de coup, mais serrant délicatement, ou plus
» fort, selon le besoin, à tous les temps, ou lorsque la néces-
» sité le requiert, etc., etc. »

Pour éviter des discussions en pure perte, je renvoie le lecteur à l'article *Attaques*; il jugera par lui-même ce que j'entends par le toucher de l'éperon, dans quel moment il faut s'en servir, quelle est son utilité par rapport à l'équilibre du cheval, etc., etc. Puis, je lui demanderai où est la ressemblance entre les deux théories, car il ne suffit pas de dire le mot, il faut définir tout ce qu'il comporte; voilà ce que n'a pas fait Pluvinel, et, sur ce point, M. D'Aure est encore moins explicite. M. D'Aure pousse même la discrétion jusqu'à cacher complétement son opinion relativement à ce fameux *pincer* de l'éperon ; est-il pour ? est-il contre ? Impossible de le savoir. Si le moyen de Pluvinel est bon, pourquoi ne le pratique-t-il pas et ne l'adopte-t-il pas dans ses propres écrits ? S'il est mauvais, pourquoi n'en fait-il pas connaître les abus ? L'auteur qui n'a pas d'opinion peut-il discuter la divergence ou les rapports qui existent entre tel ou tel principe ? Qu'en pense le lecteur ?

Plus loin, M. D'Aure ajoute : « Il en est de même de ce
» qu'on appelle aujourd'hui le *rassembler*. Qu'est-ce que ras-
» sembler un cheval, si ce n'est le posséder dans la main et
» dans les jambes ?

Ainsi, tout cavalier qui tiendra son cheval dans la main et dans les jambes, le tiendra au *rassembler*, bien que l'animal soit hors la main, qu'il ait, par conséquent, l'encolure contractée ! J'ai défini le *rassembler* tout autrement que ne le fait Pluvinel, M. D'Aure est forcé d'en convenir ; reste à savoir maintenant lequel, de M. D'Aure ou de moi, ne comprend pas le *rassembler* dans toute son acception.

Page xxxv. M. D'Aure, passant tous les auteurs en revue, arrive à Newcastle, et aux moyens qu'emploie cet écuyer pour pratiquer les flexions, *qui ressemblent bien,* ajoute-t-il, *à ce qu'on* APPELLE AUJOURD'HUI LES FLEXIONS DE MACHOIRE. Or, écoutons la citation de Newcastle :

« Après cet assouplissement sur le caveçon, je voudrais
» que vous prissiez de fausses rênes et que vous les atta-
» chassiez, à ma mode, au banquet de la bride ; mais don-
» nez la liberté à la gourmette, en sorte qu'il a moins d'ap-
» préhension de la bride ; et son appui se fortifie tellement,
» que, quand on travaille de la bride, et par conséquent de
» la gourmette, la bride le rend léger. Ceci est bon autant
» pour tous ceux qui ont trop d'appui, que pour ceux qui en
» ont trop peu, et lui donne le pli de la même sorte que le
» caveçon, sinon que le caveçon le travaille sur le nez, et
» les fausses rênes sur les barres ; ce qui le rend très-sensi-
» ble, comme il doit être, et du même côté des barres,
» comme la bride doit faire ; ce qui l'accoutume tellement,
» que, quand on le met avec la bride seulement et qu'il a
» l'aide de la gourmette, il va à merveille. »

Eh bien ! ma méthode ne prescrit-elle pas un moyen diamétralement opposé ? En vérité, il est impossible d'avoir un adversaire plus commode que D'Aure, puisqu'il pousse l'obligeance jusqu'à se faire battre avec ses propres armes.

Page xl. Voici quelque chose de plus curieux encore ; tout en essayant de me confondre, M. D'Aure se confond lui-même. En effet, après avoir semblé approuver les flexions hypothétiques de Pluvinel, les flexions forcées de Newcastle, toutes les flexions à pied, excepté les miennes, il paraît maintenant se ranger à l'opinion de Gaspard Saulnier, qui ne veut pas de flexions du tout. Ainsi, il cite le passage suivant emprunté à cet auteur :

« J'ai vu des écuyers qui poussaient l'extravagance jus-

» qu'à plier le cou des chevaux, de manière que leur tête
» venait jusqu'à la botte du cavalier ; ils croyaient alors
» faire des merveilles, et être fort habiles, et réellement ils
» passaient pour tels dans le public. »

Voilà bien les écrits et les doctrines de l'ancienne école, l'un défend ce que l'autre prescrit ; voilà où conduisent les principes sans enchaînement, les principes qui n'ont ni commencement ni fin, qui ne se définissent pas ; voilà le labyrinthe inextricable dans lequel la divergence des opinions a conduit l'art de l'équitation. En attendant que M. D'Aure veuille bien nous dire qui a tort ou raison, de Newcastle ou de Gaspard Saulnier, l'un recommandant une seule espèce de flexions, l'autre n'en voulant d'aucun genre, je prendrai l'initiative, et je déclarerai qu'ils avaient tort tous les deux. En premier lieu, les flexions à l'aide du caveçon attaché à la selle ne sont propres qu'à acculer le cheval, ou à le contraindre péniblement ; il est impossible, avec ce moyen, de suivre les résistances dans toutes leurs manifestations. J'ajouterai qu'en procédant ainsi on ne pourrait jamais obtenir que des flexions latérales et non l'affaissement de l'encolure, non plus que la flexion de la mâchoire, qui sont de première nécessité pour commencer l'éducation du cheval. En second lieu, je dis que Gaspard Saulnier professait aussi une équitation hypothétique, puisqu'il ne comprenait pas et niait l'utilité ainsi que la véritable portée des flexions pour la prompte et belle éducation de toute espèce de chevaux. Il est vrai que les flexions indiquées par ses devanciers ou ses contemporains étaient peu propres à le convaincre. Je ne fais aucun doute que si Gaspard Saulnier existait de nos jours, il n'adoptât un système de flexions plus étudié et plus en rapport avec la nature du cheval. Aimant son art, il se rendrait à l'évidence des faits, car il y a encore un très-grand mérite à juger sainement et sans prévention ce que l'on n'a pu trouver soi-même.

Page xliij. Enfin, nous arrivons à Laguérinière ; il est fâcheux que certains grands critiques n'aient pas au moins hérité des moyens de douceur que recommande instamment ce pacifique auteur. Laissons parler M. D'Aure :

« Son travail favori, après avoir arrondi le jeune cheval à
» la longe, après l'avoir mis assez en confiance et après
» avoir assez avancé son éducation pour lui mettre le mors,
» est de faire exécuter le travail de l'épaule en dedans. »

Ces principes ont encore l'approbation de M. D'Aure, bien qu'ils soient opposés aux autres, qu'il avait également approuvés précédemment. Jamais on ne vit un écuyer plus ecclectique ; — reste à savoir si l'ecclectisme, dont l'utilité est contestée en philosophie, convient mieux en équitation. Ce système me paraît seulement avoir l'avantage d'offrir un prétexte commode à l'effet de se dispenser d'exposer un corps de doctrine en propre et des opinions personnelles, surtout quand on a d'ailleurs d'excellentes raisons pour s'en abstenir.

FIN.

TABLE DES MATIÈRES.

Introduction.	1
Appendice.	17
Documents officiels en faveur de la méthode.	19
Lettre de M. Champmontant, lieutenant-colonel d'état-major, secrétaire du comité de la cavalerie, à M. Baucher. .	*ibid.*
Lettre de M. le lieutenant-général marquis Oudinot à Baucher.	20
Rapport sur les expériences de la méthode de M. Baucher, et résumé des opérations journalières, par le chef d'escadrons de Novital, commandant à l'école royale de Saumur. . .	21
Rapport au lieutenant-général Oudinot, par M. Carrelet, colonel de la garde municipale de Paris	29
Rapport de M. le lieutenant-général marquis Oudinot à S. Ex. M. le maréchal ministre de la guerre.	31
Lettre de S. Ex. le maréchal Soult, ministre de la guerre, à M. le lieutenant-général marquis Oudinot.	36
Lettre de M. le lieutenant-général marquis Oudinot à M. Baucher.	37
Rapport de M. le chef d'escadrons Grenier, chargé du commandement des officiers détachés à Paris, par décision ministérielle du 20 mai 1842, pour étudier la méthode d'équitation de M. Baucher.	41
Rapport demandé par le colonel, président de la commission, pour étudier le dressage des jeunes chevaux d'après la méthode de M. Baucher, et rédigé par M. Desondes, lieutenant au 9ᵉ de cuirassiers.	45
Sixième et dernier rapport sur les expériences de la nouvelle méthode d'équitation de M. Baucher.	54
Essai fait au camp de Lunéville de la nouvelle méthode d'équitation, sous la direction de M. Baucher fils. . .	57
Rapport de la commission chargée de constater les résultats obtenus par l'application de la nouvelle méthode d'équita-	

tion de M. Baucher, et de réviser L'INSTRUCTION PROVISOIRE pour dresser les jeunes chevaux (*Camp de Lunéville*). . 59
Lettre de M. de Gouy, colonel du 1er hussards, à M. Baucher. 71
Lettre du capitaine Bruyneel (Belge). 73
La vérité sur ma mission à Saumur. 78
Documents officiels au sujet de ma mission à Saumur. — Opinion du maréchal-de-camp commandant l'école royale de cavalerie, sur le dressage des jeunes chevaux, d'après le système de M. Baucher. 93
Rapport sur les nouveaux essais de la méthode Baucher, transmis par M. le maréchal-de-camp commandant l'école de cavalerie, à S. Ex. M. le maréchal ministre de la guerre. 94
Rapport sur les derniers essais de la méthode de M. Baucher, transmis par le maréchal-de-camp commandant l'école de cavalerie, à S. Ex. M. le maréchal ministre de la guerre. 99
La méthode à l'étranger. 105
Lettre de M. le major de Willisen, commandant des gendarmes d'élite, aide-de-camp de S. M. le roi de Prusse, à M. Baucher. 108
Avant-propos à la traduction en allemand de la méthode de M. Baucher, par M. de Willisen, lieutenant-colonel du 7e cuirassiers (Prusse). 110
Décision ministérielle. 115
I. Nouveaux moyens d'obtenir une bonne position du cavalier. 117
Position du cavalier. 119
Leçon préparatoire. 120
Travail en selle. 121
Flexion des jambes. 124
Des genoux. 125
Éducation du cheval. 127
Résumé et progression. 128
II. Des forces du cheval, de leurs causes et de leurs effets. . 129
III. Les assouplissements. 139
Moyen de faire venir le cheval à l'homme, de le rendre sage au montoir etc., etc. 144
Flexions de la mâchoire. 147
Affaissement de l'encolure par la flexion directe de la mâchoire. 151

Flexions latérales de l'encolure.	153
Flexions latérales de l'encolure, le cavalier étant à cheval.	155
Flexions directes de la tête et de l'encolure, ou ramener.	156
Effets d'ensemble.	159
Encapuchonnement.	161
De la bouche du cheval et du mors.	166
IV. Suite des assouplissements. Arrière-main.	169
Flexions et mobilisation de la croupe.	170
Du reculer.	175
Travail en place, le cavalier à pied. Avant-main.	180
Travail en place, le cavalier à cheval.	181
Arrière-main.	*ibid*
V. De l'emploi des forces du cheval par le cavalier.	183
Du pas.	185
Des changements de direction.	188
Du trot.	191
VI. De la concentration des forces du cheval par le cavalier.	197
Des attaques.	198
Descente de main.	210
Du rassembler.	212
VII. De l'emploi des forces du cheval par le cavalier (*suite*).	215
Du galop.	*ibid*
Du saut du fossé et de la barrière.	221
Du piaffer.	224
VIII. Division du travail.	229
Première leçon. Huit jours de travail.	230
Deuxième leçon. Dix jours de travail.	231
Troisième leçon. Douze jours de travail.	232
Quatrième leçon. Quinze jours de travail.	*ibid*
Cinquième leçon. Quinze jours de travail	233
IX. Application des principes précédents au travail des chevaux *Partisan, Capitaine, Neptune et Buridan*.	237
X. Exposition succincte de la méthode, par demandes et réponses.	249
CONCLUSION.	263
Un dernier mot de polémique.	273

FIN DE LA TABLE.

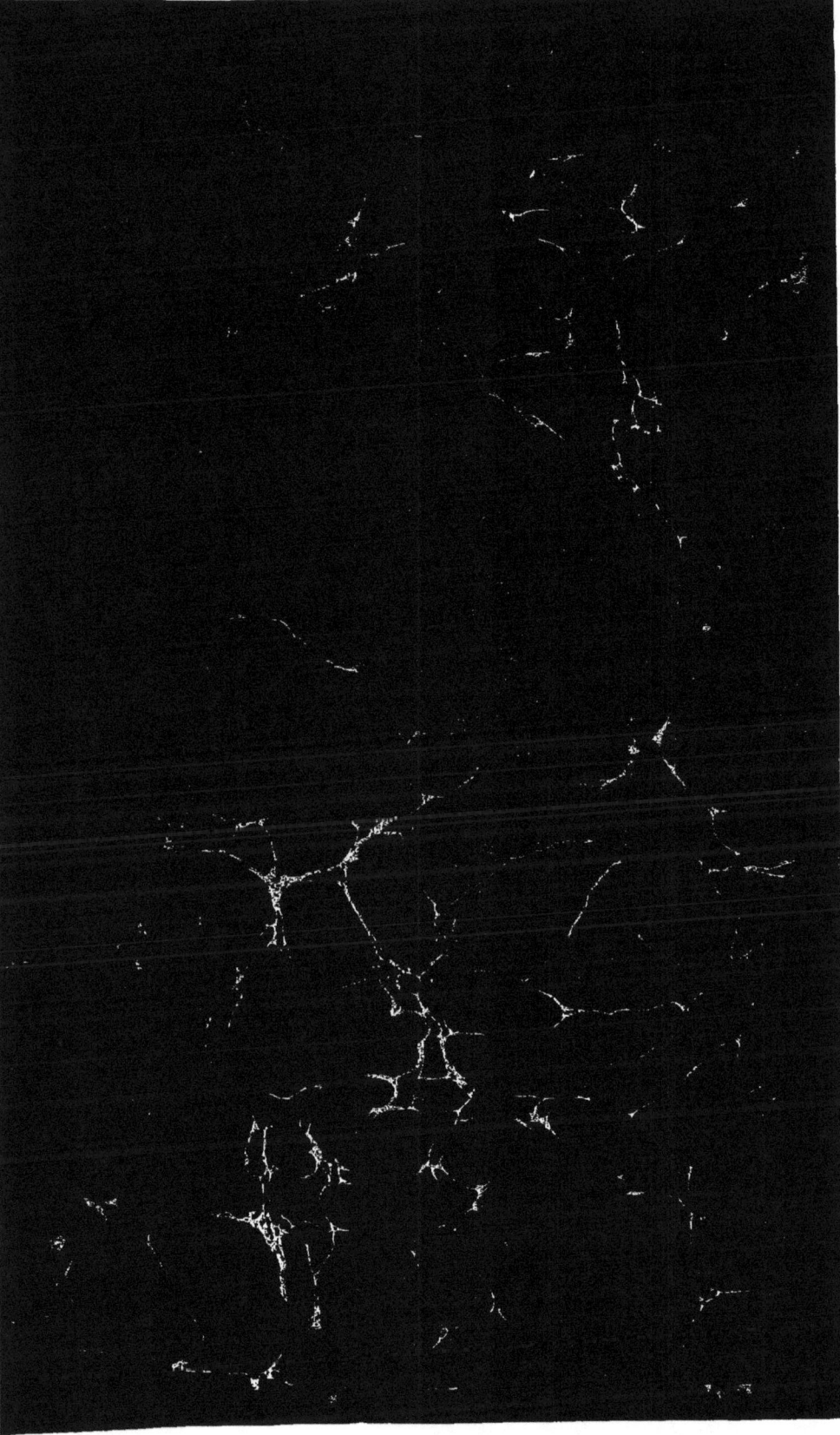

www.ingramcontent.com/pod-product-compliance
Lightning Source LLC
Chambersburg PA
CBHW070615160426
43194CB00009B/1278